Victor Kocher
TERRORLISTEN
DIE SCHWARZEN LÖCHER DES VÖLKERRECHTS

Bibliografische Information der Deutschen Bibliothek
Die Deutsche Bibliothek verzeichnet diese Publikation in der
Deutschen Nationalbibliografie; detaillierte bibliografische Daten
sind im Internet über http://dnb.ddb.de abrufbar

© 2011 Promedia Druck- und Verlagsgesellschaft m. b. H., Wien
Alle Rechte vorbehalten
Lektorat: Karin Ballauff
Umschlaggestaltung: Stefan Kraft
Buchgestaltung: Jo Schedlbauer
Druck: AZ Druck und Datentechnik GmbH
Printed in Germany
ISBN 978-3-85371-323-5

Fordern Sie einen Gesamtprospekt des Verlages an:
Promedia Verlag, Wickenburggasse 5/12
A-1080 Wien, Fax: 0043/1/405 715 922
E-Mail: promedia@mediashop.at
Homepage: www.mediashop.at

Victor Kocher

PROMEDIA

Die schwarzen Löcher
des Völkerrechts

Der Autor

Victor Kocher, geboren 1952 in Baden/Schweiz, ist Mitarbeiter der „Neuen Zürcher Zeitung". Er widmete sich 28 Jahre lang zunächst als Redakteur, dann als Korrespondent dem Nahen Osten und der islamischen Welt. Zurzeit arbeitet er in Genf, um als diplomatischer Korrespondent die Welt der internationalen Organisationen, die Welt-Gouvernanz und die islamischen Staaten zu beobachten. Von ihm ist zuletzt erschienen: „Der neue Nahe Osten. Die arabische Welt im Friedensprozess" (1996).

Manfred Nowak, der das Vorwort zu diesem Buch verfasst hat, ist Professor für Internationales Recht an der Universität Wien und war bis November 2010 Uno-Sonderberichterstatter über Folter.

Inhaltsverzeichnis

Die heimtückischen Schäden des Terrors (Vorwort)	*7*
Die gnadenlose Schlinge	*11*
Wenn die Grundrechte vor Furcht erzittern	*13*
Die Erfindung der Uno-Terrorlisten	*19*
Yussef Nada, ein Gentleman-Terrorsponsor?	*27*
Wie die Uno dazu kam, Leute im kurzen Prozess zu verurteilen	*39*
Die Frau, die den Sicherheitsrat zurechtweist	*61*
Die Jagd nach dem Terrorgeld oder: Mit Kanonen auf gläubige Spatzen schießen	*73*
Über großzügige Definitionen und böswillige Haarspaltereien	*93*
Yassin Abdallah al-Kadi: Vom Terrorverdächtigen zum Helden der Freiheit	*107*
Europas Rezept: Terrorbekämpfung auch mit Soft Power	*117*
Dick Marty, der Bahnbrecher	*129*
Geheimdienstarbeit oder faires Verfahren?	*139*
Der Prediger von Hamburg	*153*
Sammelsurium der Ausgegrenzten, maschinenlesbar	*163*
Abusufians langer Heimweg	*175*
Martin Scheinin, der einsame Mahner der Uno	*179*
Joseph K. und ein Federstrich der Mächtigen	*187*
Anhang	*196*
Resolutionstexte	*197*
Quellen, Literatur und Links	*215*
Ausgewählte Terrorlisten unterschiedlicher Länder	*217*
Dank	*221*

Die heimtückischen Schäden des Terrors

Vorwort von Manfred Nowak

Dieses Buch handelt von den Langzeitschäden des Mega-Terrorismus von Usama Bin Ladens Kaida. Das Bild von einer Krebserkrankung mag das veranschaulichen: Vielleicht findet man zuerst eine ungewohnte Schwellung unter der Haut, die sich zu einem wüsten Geschwür auswächst. Darauf verwendet man intensive Pflege mit Salben und Medikamenten, später vielleicht mit dem Skalpell und wiederherstellender Chirurgie. Doch unterdessen wuchert die Krankheit unbemerkt im Innern des Körpers, Metastasen fressen sich durch Darm, Leber, Nieren und andere Organe, und sie zersetzen allmählich Teile des Skeletts, bis der Körper plötzlich lebenswichtiger Funktionen beraubt ist und stirbt.

Ähnlich ist es beim Terror. Die abscheulichen Anschläge auf Busstationen, Bahnhöfe und Vorortszüge, auf Wahrzeichen des Wohlstands, Botschaften, Großbanken, Polizeikasernen, auf Vertreter der Aufklärung und der Demokratie sind nur die oberflächlichen Keulenschläge, die viel Schmerzen verursachen und Blut fließen lassen. Sie hinterlassen weitherum verstreute, zerfetzte Leichenteile und rauchende Trümmerhaufen. Doch die Tiefenwirkung kommt erst Tage und Wochen, vielleicht viele Monate später, wenn der allgemeine Aufschrei der Empörung verklungen ist. Nämlich wenn die Behörden sich ans Werk machen, um die Sicherheit des Staates und der Gesellschaft zu schützen.

Die Verantwortungsträger entscheiden unweigerlich, dass als Erstes der Staat zu schützen ist, bevor die Bürger drankommen. Wenn es keinen Staat mehr gibt, kann keiner mehr die Gesellschaft schützen. Der Staat braucht Entscheidungsfreiheit und Flexibilität, wie sie gegenüber einem derart zynischen Feind erforderlich sind, der mit immer neuen Methoden die Grundwerte der westlichen Gesellschaft unterläuft und mit Vorliebe die humanen Schwachstellen für seine Angriffe ausnutzt. Der Staat will schlagkräftige und wendige Sicherheitskräfte, die die Terroristen jagen, in die Enge treiben und dingfest machen können. Und sie müssen die gefangenen Übeltäter mit der nötigen Härte anpacken, um ihnen die Geheimnisse der Organisation und Planung der Terrorzellen zu entreißen. So werden Sondererlaubnisse und Schnellverfahren eingeführt, die eine rasche Reaktion auf die terroristische Bedrohung möglich machen und auch einigermaßen schnelle Erfolge in Form von spektakulären Verhaftungen sicherstellen. Die Volksvertreter nehmen das alles hin – insofern sie überhaupt gefragt werden –, weil sie es als einen vorübergehenden Ausnahmezustand ansehen. Erst mit der Zeit stellt sich heraus, dass die gefangenen Terroristen nicht unbedingt dicke Fische sind. Doch konnten ihre Fälle gar nie kritisch beleuchtet werden, weil sie gänzlich innerhalb der undurchsichtigen Schnellprozeduren behandelt wurden.

Die Hüter des Staates haben, wie nur langsam ersichtlich wird, die Säulen der Rechtsstaatlichkeit nachhaltig unterhöhlt und demokratische Kontrollen außer Kraft gesetzt. Mithin hat der Westen unter dem Anstoß der obskurantistischen Kaida-Terroristen das Nötige unternommen, um sich selbst – unter dem Vorwand des Schutzes der eigenen Werte – auf den Weg zum Aufbau oligarchischer Systeme zu bringen. Er schlägt damit die gleiche Richtung ein wie die Obskurantisten, vor denen er uns doch schützen wollte.

Victor Kocher sucht nach den Umständen und Kräften, die diese Entwicklung ermöglicht und befördert haben. Er rekonstruiert jenes politische und intellektuelle Klima in den westlichen Hauptstädten, das die Entschlüsse zu solchen Übergriffen gegen die eigene Rechtsordnung hervorbrachte.

Die ersten Namen, die fast automatisch aufscheinen, sind Usama Bin Laden, Dick Cheney und Guantanamo. Der Kaida-Chef Bin Laden frohlockte geraume Zeit nach den Anschlägen in Manhattan und Washington, mit jedem Dollar, den er in die Operation investiert habe, habe er an den Mahnmalen der westlichen Arroganz einen tausendfachen Schaden verursacht. Das Haftlager Guantanamo für alle, die im Dunstkreis der Kaida und der Taliban von westlichen Kräften aufgegriffen wurden, geriet zum Schreckbild für eine ganze Generation junger Araber und Muslime – eine Art außerweltliche Anstalt, wo junge Muslime, egal ob mit weißer oder blutbefleckter Weste, auf unbestimmte Zeit verschwanden und einer Behandlung zur Erniedrigung und Entpersönlichung unterzogen wurden, ähnlich wie seinerzeit im Gulag die Sowjetbürger.

Doch wer kennt schon „1267"? Diese Zahl steht für eine Resolution des Uno-Sicherheitsrates vom Jahre 1999 und für einen ehrbaren diplomatischen Ausschuss dieses Rates. Wenige wissen, was in diesem Gremium vorgeht. Und wer etwas davon weiß, der stellt sich zunächst einen Klub von altverdienten Geheimdienstoffizieren vor, die in ihrer letzten Dienstphase kurz vor der Pensionierung noch mit der Erfüllung ihrer Wunschträume verwöhnt werden: Es dreht sich um eine weltweit wirksame Präventivmaßnahme, um möglichst viele potenzielle Terroristen und ihre Mitläufer noch vor der Tat lahmzulegen. Mit einem Federstrich kann der 1267er Ausschuss jeden Verdächtigen international unter den Bann stellen, und jeder Uno-Mitgliedsstaat ist völkerrechtlich verpflichtet, gegen die Gebrandmarkten vorzugehen. Die Maßnahme erfordert keinen Schuldbeweis und bietet den Betroffenen keine Gelegenheit zur Verteidigung. Der 1267er Ausschuss setzt die Namen der Verdächtigen aus dem Umkreis der Kaida und der Taliban auf eine Terrorliste. Und alle Staaten müssen sämtliche Guthaben, Konten und Kreditkarten der Verdächtigen festsetzen, Finanzbeziehungen mit ihnen verhindern und sie am Überschreiten der Landesgrenzen hindern. Für die gute Form müssen sie ihnen auch den Kauf von Waffen versagen. Dieses Fangnetz der Einschränkungen bedeutet das Ende des zivilen Lebens für jeden, der sich in einem einigermaßen geordneten Gemeinwesen aufhält. Und die Rechtfertigung dafür beruht einzig auf der souveränen Handlungsfreiheit des höchsten Gremiums der Weltorganisation. Welche Taten und Umstände spezifisch den Anlass für den Bannstrahl gegen den Verdächtigen gaben, bleibt geheim.

Das Schema erinnert – wie Victor Kocher es beschreibt – an Kafkas „Prozess". Ein schneller Beschluss in einer fernen Kommission macht aus einem Menschen, sei er nun arglos oder ein Verbrecher, einen Angeklagten, der sich unversehens fieberhaft um einen Beweis seiner Unschuld bemühen muss, ohne überhaupt zu wissen, worum es geht. Doch 1267 ist nicht Literatur aus dem letzten Jahrhundert, sondern die harte Realität des beginnenden dritten Jahrtausends. Es sind Smart Sanctions, es ist der salonfähige Krieg gegen den Terrorismus.

Mit diesem Buch wird in überzeugender Weise aufgezeigt, dass überschießende Maßnahmen gegen den Terror, die die Grundprinzipien des Rechtsstaates und der Menschenrechte verletzen, letztlich den Terroristen in die Hände spielen. Deswegen ist es höchste Zeit, dass der Kampf gegen den Terrorismus wieder auf das Fundament des Völkerrechts und der universell anerkannten Menschenrechte zurückfindet.

Die gnadenlose Schlinge

Eine ganz kurze Einführung

Ein Ehepaar in Belgien baut ein Hilfswerk für Afghanistan-Flüchtlinge auf und arbeitet dafür mit Freunden aus den Tagen des antisowjetischen Kampfes der Mujahedin zusammen. Im Jahr 2003 finden sich die beiden Wohltäter, deren amerikanischer Partner Global Relief Foundation zum Terrorsponsor gestempelt wurde, unversehens auf einer Schwarzen Liste zusammen mit dem Kaida-Führer Usama Bin Laden und Mullah Omar von den Taliban.

Der Uno-Sicherheitsrat hat nach dem September-Terrorismus unter dem massiven moralischen und politischen Druck Amerikas eine Spielart der „gezielten Sanktionen" eingerichtet, die solches ermöglicht. Jede Regierung der Welt wird gezwungen, die Guthaben der Leute auf der Liste einzufrieren und ihnen das Reisen zu verwehren. Geheimdienstagenten können seither ihren Verdacht gegen irgendjemanden aus der Grauzone militanter Jihad-Bewegungen mit Hilfe der Uno in einen internationalen Bann umsetzen.

Weil es der Uno-Sicherheitsrat ist, das mächtigste Gremium der Weltorganisation, der den Bann gegen verdächtige Personen und Vereinigungen ausspricht, gibt es keine Berufung dagegen. Und weil sich die Waffe so genau gegen die Verdächtigen richten lässt, sieht der Sicherheitsrat darin heute das wichtigste Werkzeug zur Sicherung des Weltfriedens.

Schicksalsgenossen des belgischen Ehepaars gibt es mittlerweile viele. In der islamischen Welt spendete man traditionell einigermaßen blind für „unterdrückte Muslime", ohne nach den Eigenheiten der Hilfsaktionen zu fragen. Die Liste umfasst nahezu 500 Personen und Vereinigungen. Und die Uno verhängt auch gezielte Sanktionen gegen Regimegänger in Nordkorea und Burma, gegen militärische Atomwissenschaftler und Kommandanten der Revolutionsgarden in Iran und gegen Geheimdienstchefs in Syrien. Leute wie Bin Laden kümmert das alles wenig, sie halten sich ohnehin irgendwo am Hindukusch in einem Schlupfwinkel versteckt.

Aber andere, die eben niemals Terroristen werden oder diese unterstützen wollten, hängen in der gleichen Schlinge. Einträge in die Terrorliste wurden bisher mindestens 48 Mal vor Gericht angefochten. Die Richter haben manchen Recht gegeben, doch nur wenige wurden von dem Bann befreit wie das belgische Ehepaar im Juni 2009. Die Behörden glauben fest an die Notwendigkeit, den Terrorismus mit außerordentlichen und möglichst präventiven Mitteln zu bekämpfen. Zudem stehen sie unter der Verpflichtung, die Uno-

Sanktionen fraglos umzusetzen. So finden sie immer neue Mittel und Wege für die Kampfmaßnahmen. Die Gerichte haben die gröbsten Missbräuche bloßgestellt. In der Uno treibt mittlerweile eine Ombudsfrau die kritische Auseinandersetzung über die Handhabung der Terrorsanktionen an.

Doch das Bestreben nach Einführung rechtlichen Schutzes für die Verdächtigen, die per Listeneintrag zu Terroristen gestempelt werden, stößt an die Mauer einer vorbeugenden Maßnahme, die mit der klassischen gerichtlichen Methode eines Tatbeweises und einem Rekursverfahren nichts anfangen kann. In dieser Kluft zwischen präventivem Schutz der Gesellschaft und angemessenem rechtsstaatlichem Vorgehen ist die Debatte seither gefangen. Die zu Unrecht Betroffenen haben nur die vage Hoffnung, dass ihr zäher Kampf um den Beweis ihrer Unschuld vielleicht einen aufgeklärten Despoten im Uno-Sicherheitsrat anrührt.

Wenn die Grundrechte vor Furcht erzittern

Schwarze Listen und Schwarze Peter

Terrorismus zielt auf die Grundfesten der Bürgergesellschaft. Der Terrorist setzt seine eigenen, egoistischen Ziele höher als die Werte der reinen Menschlichkeit: Er ist bereit, möglichst viele möglichst Unschuldige umzubringen, um seine schuldigen Begehren rücksichtslos gegen die Menschheit durchzusetzen. So ungefähr lautet der Konsens einer moralisch eingefärbten Beurteilung der Gewalttäter jenseits der Grenzen des Zulässigen, der Ausgegrenzten und kategorisch Auszugrenzenden. Und da wir sie unbedingt an ihrem Tun hindern müssen, soll uns (fast) jedes Mittel dazu recht sein.

Die Vereinigten Staaten von Amerika haben es unter dem unerhörten Schock des September-Terrorismus fertiggebracht, weltweit wirksame Präventivmaßnahmen gegen die Kaida-Terroristen und ihre Taliban-Gönner einzurichten. Der Mechanismus zielt leidlich gut ab auf die Finanzen und die Bewegungsfreiheit der Militanten; Ende 2010 waren 485 Personen oder Einrichtungen von entsprechenden Uno-Sanktionen betroffen. Doch er ist behaftet mit einer Willkür der Anwendung, die der Willkür der Terroristen in der Auswahl ihrer Ziele ähnlich ist. Der Uno-Sicherheitsrat bezeichnet auf seiner Sanktionenliste, stellvertretend für die ganze Staatengemeinschaft, die Feinde der Menschheit. Und es obliegt den Behörden der Uno-Mitgliedsstaaten, diese Leute zu verfolgen. Das hat seine Richtigkeit, solange es sich um echte Terroristen handelt. Doch wer sich unversehens auf einer Liste mit den großen Übeltätern findet, von der eigenen Unschuld jedoch überzeugt sein darf, der wird sich vor Gericht gegen die Zwangsmaßnahmen wehren. Viele Uno-Mitglieder haben das Völkerrecht und die Verfügungen der Uno in ihre Gesetze aufgenommen, mithin kann man die Behörden wegen ihrer Umsetzung der Bestimmungen lokal einklagen. Dies geschieht auch vor dem Gerichtshof der Europäischen Union.

Spätestens hier zeichnen sich kaum zu bewältigende Schwierigkeiten ab: Der zu Unrecht sanktionierte Verdächtige verlangt erstens präzise Anklagepunkte und zweitens Schuldbeweise, damit er den fundierten Beweis seiner Unschuld vor Gericht antreten kann. Doch die nationalen Behörden verfügen gar nicht über das belastende Material, zumal es das Sanktionskomitee der Uno ist, das den Eintrag auf die Schwarze Liste behandelt hat. Der „Listing"-Prozess stützt sich auf Geheimdienstmaterial einzelner Mitglieder des Sicherheitsrates, die diese Geheimunterlagen größtenteils nicht einmal mit den anderen Staaten im Rat teilen. Nach einem jahrelangen, überaus zähen Ringen einigte man sich auf die

„Narrative Summaries", allgemeine Zusammenfassungen der Schlüsse aus den geheimen Unterlagen für die einzelnen Fälle. Eine solche Zusammenfassung brachte beispielsweise die EU-Kommission vor dem EU-Gerichtshof gegen Yassin Kadi ein. Die Richter wiesen diese Begründung als völlig unzureichend für eine substanzielle und gründliche Beurteilung der Schuld des Klägers zurück. Damit war klar, was Besonnene schon zu Beginn der „Targeted Sanctions" des Sicherheitsrates anmahnten: Diese Zwangsmaßnahmen lassen sich nicht gerichtsfähig begründen, sie rauben deshalb den betroffenen Personen und Einrichtungen ihre Grundrechte auf Verteidigung und auf wirksames gerichtliches Gehör. Sie sind ein Verstoß gegen die Menschenrechte und mithin gegen die Uno-Charta, die auch den Handlungsspielraum des Sicherheitsrates bestimmt.

Die Gerichtsverfahren brachten die Einsicht, dass die rechtliche Überprüfung des Listeneintrags auf der gleichen Ebene stattfinden muss wie der Entscheid zum Eintrag, nämlich in der Uno. Das ergibt sich schon allein daraus, dass der Sicherheitsrat sich einer nationalen Gerichtsbarkeit in keiner Weise unterstellt, also auch ihre Urteile nicht umzusetzen gedenkt. Doch ein Tribunal zur Beaufsichtigung des Sicherheitsrates gibt es nicht – und soll es nach Ansicht vieler Uno-Mitgliedsstaaten auch nicht geben. Deshalb wird aus den Schwarzen Listen der Schwarze Peter: Die Uno schiebt die gerichtliche Verantwortung an die Umsetzer der Sanktionen ab, also an die Mitgliedsstaaten. Diese können schließlich nicht umhin, wieder den Uno Sicherheitsrat zur Rechenschaft zu ziehen. Wer unterdessen zu Unrecht auf der Liste steht, der hat auf lange, lange Jahre das Nachsehen. Yassin Abdallah al-Kadi hat schon reihenweise Prozesse gegen die ausführenden Behörden der Sanktionen gewonnen, aber er steht völlig unverändert als Nummer QI.Q.22.01 auf der 1267er Liste.

Nur wenige Politiker und Diplomaten im Umkreis des Sicherheitsrates vertreten die Auffassung, man müsste die gezielten Sanktionen abschaffen. Umgekehrt glauben viele daran, dass weltweit eine breite Zustimmung zum Gebrauch dieses politischen Zwangsinstruments vorherrscht und dass es das Werkzeug der Zukunft ist. Der Terrorismus gilt allgemein als große Bedrohung des Weltfriedens und der Sicherheit, so groß, dass man ihm mit außerordentlichen Maßnahmen beikommen muss. Wenn diese im Widerspruch zu gewissen Personenrechten stehen, so ist man bereit, das für diesen Sonderbereich zu tolerieren: Gegen eine außerordentliche Gefahr sind außerordentliche Mittel am Platz.

Doch die riesigen Rauchwolken über Manhattan haben sich schon vor geraumer Zeit verzogen, auch die blutigen Bombenanschläge von Madrid und London sind nun schon mehrere Jahre her. Der Ausnahmezustand der Terrorbekämpfung herrscht jedoch noch immer vor.

Mithin schleicht sich die damals völlig unzulässige Frage ein: Wie bedrohlich ist der Terrorismus überhaupt? Ist die Gefahr wirklich derart groß, dass sie das Opfer aufwiegt, das wir an den so lange bewährten Grundrechten erbracht haben? Offenbar sind heute selbst die Aktivisten im Sicherheitsrat ihrer selbst nicht mehr so sicher; sie haben schon angefangen, mit Reformschritten ein Surrogat rechtlicher Garantien gegen die Sanktionen zu erfinden. Doch auch die Einrichtung einer Ombudsperson vom Sommer 2010 wurde von den Richtern des EU-Gerichts postwendend als ungenügend verworfen. Der leitende Experte des Uno-Monitoring Teams im Sanktionskomitee, Richard Barrett, und der EU-Koordinator für Terrorbekämpfung, Gilles de Kerchove, sagen im Grunde das Gleiche: Die Mittel einer präventiven Terrorbekämpfung einerseits und die ordentlichen Gerichtsprozeduren einer strafrechtlichen Verfolgung von Verbrechern andererseits sind wie Wasser und Öl: Sie lassen sich nicht vermischen.

Wie groß ist die Gefahr, einem Terroranschlag zum Opfer zu fallen? Natürlich kann man sich sehr lange darüber sorgen, was alles hätte geschehen können und was künftig alles denkbar wäre, etwa im Bereich der „schmutzigen Bomben". Doch rein rückblickend und in Zahlen gefasst, kommt man zum Schluss, dass der Terrorismus immer noch der Krieg der Mittellosen ist, zwar viel Lärm verursacht, aber verhältnismäßig wenige Opfer fordert. Der Politologe John Mueller von der Rochester University berechnete, dass „im Durchschnitt jährlich viel mehr Amerikaner an Blitzschlag, bei Unfällen mit Wildtieren oder an Erdnüsschen-Allergien sterben als durch Terroranschläge". Die statistische Häufigkeit, im Laufe eines Menschenlebens weltweit durch Terrorismus umzukommen, setzt er ungefähr derjenigen von Opfern bei Meteoriteneinschlägen gleich. Daher sein scharfer Schluss: Was die wahren Schäden des Terrors verursacht, sind nicht die Anschläge selbst, sondern die Folgekosten der behördlichen Reaktionen und Sicherheitsvorkehrungen. Mueller führt Usama Bin Ladens berüchtigte Überschlagsrechnung an, wonach die Operation von 9/11 rund eine halbe Million Dollar gekostet hat, die Folgekosten für die USA sich jedoch auf gut 500 Milliarden Dollar beliefen. Und dabei hatte der Chefterrorist wohl noch gar nicht an die tief greifende Umwälzung des zivilen Flugverkehrs gedacht, mit den Myriaden von neuen Sicherheitsbeamten, all den Body-Scannern, Röntgenkanälen, Leibesvisitationen und vor allem endlosen Warteschlangen.

Hier soll nicht gesagt werden, die Bekämpfung des Terrorismus sei unnötig, sondern im Gegenteil. Der Kampf soll jedoch ganz gezielt geführt werden, nicht mit einer Strategie der verbrannten Erde im ganzen islamischen Umfeld der Terroristen. Der statistische Vergleich ordnet die Terrorsorge unter den anderen, mindestens so grundlegenden Anliegen einer Regierung ein: Nahrungsmittelsicherheit, Energieversorgung, Volksgesundheit, Sicherheit im Straßenverkehr, um nur wenige zu nennen. Und es wird klar ersichtlich, dass der ungeheure Aufwand für die Terrorbekämpfung einem willentlichen politischen Entschluss entspringt, nicht einfach einer schicksalhaften Notwendigkeit. Die radikale Wende zu George W. Bushs weltweitem Krieg gegen den Terror war nur möglich, weil beim Terrorismus, besonders bei den Mega-Attentaten der Kaida, der Beweis einer Schädlichkeit strategischen Ausmaßes nicht erbracht werden musste. Man konnte ihn in guten Treuen voraussetzen. Deshalb gab es auch keinen nennenswerten Widerstand gegen die Einschränkung der Freiheiten und gegen die Beugung der Grundrechte. Die Stimmung im Spätherbst 2001 war durch eine weltweite Mobilisierung bestimmt. Und wer unbequeme Fragen stellte, wurde rasch zum Verräter gestempelt. Dass die Amerikaner die treibende Kraft der Kaida- und Taliban-Sanktionen waren, bezeugen zahlreiche Insider. Mithin kann man zehn Jahre später feststellen, dass die überaus heftige Reaktion auf den Terror nicht eine weltweite natürliche Reaktion war, sondern es war ein gutes Stück der politische Entscheid der amerikanischen Regierung, der der ganzen Welt diese Hysterie mit all ihren Folgeschäden im Völkerrecht aufgedrängt hat. War es richtig, den Schutz der Personenrechte über Bord zu werfen, um ein paar Hundert neu erkannte, mutmaßlich gemeingefährliche Verbrecher im Zeichen des pervertierten Islams lahm zu legen? Präsident Obama machte nach seinem Amtsantritt zur Regel, dass der Kampf gegen die Kaida nur noch mit legalen Mitteln zu führen sei. Das war die Weisheit, die die Gerichte und die Zivilgesellschaft in Europa schon länger vertraten – vielleicht etwas stur und blind für die Dimensionen der Herausforderung, aber auf lange Sicht auch nicht falsch.

Lässt sich also der Methodenstreit beim Schutz der Bürger auflösen? Kann der Schutz der Rechte und Freiheiten ganz mit der Repression der Feinde der Gesellschaft harmonieren? Solange wir die Freiheiten nicht antasten und ihre Nutzung nicht kontrollieren, müssen wir das Risiko in Kauf nehmen, dass gewisse Leute sie für üble Zwecke missbrauchen. Das alte Dilemma: Je mehr Sicherheit wir wünschen, desto mehr Freiheit müssen wir drangeben.

Die Frage wurde jedoch über Jahrhunderte debattiert und abgewogen. Je andere Gesellschaften in anderen Weltgegenden haben einen Kompromiss mehr auf der einen oder anderen Seite gefunden. Und die modernen Verfassungen mit ihren Rechtsgarantien sind die reifen Früchte dieser Auseinandersetzungen. Vielleicht läge es nur daran, die These einer neuartigen Bedrohung in Form des Jihad-Terrorismus zurückzuweisen, die auch neue Kampfmaßnahmen verlangt. Dann könnte man sich wieder etwas mehr auf bewährte rechtliche Instrumente besinnen, mit denen die Menschheit frühere Krisen so schlecht und recht überstanden hat.

Diese Art der Fragen soll im Sinne einer gesunden Skepsis in diesem Buch angeregt werden. Denn der Entscheid über die Kampfmaßnahmen gegen den Terrorismus, die das Gesellschaftsgefüge massiv erschüttern, ist viel zu lange zweierlei Insidern überlassen worden: den Geheimdiensten und Sicherheitskräften, die nie genug künftige Bedrohungen an die Wand malen und Vorkehrungen fordern können, sowie den politisch-diplomatischen Handwerkern der Exekutivbehörden und im Uno-Sicherheitsrat, die mit einem viel zu technisch bestimmten kurzfristigen Horizont die Problematik verwalten.

Was wir jedoch brauchen, ist eine nüchterne Debatte mit dem Rüstzeug unbestechlicher Bürgerverantwortung und historisch fundiertem Weitblick. Nur so kommen wir zu einer angemessenen und nachhaltigen Abwehr gegen die Terroristen.

Die Erfindung der Uno-Terrorlisten

In diesem Kapitel erfährt man, dass es nicht allen Erfindern der Smart Sanctions um eine möglichst genau gezielte Maßnahme ging, sondern viele wollten vor allem eine möglichst wirksame.

Vielleicht lässt sich behaupten, dass der Gedanke in Interlaken im Victoria-Jungfrau Grand Hotel geboren wurde, in einer etwas verstaubten Touristenherberge aus dem 19. Jahrhundert mit majestätischem Blick auf die drei schönsten Schweizer Alpengipfel: Eiger, Mönch und Jungfrau. In jenem Hotel organisierte das Schweizer Außenministerium Ende der 1990er Jahre zwei Konferenzen mit dem Ziel, Uno-Sanktionen „smart" zu machen, d. h. sie möglichst nur auf die Urheber der Bedrohung des Weltfriedens und der Verbrechen gegen die Menschlichkeit zu zielen. Die Schweizer riefen eine Gruppe gleich gesinnter Staaten zusammen, die die Lehren aus den unseligen Irak-Sanktionen während der Ära Saddam Hussein ziehen wollten.

Am Anfang, im Jahre 1990, waren sich alle einig gewesen, dass man den irakischen Diktator und Aggressor für seinen staatlichen Plünderzug und die Besetzung im Nachbaremirat Kuwait bestrafen und ihn zum Abzug zwingen musste. Resolution 661 des Uno-Sicherheitsrates verhängte umfassende Finanz- und Handelssanktionen gegen den Irak. Das Embargo diente als Zwangsjacke, in der man das Saddam-Regime während der dramatischen Verhandlungen über einen friedlichen Abzug der Besetzertruppen zum Schwitzen bringen wollte.

Doch Saddam ließ sich nicht heiß machen und erfand jenes Junktim, mit dessen Hilfe er gleich noch die Lösung des Palästina-Problems mit zu erzwingen gedachte. Die irakische Besetzerarmee wurde schließlich 1991 durch eine internationale Koalition unter der Führung Amerikas aus Kuwait vertrieben und auf dem Abzug gnadenlos dezimiert. Die Sanktionen blieben jedoch erhalten, um Saddam Hussein zur Abrüstung gemäß den Auflagen der Sieger zu zwingen.

Saddams Mittelstreckenraketen, die Scuds, hatten sich während des Krieges als eine wirksame Terrorwaffe mit regionaler Wirkung bis nach Israel erwiesen. Das konnte legitim als eine Bedrohung des Weltfriedens charakterisiert und entsprechend mit Sanktionen belegt werden. Doch bald erkannte der Westen, dass im Irak ziemlich viele unter der Wirkung der Strafmaßnahmen litten – außer Saddam Hussein selbst, seiner Familie und den Mitläufern des Regimes, die das eigene Volk mit eiserner Hand durch immer magerere Jahre führten. Das irakische Regime unterstützte zusätzlich nach Kräften die alarmistische Berichterstattung der westlichen Medien, die wachsende Symptome der Unterernährung bei der armen Landbevölkerung aufzeigte.

Der Uno-Sicherheitsrat suchte die Empörung in der westlichen Bevölkerung im Jahre 1991 mit einer Entschließung über beschränkte Erdölverkäufe des Iraks für humanitäre Zwecke aufzufangen. Weil Bagdad die Unterwerfung unter Regeln der Uno verweigerte, geschah vorerst fünf Jahre lang nichts. Und die Empörung über die „von Menschenhand gemachte Sanktionenkatastrophe im Zweistromland" wuchs weiter an. Erst 1996, und nach der Einrichtung des Programms „Öl für Lebensmittel" mit Resolution 986, unterzeichnete das Saddam-Regime eine Übereinkunft, wonach kontrollierte irakische Ölexporte beginnen konnten. Nach diesem Schema floss der Erlös der Ausfuhren dann auf ein Sperrkonto unter Kontrolle der Uno. Mit diesen Mitteln konnten „humanitäre Einfuhren" von Grundbedarfsgütern wie Nahrungsmittel und Medikamente finanziert werden.

Ziemlich bald hatten die Iraker auch diese Einrichtung weitgehend unterlaufen. Sie brachen das Embargo routinemäßig durch bedeutende Öllieferungen an die Nachbarländer. Vor allem Jordanien war seit vielen Jahren mit verbilligtem irakischem Öl versorgt worden, und die Stabilität seiner Staatsfinanzen hing wesentlich von dieser Energie zu Vorzugspreisen ab. Entsprechend sicherte sich Saddam eine freundschaftliche Haltung Jordaniens, dazu kam ein willkommenes Fenster zur Außenwelt über die Wüstenautobahn nach Amman und dessen internationalem Flughafen sowie den Hafen Akaba. Die Iraker teilten auch anderen „befreundeten" Staaten und besonders zugeneigten westlichen Politikern oder auch korrupten Uno-Beamten Sonderkontingente von Erdöl zu, die diese zur Finanzierung ihrer Parteien oder einfach auf eigene Rechnung verkaufen konnten.

Verschiedene Untersuchungen zeitigten lange Listen von Nutznießern, worauf als prominenteste Verdächtige der frühere französische Innenminister Charles Pasqua und der britische Abgeordnete George Galloway fungierten; beide beteuerten systematisch ihre Unschuld. In Amerika wurden Gerichtsverfahren wegen Korruption in Millionenhöhe gegen den koreanischen Geschäftsmann Tongsun Park und den zypriotischen Uno-Beamten Benon Sevan, den langjährigen Leiter des Oil for Food-Programms, angestrengt. Zusammen mit zahlreichen internationalen Firmen, etwa in Russland und Australien, kam auch die in der Schweiz registrierte Rohwaren-Handelsgesellschaft Glencore ins Zwielicht. Ein Bericht im Auftrag der US-Regierung, verfasst vom früheren Uno-Waffeninspektor Charles Duelfer, kam 2004 zu dem Schluss:

Die Einführung des Oil for Food-Programms Ende 1996 war für das Saddam-Regime ein strategischer Wendepunkt. Das Programm rettete die irakische Wirtschaft vor einem endgültigen Zusammenbruch infolge der Uno-Sanktionen. Das Regime kam rasch zur Einsicht, dass das Schema sich unterlaufen ließ, sodass Bagdad zusätzliche Hartwährungsreserven erwerben konnte. Mit deren Hilfe vermochte es die Sanktionen weiter zu umgehen und sich die Mittel zu verschaffen, um potenziell militärisch nutzbare Infrastrukturen sowie die Möglichkeit zur Entwicklung von Massenvernichtungswaffen zu stärken.

Die irakische Exilopposition machte auch darauf aufmerksam, dass Saddam Husseins Sohn Uday und andere Handlanger in Bagdad einen schwunghaften Handel mit eingeschmuggelten Konsum- und Luxusgütern betrieben. Die Erfahrung war deshalb reichlich ernüchternd: Die Smart Sanctions trugen im Irak nur bedingt zur Linderung der Leiden der breiten Bevölkerung bei. Hingegen dienten sie eindeutig dazu, das Regime zu bereichern und seine Kontrolle über das Land und die Gesellschaft zu festigen – also das genaue Gegenteil des Angestrebten.

So begannen die Diplomaten in New York an noch besser gezielten Zwangsmaßnahmen zu arbeiten, die wirklich nur die Verbrecher, die direkt für die Verstöße Verantwortlichen treffen sollten. Die erste Wahl fiel auf die Festsetzung der Guthaben und die Einschränkung der Bewegungs- und Reisefreiheit, dazu kamen spezifische Importverbote für Waffen und militärische Güter. Anfänglich gehörten auch Flugverbote für die entsprechenden Airlines dazu. Die Schweizer boten hier ihre guten Dienste an und organisierten 1998 und 1999 die Konferenzen in Interlaken.

„Nach den jüngsten schockierenden Terroranschlägen sind Maßnahmen, um Terrorgelder aufzuspüren und einzufrieren, erneut ins Rampenlicht des Interesses gerückt", schreibt der Schweizer Außenminister Joseph Deiß Ende 2001 in der Einleitung zu einem „Handbuch für Smart Sanctions", das die Ergebnisse der Konferenzen in Interlaken sowie folgender Expertentreffen in New York systematisch zusammenfasste. Der Grundgedanke war, dass sich der historische Ansatz des Aushungerns nicht mehr mit dem Völkerrecht vereinbaren ließ. Es ging nicht an, ganzen Völkern mittels eines Handelsboykotts die Zufuhr von Nahrungsmitteln und Medikamenten zu verwehren. Vielmehr musste man direkt Zugriff auf die Machtmittel der Herrschenden und der militärischen Kommandanten gewinnen: Wirksam wäre das Einfrieren aller Guthaben der Machthaber im Ausland und ein Verbot sämtlicher Transaktionen mit ihnen. Weiter konnte man die politischen und militärischen Führer in ihrem eigenen Land festsetzen und ihnen den Zugang zur Außenwelt verschließen. Und die bittere Lektion aus der Hochrüstung von Saddams Heerscharen, die mit hoch entwickelten Waffensystemen aus westlichen Industrieländern zu einer die Region bedrohenden Vernichtungsmaschinerie pervertiert worden waren, legte unbedingt ein Rüstungsembargo nahe. Mit diesen Maßnahmen wären Regimes mit bedrohlichen Gelüsten die Hände gebunden.

Das Handbuch für Smart Sanctions enthielt bereits eine humanitäre Lehre, die noch ein Jahrzehnt lang nur unbefriedigend in die Praxis umgesetzt wurde:
Weil verdächtige Personen auch irrtümlich als Terroristen abgestempelt werden könnten, sollte der Uno-Sicherheitsrat Mechanismen in die Prozedur einbauen, welche es Individuen auf der Liste erlauben, um ihre Streichung nachzusuchen.

Im Entwurf für eine Modell-Resolution zur Einführung von Smart Sanctions steht die Bestimmung:
Jede Person und jede Gruppierung auf der Terrorliste ... kann dem Vorsitzenden des Sanktionsausschusses ... ein Gesuch vorlegen.

Doch bei der zweiten Konferenz von Interlaken trat auch ein Abteilungsleiter im amerikanischen Finanzministerium auf, R. Richard Newcomb vom Office of Foreign Assets Control (Ofac). Dieser erläuterte die Auffassung der USA, und nach dieser bedeutet „smart" weniger eine schonende und wohl gezielte Zwangsmaßnahme, sondern vielmehr eine möglichst wirksame.

Newcomb führte zugleich die Arbeitsweise des Ofac aus, einer lange Zeit schattenhaften Behörde in Washington, die aber im Zuge des ausgreifenden Antiterrorkrieges in Ländern des Nahen Ostens für viele zu einer omnipräsenten Obsession wurde: Es ist eine Art Geheimdienst, der in Echtzeit den weltweiten Geldverkehr ausspioniert und die Finanztransaktionen überwacht. Newcomb erklärte, wie das Ofac im Namen Amerikas gewisse Personen als Terrorverdächtige abstempelt. Dabei ist nicht entscheidend, ob ihnen irgendein Verbrechen nachgewiesen werden kann, sondern allein schon, dass sie in Beziehung zu einer als terroristisch bezeichneten Gruppierung stehen. Das amerikanische Außenministerium führt eine verbindliche Liste von Terrororganisationen auf der ganzen Welt. Und das Ofac jagt alle Personen, für die „dispositive evidence" „vernünftigen Anlass zur Überzeugung gibt", dass sie in einer Beziehung zu einer der Terrorgruppen stehen. Wer immer von einer

Terrorgruppe kontrolliert wird, wer im Namen oder im Interesse eine solchen Gruppe handelt oder wer materiell oder finanziell eine solche Gruppe oder Person unterstützt, landet auf der Ofac-Liste.

Newcomb führte eigens aus, dass die Beweislast für eine solche Designierung ganz anders ist als bei einem Verfahren vor Strafgericht. Hingegen macht sich jeder Amerikaner strafbar, der auf irgendeine Art mit designierten Terroristen auf der Liste des Ofac oder des Staatsdepartements Geschäfte macht. Das Ofac bemüht sich, das ganze wirtschaftliche und finanzielle Verbindungsnetz einer Zielgruppe oder Zielperson im Voraus auszuloten. Schlüsselpersonen in diesem Netzwerk werden mit erhöhter Dringlichkeit verfolgt, damit man möglichen Fluchtmanövern beim Verhängen der Sanktionen zuvorkommen kann. Entsprechend müssen auch Verdächtige verfolgt werden, die ihre Identität wechseln und ihre Guthaben verschieben, um einer Festsetzung zu entkommen.

Newcomb führte weiter aus, dass das Ofac alle größeren Banken in Amerika dazu verpflichten konnte, in ihren internen Systemen ein Ofac-Programm zum sofortigen Aufspüren verdächtiger Transaktionen einzurichten. Auch andere Unternehmen haben ähnliche Programme installiert, um internationale Transaktionen bei Käufen und Verkäufen auf verdächtige Adressen zu überprüfen. Falls in einer Bank ein Name von der Schwarzen Liste auftaucht und Alarm auslöst, wird der entsprechende Transfer in eine Warteschlaufe geleitet, sodass ein Angestellter eine Überprüfung vornehmen und allenfalls die ganze Aktion blockieren kann. Mit solchen Vorschriften zwangen die amerikanischen Behörden all ihren Bürgern und sämtlichen Unternehmen im Lande auf, ihnen bei der Bekämpfung der Terroristen zuzudienen. Das betraf auch alle Amerikaner im Ausland. So war der nächste Schritt nicht mehr weit. Bald verbreitete die US-Diplomatie die Warnung an alle internationalen Banken und Unternehmungen, dass sie sich an das US-Embargo gegen Terroristen halten mussten, wenn sie nicht ihr ganzes Amerika-Geschäft verlieren wollten.

Die USA hatten ihren Sanktionsmechanismus schon nach den Anschlägen der ersten Kaida-Zellen in Ostafrika auf Usama Bin Ladens Verbündete ausgerichtet. Daraus resultierte im Jahre 1999 die Entschließung 1267 des Uno-Sicherheitsrates gegen die afghanischen Taliban, weil diese der Anordnung der Staatengemeinschaft nicht nachkamen, Bin Laden auszuliefern. Mit jener Resolution schuf der Sicherheitsrat einen Sanktionsausschuss, in dem alle 15 Mitglieder des Rates vertreten waren. Er hatte zunächst die Aufgabe, die Umsetzung der Sanktionen in den Mitgliedsstaaten zu überwachen und mögliche Terrorgelder zu identifizieren. Später wurde daraus der Auftrag, alle verdächtigen Personen und Einrichtungen benennen zu helfen und die entsprechende Schwarze Liste mit aufzustellen.

Diese Praxis war schon 1997 in den Sanktionen gegen die „Unita" in Angola erprobt worden. Mit Resolution 1333 vom Dezember 2000 wurden diese Zwangsmaßnahmen direkt auf die Kaida und Usama Bin Laden ausgedehnt. Das 1267er Komitee erhielt den Auftrag, „eine Liste designierter Mitglieder der Kaida und der Taliban" aufzusetzen. Sie sollte sowohl Einzelpersonen als auch Körperschaften umfassen. Informationen würden dem Ausschuss von Regierungen und regionalen Organisationen zukommen. Die Anregungen aus dem Handbuch für Smart Sanctions wurden dankend aufgenommen – vor allem was die breite Unterstützung der Konferenzteilnehmer von Interlaken für das Konzept wirksamer Zwangsmaßnahmen betraf. Die selbstkritischen Anregungen fielen allerdings unter den Tisch der Terroristenjäger. Es fehlte jeder Hinweis auf die Möglichkeit eines Irrtums beim Aufsetzen der Liste, und der Vorschlag für die Einrichtung eines Beschwerdewegs blieb ungehört.

Der Sicherheitsrat stützte sich unter dem Antrieb der Amerikaner auf seine langen Erfahrungen mit Zwangsmaßnahmen gegen Staaten, wo die einzige Sorge der Wirksamkeit des Embargos galt. Regierungen hatten schließlich an der Uno ausreichend Möglichkeit, über diplomatische Kanäle ihre Bedenken und Klagen einzubringen. Doch die 1267er Sanktionen richteten sich ausdrücklich gegen nichtstaatliche Akteure und gegen Einzelpersonen. So kam ein Sanktionsmechanismus zustande, der den einzelnen Betroffenen überhaupt keine Möglichkeit des rechtlichen Gehörs, geschweige denn einer Beschwerde einräumte. Der Uno-Sicherheitsrat nahm sich die Kompetenz heraus, endgültig darüber zu befinden, wer ein Terrorist sei und wer nicht, und gleich die entsprechenden Sanktionen mit dem Charakter einer gerichtlichen Strafe zu verhängen. Damit verstieß er nach Ansicht vieler Völkerrechtsexperten klar gegen die Uno-Charta. Denn diese gibt dem Sicherheitsrat nebst der Wahrung des Weltfriedens unmissverständlich den Auftrag, die Werte der Charta und insbesondere die Menschenrechte hochzuhalten.

Erst zehn Jahre später, im Oktober 2010, wagte es ein hoher Vertreter der Uno, dem Sicherheitsrat in aller Form einen Übergriff vorzuwerfen. Es war der Sonderberichterstatter für Menschenrechte im Bereich der Terrorbekämpfung, der finnische Völkerrechtsexperte Martin Scheinin. Er legte der Uno-Generalversammlung einen Bericht vor, wonach gegen Personen gerichtete Strafmaßnahmen der Weltorganisation, die gerichtlichen Verfügungen gleichkommen und ohne zeitliche oder räumliche Beschränkung gültig sind, dem Völkerrecht widersprechen. Wenn der Sicherheitsrat unter Kapitel 7 der Uno-Charta eine

Sanktionsverpflichtung für alle Uno-Mitglieder ausspricht, so muss sich diese auf einen spezifischen und räumlich umschriebenen Konflikt beschränken. Dies ist nach dem Verdikt Scheinins beim Krieg gegen den Terrorismus nach einer Dauer von mehreren Jahren nicht mehr gegeben.

Doch solche Sorgen waren nach dem ungeheuren Schock des Mega-Terrorismus im World Trade Center, mitten im pulsierenden Herzen der wirtschaftlichen Supermacht Amerika, völlig in den Hintergrund gedrängt worden. Die USA waren aus heiterem Himmel auf eigenem Boden sehr empfindlich getroffen worden. Der Feind war „der Terrorismus", und Präsident Bush erklärte diesem den weltweiten Krieg. Amerika verlangte die Hilfe seiner Verbündeten in diesem Kampf.

Die strategischen Planer der Administration Bush, unter Führung des Falken der Neocons, Vizepräsident Dick Cheney, setzten nach der Überwindung des ersten Schreckens die Ziele möglichst umfassend. Als Erstes wurde ein intellektuelles Klima des totalen Krieges gegen die Terroristen geschaffen, das alle Diskussionen um die nötigen Kampfmaßnahmen beherrschte. Amerika setzte energisch den Tenor, und jede kritische Frage stieß sofort auf die von Bush persönlich in die Welt gesetzte Dichotomie: Entweder seid ihr mit uns im Krieg gegen die Terroristen, oder ihr seid mit ihnen und gegen uns. Allein Ansätze zur Erforschung der Ursachen des Terrorismus wurden als Sympathie für die Gewalttäter ausgelegt, oder mindestens als Suche nach Verständnis oder sogar Rechtfertigung der Gewalt. Der Bericht des US-Kongresses über den September-Terrorismus, der „9/11 Commission Report" vom Juli 2004, bringt diese Denkweise deutlich zum Ausdruck: Über 500 Seiten setzten sich die Experten mit den Methoden und Wirkungen des amerikanischen Antiterrorkrieges auseinander. Doch kein einziges Mal stellt einer die Frage, ob eine Lösung des Palästina-Problems nicht die ideologische Spannung in der Region massiv vermindern und mithin die Anziehungskraft der Extremisten vermindern müsste. Dass jemand das jahrzehntelange Ausbleiben einer gerechten Regelung in Palästina auch den Amerikanern ankreiden könnte, der größten Schutzmacht Israels – diese Betrachtung scheint nirgends in dem Bericht auf. Es geht einzig darum, wie die Schlagkraft Amerikas gegen die Verbrecher und das Netzwerk ihrer Sympathisanten noch zu erhöhen wäre.

Die Verfügungen des 1267er Komitees waren in den ersten Jahren unwiderruflich, und sie galten schon damals ohne jede zeitliche Einschränkung. Die Amerikaner hatten es fertiggebracht, ihr Sanktionsmodell mit dem Vehikel der Uno auf die ganze Welt auszudehnen. Jeder Mitgliedsstaat der Uno war verpflichtet, die Zwangsmaßnahmen gegen die Personen und Gruppen auf der

Terrorliste umzusetzen. Die Terrorverdächtigen mussten zwar nicht verhaftet, sondern nur in ihrer Aktivität lahm gelegt werden. Eine Strafverfolgung wegen Terrorakten ist ohnehin im Rechtssystem aller Staaten verankert. Aber es bedeutete, dass zusätzlich die Verstöße gegen die Uno-Verfügung nach nationalem Recht unter Strafe zu stellen waren. Da es streng genommen jedweder Person untersagt wurde, mit Leuten oder Gruppen auf der Schwarzen Liste irgendein Geschäft zu machen, war letzten Endes die gesamte Weltbevölkerung der Regel unterworfen. Wenn also, grob gesprochen, ein amerikanischer Geheimagent zu dem Schluss kam, irgendein militanter Afghane oder Palästinenser gehöre auf die 1267er Liste, so konnte er das im 1267er Komitee durchsetzen und in der Folge jeden Erdenbürger dazu zwingen, die Sanktionen umzusetzen.

Yussef Nada, ein Gentleman-Terrorsponsor?

Hier lernt man, wie man einen Bankier mit einem Federstrich ruiniert und wie lange es dauert, bis einer aus dem Verdachtsnetz der Uno entkommt.

Im Spätherbst 2002 kehrte der Italien-Ägypter und internationale Bankier Yussef Nada abends in sein Hotel in London zurück. Er war etwas erschöpft durch eine aufregende Studiodebatte beim Jazira-Fernsehen, wo er seine Erfahrungen als Buhmann der amerikanischen Behörden, als US-designierter Terror-Financier, dem arabischsprachigen Publikum dargelegt hatte. Zu seinem Erstaunen ließ sich seine Zimmertür mit der elektronischen Zugangskarte nicht öffnen. Der Concierge im Hilton glaubte an einen Fehler des Systems und stellte ihm eine neue Karte aus. Doch als er wieder im fünften Stockwerk aus dem Aufzug trat, stürzten sich fünf Männer auf ihn und stellten ihn unter Arrest. Sie gaben sich als Agenten von Scotland Yard zu erkennen. Dann brachten sie Nada in sein Hotelzimmer, das sie durchsuchten. Sie beschieden ihm, er halte sich illegal in Großbritannien auf, und er müsse nach Italien deportiert werden. Als Inhaber eines Europa-Passes protestierte Nada gebührend, doch die Polizisten behandelten ihn wie einen gefährlichen Verdächtigen.

Nada fiel aus allen Wolken. In dem Jahr nach dem September-Terror hatte er zahlreiche Geschäftsreisen unternommen, unter anderem nach Kuala Lumpur, Jakarta und Sydney. Er war auch schon mehrmals für Jazira-Sendungen in London gewesen. Nach den Anschlägen auf das World Trade Center und das Pentagon war der amerikanische Präsident Bush am 7. November vor die Kameras getreten und hatte in dramatischen Worten erklärt: Wir werden die al-Takwa-Bank aushungern, weil sie zu den wichtigsten Finanzquellen der Terroristen gehört. Al-Takwa war Yussef Nadas Bank. Die Schweizer Justiz hatte in den Niederlassungen der Nada Management Organisation in Lugano, einer Tochterfirma der al-Takwa, ganze Lastwagen voller Akten beschlagnahmt und abtransportiert. Doch Yussef Nada selbst war nach einigen Verhören nicht mehr behelligt worden. Nun behaupteten diese britischen Geheimpolizisten plötzlich, der Uno-Sicherheitsrat habe ein weltweites Reiseverbot gegen Nada ausgesprochen. Er müsse auf dem direkten Weg nach Hause, nach Campione d'Italia zurückkehren. Und es sei ihm verboten, irgendein anderes Land zu besuchen, und wäre es nur auf der Durchreise. Yussef Nada fand sich in übelster Gesellschaft auf der Schwarzen Liste des Uno-Sanktionskomitees, zusammen mit einigen Hundert Personen oder Unternehmen, denen man Verbindungen zu den Taliban oder zur Kaida unterstellte. Erst später sollte er feststellen, dass er annähernd ruiniert war.

Nada verrichtete als gläubiger Muslim zuerst seine Gebete, mit denen man es im Fastenmonat Ramadan besonders ernst nimmt. Dann eskortierten ihn die Polizisten auf den nächsten Posten. Doch schon beim Check-out im Hotel erlebte er seine zweite böse Überraschung: Seine Kreditkarte stellte sich als gesperrt heraus. Das erklärten die Agenten als eine weitere Maßnahme des Sanktionskomitees, nämlich die Festsetzung sämtlicher Finanzmittel für die Leute auf der Schwarzen Liste.

So gelangte der über 70-jährige Gentleman-Bankier wie ein Verbrecher per Schub nach Mailand. Zum Glück hatte er wenigstens schon das Rückflugticket besessen. Von der Hauptstadt der Poebene fuhr er im Wagen nach Campione, wobei er gezwungenermaßen Schweizer Territorium berührte. Niemand erhob einen Einwand dagegen, und die Erfahrung von London erschien ihm wie ein übler Traum. Doch zu Hause angelangt, ließ er seinen Anwalt die Sache untersuchen. Der Bescheid war zutiefst entmutigend: Der geachtete Bankier und Unternehmer Yussef Nada saß auf Verfügung des Uno-Sanktionskomitees gewissermaßen im Hausarrest in der winzigen Enklave Campione fest – anderthalb Quadratkilometer Lebensraum, und zwar auf völlig unbestimmte Zeit. Und es gab auch keinen Weg des rechtlichen Rekurses dagegen. „Bis dahin hatten wir im Luxus und mit sieben Hausangestellten gelebt", sagt er bitter. „Nun blieben in der ganzen Villa Nada nur noch meine Gattin und ich."

Die Villa Nada liegt an einem erhabenen Ort, einige Hundert Meter über dem Luganersee an der Bergflanke, hoch über dem Casino von Campione. Wer im überaus großzügigen Wohnzimmer an die Fensterfront tritt, überblickt wie ein Adeliger die Goldküste des Sees, von Lugano bis hinunter nach Melide. Yussef Nada ist ein heute 80-jähriges Männchen mit kurz geschorenem weißem Haar. Der Blick seiner Augen hinter den Brillengläsern ist wachsam und – seit den üblen Erfahrungen mit den Großmächten der westlichen Welt – einigermaßen misstrauisch. In seiner Villa, die von den Stimmen seiner herumtollenden Enkelkinder erfüllt ist, hat er sich eine Ersatzheimat für Ägypten geschaffen, das er vor Jahrzehnten, noch in den Tagen unter Gamal Abdelnasser, verließ. Unterdessen besitzt er längst die italienische Staatsbürgerschaft. Doch auf Nadas Sofa fühlt man sich wie entrückt in eine großbürgerliche Wohnung in Kairo. Pastelltöne von Himmelblau bis Blassrosa wechseln ab mit Hellgrau. Auf kostbaren Truhen mit damaszenischer Holzeinlegearbeit stehen üppige Sträuße aus Rosen und Orchideen – alle aus Plastik, dessen nicht welkende Langlebigkeit alle Araber viel besser als die Europäer begriffen haben. Dicke persische Seidenteppiche antworten im gleichen Himmelblau. Auf Beistelltischen drängen sich Nippes aus Silber und Porzellan. Und an der Decke läuft ein Fries mit Koranversen und Gebetssprüchen, wie er jeder Moschee bestens anstehen würde. Wie ein ungebetener Fremdkörper lauert in einer Ecke ein großer Schreibtisch, umzingelt von Gestellen voller dicker Ordner und Papierstapel. Der Terrorfall, der unversehens ins Leben des Bankiers eingebrochen ist, beansprucht einen guten Platz im Raum.

Wie fühlt man sich, wenn man aus der wattierten Welt der Hochfinanz jählings als „Terrorist" ins hämische Licht der Öffentlichkeit gestoßen wird? Yussef Nada kennt seit vielen Jahren die Situation dessen, in dem die staatlichen Ordnungskräfte ihren Feind zu sehen glauben. Er wurde 1931 in Alexandria geboren. Sein Vater hatte einen Bauernbetrieb und eine Molkerei. Yussef machte so Bekanntschaft mit einem Beruf, der seine ersten eigenen Erfahrungen als Unternehmer prägte. Mit 17 Jahren schloss er sich der Muslimbruderschaft an, die er für ihre ausgleichende Sozialarbeit bewunderte. Doch das Regime von Abdelnasser verfolgte die Bruderschaft, weil es ihnen Mordanschläge gegen den Präsidenten anlastete. Yussef Nada verbrachte von 1952 bis 1954 in einem militärischen Konzentrationslager. Nach der Entlassung bildete er sich an der Universität von Alexandria zum Agraringenieur aus. Dann zog er eine Milchproduktion auf der Basis von Milchpulver auf, mit der er bald ein Drittel der Stadt versorgte. Das Unternehmen machte allerdings auf die Dauer keinen Gewinn und musste aufgegeben werden.

Im Alter von 28 Jahren wanderte Nada nach Österreich aus. Dort arbeitete er in der ersten Zeit in einer Großmolkerei, die Emmentalerkäse herstellte. Später zog er einen Zementimport nach Libyen auf. Doch als Muammar al-Ghadhafi und seine Offiziersfreunde 1969 König Idris stürzten, musste Nada, hinter einem Eisschrank versteckt, fliehen, weil die libyschen Revolutionäre die ägyptische Hetzjagd auf die Muslimbruderschaft unterstützten.

Nada richtete seinen Zementimport neu auf Saudi-Arabien aus, wo ebenfalls ein großer Bauboom ausgebrochen war. Er hatte eine Technik mit schwimmenden Terminals entwickelt, von denen aus er je nach Bedarf Zement in Säcke abfüllen und in großen Mengen ins Land verfrachten konnte. Bald galt Nada als der Zementkönig der gesamten Region.

Nada diente unterdessen, wie er selbst sagt, der Muslimbruderschaft 25 Jahre lang als eine Art Außenminister. Er pflegte die politischen Kontakte im Ausland für die Organisation. So traf er mit zahlreichen Staatsmännern des Nahen Ostens zusammen: Saddam Hussein, König Fahd von Saudi-Arabien, dem jemenitischen Präsidenten Ali Abdallah Saleh, dem iranischen Imam Khomeiny und seinem Parlamentspräsidenten Ali Akbar Haschemi Rafsanjani. Die ägyptischen Geheimdienste behaupten, er hätte auch Kontakte zu notorischen Gewalttätern gesponnen und Umsturzpläne für arabische Staaten und sogar für westliche Länder gewälzt. Nada bestreitet all das und pocht darauf, dass der Islam als Grundhaltung vom Gläubigen die Gewaltlosigkeit verlange.

Die Muslimbruderschaft hat schon vielen Behörden nachhaltig Kopfzerbrechen bereitet. Besonders in Ägypten ist sie in jahrzehntelanger geduldiger Kleinarbeit zur weitaus größten Oppositionspartei, wenn nicht überhaupt zur größten vitalen Partei des Landes – neben dem verknöcherten Dinosaurier der Staatspartei, der Nationalen Demokratischen Partei von Präsident Mubarak – herangewachsen. Die sture Ausgrenzung durch die Regierung und die unermüdliche Unterdrückung durch die Geheimdienste können die Flut der Sympathie nicht aufhalten. Das größte Ärgernis für die Machthaber ist die Leistungsfähigkeit der mildtätigen Ableger der Bruderschaft, obwohl diese infolge der systematischen Behinderung durch den Staat gar keine nennenswerten Finanzstrukturen im Nilland unterhält.

Der Volksschullehrer Hassan al-Banna hatte die Ikhwan al-Muslimun, die Muslimbruderschaft, 1928 zusammen mit sechs Arbeitern der Suezkanal-Gesellschaft in Ismailiya am Kanal gegründet. Ihr Ziel war die Förderung islamischer Moralvorstellungen und der Aufbau von wohltätigen Organisationen und sozialen Institutionen, alles Bausteine für die Errichtung einer islamischen Gesellschaft und schließlich eines entsprechenden islamischen Staates. Die Gegner waren zunächst der britische Kolonialeinfluss und die allgemeine Tendenz zum Säkularismus, später auch der für unislamisch erklärte ägyptische Staat.

In den 1940er Jahren schuf die Bruderschaft ein streng hierarchisches, weit verzweigtes und zusehends einflussreiches Netzwerk mit eigenen Moscheen, Schulen, Spitälern, Fabriken und Unternehmen, und Kader der Organisation besetzten wichtige Stellen in der staatlichen Verwaltung und in der Armee.

Zugleich betrieb al-Banna auch den Aufbau eines geheimen militärischen Apparates, der sich an antibritischen Aktionen beteiligte. Die Regierung verbot die Ikhwan zum ersten Mal 1948, und bald darauf fiel Premierminister Mahmud Nukrashi Pascha einem Anschlag der Muslimbrüder zum Opfer. Drei Monate später wurde Hassan al-Banna von einem Unbekannten erschossen, hinter dem viele einen gedungenen Killer im Auftrag der Regierung sahen. Gleichzeitig begann eine Repressionskampagne gegen die Bruderschaft. Doch schon 1959 rehabilitierte der Staat die Ikhwan wieder, und so ging es weiter hin und her, auch nach dem Offiziersputsch von Gamal Abdelnasser 1952 und nach dem

Machtantritt von Präsident Anwar as-Sadat 1970. Sadat ging allerdings nur bis zu einer offiziösen Tolerierung, ohne das Verbot gegen die Bruderschaft ganz aufzuheben. Sadat wurde schließlich 1981 von einer Gruppe muslimischer Extremisten ermordet, die aber nicht förmlich den Ikhwan angehörten, sondern einer der kleinen gewalttätigen Gruppen im islamistischen Dunstkreis.

Unter dem Nachfolger Husni Mubarak blieb das Verbot gegen die Muslimbrüder unverändert aufrecht. Es wurde je nachdem gerechtfertigt mit dem Vorwurf, die Formation habe der politischen Gewalt nie gänzlich entsagt, oder aber generell mit der Verfassungsbestimmung, die in Ägypten Parteien mit einer religiösen Grundlage ausschließt. Beide Gründe stießen in der Bevölkerung auf Skepsis, weil viele Ägypter an das Prinzip des bewaffneten Widerstands gegen eine Fremdherrschaft glauben. Und der Begriff der Fremdherrschaft musste sich nicht nur auf israelische oder amerikanische Besetzertruppen beschränken, sondern er konnte sich auf arabische Regimes beziehen, die nationale arabische Interessen hinter die Rücksicht auf die Großen im Westen zurückstellten. Die Führerschaft der Muslimbrüder arbeitete entsprechend beharrlich weiter am Aufbau einer islamischen Gesellschaft.

Trotz aller Repressionen und Verhaftungen gewann die Bruderschaft über interne Wahlen die Kontrolle über eine Reihe von Berufsorganisationen, angefangen bei den Ingenieuren und den Ärzten. Bei den Parlamentswahlen schickten die Brüder ihre Kandidaten als Unabhängige ins Rennen, wo sie immer eine Anzahl Mandate errangen, obwohl die Sicherheitskräfte die Wähler in potenziell Ihwan-freundlichen Distrikten jeweils am Wahltag mit Gewalt von den Urnen fernhielten. 2005 errangen die Vertreter der Bruderschaft 88 Sitze und sie wurden damit zu den Führern der Opposition. Im Urnengang von Ende 2010 schloss das Regime mittels massiver Behinderungen quasi die ganze Opposition aus der Volksvertretung aus, so landeten auch die Muslimbrüder vor der Tür, und kaum jemand erachtete das neue Parlament als irgendwie repräsentativ.

Das Geheimnis dieses nachhaltigen Erfolgs der Bruderschaft sehen die Mitglieder in einer unerschütterlichen Motivation der islamischen Militanten. Die Moscheen stellen in einem Staat, wo der politische Diskurs auf allen Bühnen durch den Staat und die herrschende Partei gelenkt wird, das einzige Netzwerk mit einem gewissen Freiheitsraum dar, wo die Muslimbruderschaft ihre Programme in religiösen oder, je nach Bedarf, in politischen Begriffen propagieren kann. Die Berufsleute der Bruderschaft stellen ihre Kapazitäten für soziale Dienste und Hilfsleistungen zur Verfügung, Ärzte pflegen gratis die Patienten in den Kliniken der Ikhwan, und Anwälte nehmen sich ohne Entgelt der Opfer der Repression an. Die Muslimbruderschaft rühmt sich mittlerweile, in Ägypten mehr als eine Million organisierte Mitglieder und noch weitaus mehr Sympathisanten zu haben. Sie zählt nach eigenen Angaben Niederlassungen in insgesamt 70 Ländern, allen voran in Saudi-Arabien, Jordanien und im Sudan. In Palästina hat der lokale Ableger, die Hamas-Bewegung, Anfang 2006 die Wahlen gegen die Fatah, die herrschende Partei des PLO-Führers Arafat, gewonnen. In Algerien zeichnete sich 1992 ein Wahlsieg des Front Islamique du Salut, einer Tochterorganisation der Bruderschaft ab, doch die Militärs annullierten kurzerhand den zweiten Wahlgang. In Syrien wurde die Bewegung 1982 nach der überaus blutigen Unterdrückung eines Aufstands in Hama für Jahrzehnte lahm gelegt, doch wuchsen die Sympathien im Volk später wieder an. Die Bewegung profitierte in der ganzen arabischen Welt von der Welle der Re-Islamisierung, die ab den 1990er Jahren die Gesellschaft in allen Ländern immer stärker erfasste.

Yussef Nada gründete 1988 die Takwa Bank („Bank der Gottesfurcht"), zusammen mit anderen Muslimbrüdern, etwa dem später prominenten Fernsehprediger Yussef Karadawi. Ihr Hauptmerkmal war nach Nada, dass sie nach muslimischer Regel auf Kapital keinerlei Zinsen nahm oder gab. Erfahrungen mit islamischer Wirtschaftspraxis hatte Nada seit 1977 gesammelt, als er in Ägypten die Feisal Islamic Bank eröffnete. Diese ist im Nilland weiterhin eine der größten Banken, und ihr größter Aktionär ist das Religionsministerium.

Den Sitz der Bank al-Takwa legte er als Offshore-Bank nach Nassau auf die Bahamas, eine andere Niederlassung war in Liechtenstein. In Lugano, zehn Autominuten von seinem Wohnsitz in Campione entfernt, zog Nada die Takwa Services Organisation auf, die später Nada Management genannt wurde. Diese diente der Bank mit Machbarkeitsstudien und einer internen Rechnungsprüfung. Nada selbst war der größte Aktionär und er legte große Teile seines Vermögens in der Bank an. Weiteres Kapital kam, wie es heißt, aus Kuwait und aus Kreisen der Muslimbruderschaft; auch zwei Geschäftsleute aus der weit verzweigten Unternehmerfamilie Bin Laden wurden Aktionäre.

Als Motiv für die Gründung der Bank al-Takwa nennt Nada seine Aufgabe als Muslim, allen Gläubigen islamisches Wohlverhalten vorzuleben. Nada weist die These weit von sich, dass er seine Bank vor allem für Muslimbrüder geschaffen habe, auch nicht spezifisch für Ägypter. Bei der Wahl seiner Partner bewies er jedoch eine schlechte Hand, wahrscheinlich aus naivem Vertrauen eines Muslims in andere Glaubensbrüder und „Freunde der Araber". Ein Mitgründer war der Schweizer Financier und Nazi-Nachlassverwalter François Genoud, ein berüchtigter Antisemit. Genoud war bekannt als Mann mit Sympathien für die palästinensische Sache. Er tat sich aber auch als Herausgeber der Tagebücher des

Reichspropagandaleiters Joseph Goebbels hervor. Unter dem Zwang, mindestens einen Schweizer Bürger in der Geschäftsleitung zu haben, zog Nada den Berner Islam-Konvertiten und rechtsextremen Journalisten Ahmed Huber heran, der ebenfalls mit Antisemitismus kokettierte. Nada versichert, er habe Huber als vertrauenswürdigen Mann gekannt, Genoud hingegen habe er gar nie getroffen.

„Die Takwa Bank diente jedem, der in seinem Wirtschaftsleben ein guter Muslim sein wollte", erklärt Nada. Das bedeutete im Besonderen Geldverkehr ohne Zinsgeschäft. Islamische Banken dürfen nach moderner Auslegung keine reinen Finanzgeschäfte machen, sondern sie spezialisieren sich auf Finanzierungen für Handel und Projekte. Einzelkunden, die Geld anlegen wollen, werden als Partner nach Maßgabe ihrer finanziellen Beteiligung aufgenommen, und der Gewinn wird entsprechend mit ihnen geteilt. Den Verlust hingegen müssen nach Nada die Aktionäre tragen. Kritiker sagen allerdings, dass die „Kommissionen" islamischer Banken für Geschäfte, bei denen sich der Gewinn nur langfristig ermitteln lässt, auffällig genau an den gängigen Zinssätzen der gewöhnlichen Banken orientieren. Nada war der Hauptaktionär und ein großer Anleger der Takwa-Bank, und er amtierte als Vorsitzender der Geschäftsleitung. Das Kapital des Hauses war 50 Millionen Dollar, der Umsatz in der Größenordnung von jährlich 250 Millionen Dollar.

Nada klagt, seine Bank habe nur zehn Jahre überlebt. Der erste Schlag traf sie infolge der südostasiatischen Finanzkrise 1997. Dann folgte eine heftige amerikanische Medienkampagne gegen sie, weil die Behörden in Washington nach den Anschlägen auf US-Botschaften in Afrika ihren ersten Verdacht gegen sie im Feld der Terrorfinanzierung geschöpft hatte. Ein hoher Vertreter des US-Schatzamtes namens Jamie Zarate erklärte am 1. August 2002 im US-Kongress, schon 1997 habe es „Berichte" gegeben, wonach die Takwa jährlich 60 Millionen Dollar an gesammelten Spenden für die Hamas in Konten verwaltet habe. Unter den Aktionären seien bekannte Hamas-Mitglieder und Leute aus dem Umkreis der Kaida und verbündeter Gruppierungen gewesen. Ein Bericht des italienischen Geheimdienstes habe 1996 die Takwa mit Palästinensergruppen, der algerischen Groupe Islamique Armé und der ägyptischen Gamaat Islamiya in Verbindung gebracht. Schließlich musste al-Takwa unter dem Druck der Sanktionen infolge des September-Terrors Ende 2001 liquidiert werden. „Das war ein Totalverlust", stellt Nada trocken fest.

Für die Amerikaner sah der Fall eindeutig aus, obwohl sie ihn nach dem Megaschock vom 11. September 2001 etwas zu schnell aus der Schublade gezaubert hatten. Sie beschlossen, al-Takwa müsse einer der wichtigsten Finanzkanäle von Bin Laden und der Kaida sein. Die Bank wasche auf dem Weg über ihre Korrespondenzkonten bei Schweizer und amerikanischen Banken Geld für den Chefterroristen. So erklärte Präsident Bush am 7. November 2001 vor den Fernsehkameras der Takwa den Krieg. Das Office for Foreign Assets Control (Ofac) im Finanzministerium veranlasste, dass die USA offiziell die Schweiz, Italien, Liechtenstein und die Bahamas wenige Tage nach den Anschlägen dazu aufriefen, sämtliche Guthaben der Takwa und ihrer Tochterunternehmen festzusetzen und die Bücher zu beschlagnahmen.

In einem Brief vom 4. Januar 2002 schrieb ein hoher Beamter des US-Finanzministeriums an die Schweizer Staatsanwaltschaft, dass Gelder aus Kuwait und aus den Vereinigten Arabischen Emiraten in Filialen der Takwa in Lugano und Malta fließe und dann von der Niederlassung auf den Bahamas nach Amerika. Das Schreiben wies insbesondere auf eine „geheime Kreditlinie für einen engen Vertrauten von Usama Bin Laden" hin:

„Dieser Unterling von Bin Laden hatte eine Kreditlinie bei einem Finanzhaus im Nahen Osten, welches seinerseits auf ein Konto mit einer identischen Nummer bei der Bank al-Takwa zurückgreifen konnte. Anders als andere Konten, wie zum Beispiel solche für Kunden des Private Banking, war der Zugang auf dieses Konto durch das Computersystem gesperrt und es waren besondere Privilegien erforderlich, um Zugriff auf die Daten zu erhalten."

Diese Umstände findet der amerikanische Beamte überaus ungewöhnlich, zumal kein erkennbarer Name mit dem Konto verbunden war. Daraus schloss der Amerikaner, dass es zu dem Zweck eröffnet wurde, um die Verbindung zwischen der Organisation von Bin Laden und der Bank al-Takwa zu verschleiern.

Yussef Nada hält diesen Anklagen entgegen, in Lugano habe die Takwa niemals Geldgeschäfte abgewickelt, sondern nur Unterstützungsdienste für die Offshore-Bank auf den Bahamas. Zudem habe in Malta niemals eine Filiale existiert und er habe die Insel in seinem ganzen Leben nicht besucht. In einem anderen Brief des US-Schatzamts werden die „Informationen von 1997" über Hamas-Spendengelder bei der Takwa wieder aufgekocht. Nada zückt hier eine schriftliche Rückfrage der Schweizer, die sich über die Vagheit der Angabe beklagen und nach konkreten Einzelheiten fragen: Woher kamen diese Überweisungen? Auf welches Konto floss das Geld? Sollen das wieder vertrauliche Angaben sein, die Amerika nicht genauer bekannt geben will? Was andere Vorwürfe gegen angebliche Geschäftspartner betrifft, etwa einen Mittelsmann des saudischen Königs Fahd namens Ali Bin Musallim, der die Finanzunterstützung des Königreiches an die afghanischen Mujahedin – und an deren Verbündeten Usama Bin Laden – besorgte, gegenüber diesen Leuten wäscht Nada sich die Hände in Unschuld, für diese sei er nicht verantwortlich.

Mit zufriedenem Lächeln holt er dann einen seiner dicken Ordner hervor und entnimmt ihm die Kopie eines Schreibens der Schweizer Bundesanwaltschaft vom Januar 2002 an jenen Beamten des Schatzamtes. Der Schweizer Beamte betont, im November 2001 habe man ihm anlässlich eines Besuchs in Washington umfängliche Angaben über Yussef Nada und die Takwa zugesichert: „Doch ich war mehr als enttäuscht, als ich Ihren letzten Brief erhielt. Er bringt mir nicht mehr Information, als was ich bereits habe. Was darin ist, kann ich nicht benutzen, um meine Ermittlungen voranzutreiben. Es wäre mir wichtig, eine Handhabe für weitere Schritte in meiner Untersuchung in der Schweiz und in anderen Ländern zu erhalten. Was sind genau die beweisbaren Tatsachen, die gegen Nada und die Takwa vorliegen?"

Was die Amerikaner gegenüber dem Uno-Sanktionskomitee an Informationen preisgaben, ist sogar noch dürftiger. Die erste öffentliche Begründung des Komitees für Nadas Eintrag erschien überhaupt erst am 6. April 2009, also ein halbes Jahr vor der endgültigen Streichung. Da heißt es: „Nada finanzierte Terrorismus durch ein verzweigtes Finanznetzwerk, das Aktivitäten im Zusammenhang mit Terror unterstützte, einschließlich solche von Usama Bin Laden. (…) Nadas Takwa-Bank in den Bahamas bot der Kaida Investitionsberatung und Dienstleistungen für Geldtransfers. Seit Okober 2000 versorgte er einen engen Verbündeten von Bin Laden mit einer verdeckten Kreditlinie." Der Rest sind allgemeine Angaben über Nadas Stellung in seiner Bank und über die damit verknüpften Unternehmen.

Nada hat in seinen persönlichen Akten eine Anzahl Belege dafür, dass die Schweizer Bundesanwaltschaft das amerikanische Finanzministerium mehrfach kritisiert hat. Das US-Schatzamt erhob reichlich Anklagen ohne greifbare Beweise und setzte dann befreundete Staaten unter Druck, weil deren Ermittlungen nicht die erwünschten Resultate erbrachten. In einem Schreiben der Amerikaner heißt es, so pauschal wie möglich, nach Hinweisen befreundeter Geheimdienste finanziere die Takwa islamistische Organisationen in Ägypten, Tunesien, Algerien, Jordanien, Syrien, Jemen, Daghestan und Afghanistan. Es wird auch gleich vorgeschützt, ein Teil der Informationen komme aus heiklen Quellen, die das US-Schatzamt nicht offen legen könne. In der Folge beklagte sich der damalige Schweizer Bundesanwalt, Valentin Roschacher, die Untersuchung gegen die Takwa komme nur schlecht voran, obwohl sie höchste Priorität genieße; etwa 20 Prozent der Ressourcen der Bundesanwaltschaft und der Bundespolizei würden darauf verwendet. Zwei Jahre später distanzierte Roschacher sich in einem öffentlichen Vortrag deutlich von den USA. Wie er erklärte, bedauert er persönlich, dass die Amerikaner in ihrem Kampf gegen die Terrorfinanzierung das Paradigma des Krieges verfolgten und die Rücksicht auf die Rechtsordnung hintanstellten. Die Bundesanwaltschaft habe immer ein Vorgehen nach dem gewöhnlichen Strafrecht empfohlen, gerichtliche Maßnahmen gegen die Verdächtigen sollten genauso wie gegen gewöhnliche Verbrecher auch ergriffen werden. Die amerikanische Vermischung zwischen Strafrecht und Kriegsrecht habe die Sicherheit weltweit nicht wesentlich erhöht.

Yussef Nada musste in der Schweiz eine längere Untersuchung der Bundesanwaltschaft über sich ergehen lassen, die aber auch nach drei Jahren immer noch im Anfangsstadium steckte. Er wurde mehrfach verhört, hatte aber den Eindruck, der Bundesanwalt wisse gar nicht genau, was er suche. Die Verhöre drehten sich, wie Nada es schildert, manchmal um falsche Vorwürfe, die aus lauter Unkenntnis der Buchhaltungskunst konstruiert wurden, oder um angebliche Geschäftspartner oder Aktionäre in der Takwa-Bank, über die man Nada ein konkretes Verschulden bei der Terrorfinanzierung in die Schuhe schieben wollte. Schließlich legte Nada im Jahre 2005 Berufung gegen die Ermittlungen der Staatsanwaltschaft ein. In der Folge wurde der Bundesanwaltschaft eine Frist bis Ende Mai 2005 gesetzt, um entweder eine konkrete Anklage gegen Nada zu erheben oder aber den Fall abzuschließen. Am 1. Juli schloss die Bundesanwaltschaft das Verfahren ab und erklärte es für gegenstandslos; sie gab an, die Bahamas hätten es versäumt, der Schweiz die Bücher der Takwa-Bank rechtzeitig auszuliefern. Nun drehte Nada den Spieß um und verklagte ein Jahr später die Bundesanwaltschaft wegen der grundlosen Schädigung seines Geschäfts und seines Ansehens auf Schadenersatz in der Höhe von Dutzenden Millionen Franken. Der Prozess ging aber verloren, wie Nada sagt, weil er durch die anhaltende Reisesperre des Uno-Sicherheitsrates daran gehindert wurde, Dokumente zum Beweis seiner Anklagen beizubringen.

Ein weiteres Verfahren strengte Nada beim Europäischen Gerichtshof für Menschenrechte an. Hier zeichnete sich zumindest ein Teilerfolg ab, indem eine Verletzung von Nadas Freiheitsrechten durch die andauernden Amtsmaßnahmen vorläufig festgestellt wurde. Ein Urteil stand im Jahre 2010 noch aus, und die Verhandlung wurde für März 2011 in der Großen Kammer mit 17 Richtern angesetzt.

Bei diesen Anläufen vor Gericht handelte sich um verzweifelte Versuche eines an den Pranger Gestellten, seine zivile Unschuld in irgendeiner Form amtlich feststellen zu lassen. Yussef Nada zeigt gerne Schreiben des FBI und der Schweizer Bundesanwaltschaft vor. „Das FBI hat die Daten über Yussef Nada und die Takwa Management Organisation überprüft", hieß es schon im Jahre 2003 in einem Schreiben der amerikanischen Bundespolizei an die Schweizer Justiz. „Die Information in unserer Datenbank ist identisch mit derjenigen, die Sie uns geliefert hatten. Das FBI hat keinerlei laufende Untersuchungen gegen die Genannten." Eine Bescheinigung der Bundesanwaltschaft, die Nada sich periodisch immer wieder neu ausstellen lässt, versichert im Juni 2010: „Hiermit bestätigen wir, dass die Schweizer Bundesanwaltschaft die amerikanischen Anklagen wegen Terror-Finanzierung gegen Yussef Nada und Ali Ghaleb Himmat, den Vize-Generaldirektor der Bank Takwa und damit zusammenhängende Unternehmen untersucht hat. Wir fanden keinerlei Belege für diese Anklagen. Wir schlossen die Untersuchung am 31. Mai 2005 ab. Es gab bis heute keine anderen Gründe, um eine neue Untersuchung in dieser Beziehung zu eröffnen." Das scheint auch die Ausflucht zu entkräften, die Behörden der Bahamas hätten 2005 die Aushändigung von Akten verschleppt. In den fünf darauffolgenden Jahren kam auch nichts Zusätzliches zutage, wie Nada triumphierend unterstreicht. In Italien hatte die Justiz ebenfalls eine Untersuchung gegen Nada angestrengt, die erst 2007 eingestellt wurde. Der Staatsanwalt kommentierte dazu, der Fall sei offensichtlich eher aus politischen Gründen und unter dem Druck einer bestimmten Agenda eröffnet worden als unter der Last zwingender Beweise.

Doch obwohl der Fall in der Schweiz Mitte 2005 abgeschlossen war, war Nada noch längst nicht von den Fesseln der Uno-Sanktionen befreit. Die Schweizer Behörden hatten nun von sich aus keine Handhabe mehr gegen die Takwa und ihre Führung. Doch andererseits standen sie als Uno-Mitgliedsstaat unter dem Zwang, die Sanktionen des Uno-Sicherheitsrates gegen Personen in ihrem Machtbereich durchzusetzen. Also wurde weder die Reisesperre noch die Einfrierung der Guthaben aufgehoben und Nada blieb weiter in seinem goldenen Käfig sitzen. Er verlangte 2005 in Bern, von der Schweizer Liste gestrichen zu werden, doch lehnte das Volkswirtschaftsdepartement dies unter Berufung auf die Uno-Sanktionen ab. Das Bundesgericht bekräftigte im Jahr 2007 diese Haltung. Der Druck der Öffentlichkeit, insbesondere von Volksvertretern wie Dick Marty, bewog aber das Außenministerium dazu, sich in New York am Uno-Sitz für die Lösung des Falles Nada einzusetzen. Ein Ersuchen der Schweiz an das Sanktionskomitee fand wenig Gehör. So sammelten die Diplomaten der Eidgenossenschaft im Glaspalast auch etwas Erfahrung mit der Lage der zu Unrecht Geächteten.

    Die Schweiz verbündete sich dann mit einer Reihe gleich gesinnter Staaten zu dem Versuch, die Prozeduren des 1267er Sanktionskomitees zu reformieren, um mindestens einen direkten Beschwerdeweg für die Betroffenen einzurichten. Diese Initiative zeitigte schließlich im Dezember 2009 die Resolution 1904, die eine automatische Überprüfung aller Einträge in die Sanktionsliste sowie die Einrichtung einer Ombudsperson für die Personen und Körperschaften auf der Liste mit sich brachte. Die Schweizer Uno-Mission in New York unterstützte auch ein Begehren von Yussef Nada vom August 2009 nach Streichung von der Liste.

Das Uno-Sanktionskomitee radierte Nada tatsächlich im März 2010 von der Schwarzen Liste. Er bekam kein Wort der Erklärung dazu, geschweige denn der Entschuldigung für die unnötigen Beschwerlichkeiten während der achtjährigen Ächtung. Das Schweizer Parlament hatte unterdessen in beiden Kammern beschlossen, die Verfügungen des Uno-Sanktionskomitees nur noch dann umzusetzen, wenn innerhalb von drei Jahren auch durch die nationale Gerichtsbarkeit ein Vorwurf gegen die Betroffenen bestätigt würde. Zuvor müssten aber alle verfügbaren Rechtsmittel erschöpft sein, und zu diesen gehört auch die Uno-Ombudsperson, wie ein zuständiger Schweizer Diplomat unterstrich. Im Kielwasser der Uno verfügte dann auch das Eidgenössische Volkswirtschaftsdepartement am 22. März 2010, dass Yussef Nada, die Takwa-Bank und die damit verbundenen Gesellschaften von der Sanktionsliste gegen Personen und Unternehmen mit Verbindungen zu den Taliban und der Kaida gestrichen würden. Auf den Listen des amerikanischen Schatzamtes fungiert er allerdings immer noch als großer Verdächtiger.

Ist Yussef Nada heute verbittert gegenüber den Schweizern?
„Ich muss sagen, dass ich großen Respekt vor den Behörden der Eidgenossenschaft habe", versichert er. Auf weitere Schadenersatzklagen verzichtet er. „Ich bin schon 80 Jahre alt. Und die mir verbleibenden Jahre will ich nicht mit aufreibenden Sitzungen in Gerichtssälen vertun. Da habe ich Klügeres zu tun." Nada attestiert den Schweizern, sie hätten das Gesetz im Blut. Die Behörden seien ihm immer mit dem nötigen Respekt begegnet und die Unschuldsvermutung gegenüber dem Verdächtigen habe vorgeherrscht. Ist dies nun das Erstaunen eines Mannes, der sich sein ganzes Leben lang als Gejagter fühlte, weil die arabischen Regimes keinem friedlichen Islamisten über den Weg trauen? Oder ist es die Weisheit eines Menschen, der mit Gott und sich selbst im Reinen ist? „Wenn mir die gleiche Sache in einem anderen Land zugestoßen wäre", sagt er, „so wäre mein Leben wohl endgültig zerstört gewesen."

Wie die Uno dazu kam, Leute im kurzen Prozess zu verurteilen

In dem Kaptitel erfährt man, weshalb der Uno-Sicherheitsrat acht Jahre brauchte, um einen eigenen Fehler halbwegs zu korrigieren, und dass die Geheimdienste lieber neue Terroristen jagen, als sich um das Los der vermeintlichen alten zu kümmern.

Als Kofi Annan noch Generalsekretär der Vereinten Nationen war, rief er eines Tages aus: „Wir können an den Grundwerten keine Abstriche machen. Insbesondere die Menschenrechte und der Rechtsstaat müssen in jedem Fall hochgehalten werden. Soviel ich verstehe, ist der Terrorismus an sich ein direkter Angriff auf Menschenrechte und die Herrschaft des Gesetzes. Wenn wir freiwillig diese in unserer Antwort auf den Terror aufopfern, so schenken wir den Terroristen einen Sieg."

Der Uno-Sicherheitsrat sah dies allerdings ganz anders. Er hat sich nach dem Urteil der Rechtsexperten in der Terrorbekämpfung kurzerhand über die Menschenrechte hinweggesetzt. Wie konnte es dazu kommen? Und was ist zu tun, damit sich dies nicht wiederholt? Oder ist die Welt mittlerweile so, dass sie trotz aller guten Vorsätze der Vereinten Nationen ein derartiges Führungsinstrument ohne Widerruf braucht, damit man sie am Entgleisen hindern kann?

Im Umkreis des Uno-Hauptsitzes in New York, wo die ganze Sache ausgekocht wurde, finden sich nur wenige, die den Verstoß der höchsten Instanz der Vereinten Nationen gegen die eigene Charta aus der Arroganz der Mächtigen oder durch zynischen Missbrauch der Macht erklären. Man muss bis zu den diplomatischen Vertretern kleinerer Staaten gehen, um fundamentale Kritik zu hören. Es herrscht allgemein die Überzeugung, dass sich der Ausrutscher ganz emotionslos in einer technischen Betrachtung erklären lasse, und dass alle immer nur im Dienste des Guten gehandelt hätten. Das Ergebnis ist dann, kurz gefasst, dass das eine sich eben aus dem anderen ergeben habe. Zwingende Sanktionen habe der Sicherheitsrat schon seit Jahrzehnten verhängt. Und als man diese – mit besten Absichten – dann so genau wie möglich auf die direkt verantwortlichen Übeltäter gezielt habe, da habe keiner daran gedacht, was sich daraus für Konsequenzen für die Personenrechte der Betroffenen ergeben. Man behüte uns vor solchen Hütern der Menschheit!

Die Techniker der Sanktionspolitik machen geltend, die Zwangsmaßnahmen nach Entschließung 1267 datierten schon aus dem Jahr 1999. Sie seien dem traditionellen Muster der Sanktionen gegen Staaten oder Regimes gefolgt, die eine Bedrohung für Weltfrieden und Sicherheit darstellten. In der Tat richtete sich die Maßnahme ursprünglich gegen das Taliban-Regime, weil es in den Teilen Afghanistans unter seiner Kontrolle „Terroristen beherbergt, ausbildet und die Planung von Terrorakten zulässt". Spezifischer Auslöser war der Umstand, dass die Taliban Usama Bin Laden nicht den Vereinigten Staaten oder einem anderen Staat auslieferten, wo er für die blutigen Bombenanschläge der Kaida-Militanten in Ostafrika vor Gericht gezogen werden sollte. In diesem Stadium wurden alle Guthaben der Taliban weltweit festgesetzt und die afghanische Fluglinie Ariana durfte nirgends mehr landen. Regierungen und Regimes haben ihre politischen Kanäle, um sich an der Uno selbst und mit Hilfe befreundeter Mächte gegen solche Zwangsmaßnahmen zu verwenden.

In den Folgeresolutionen suchte der Sicherheitsrat, die afghanischen Bürger von der Last der Sanktionen zu befreien, indem er die Maßnahmen schrittweise immer direkter auf Mitglieder und Mitläufer des Taliban-Regimes zielte. Im Dezember 2000 beschloss er (Resolution 1333), den Kaida-Chef Bin Laden und seine Komplizen auch der Finanzblockade zu unterwerfen und er wies das Sanktionskomitee an, eine Namensliste mit Mitgliedern der Taliban und der Kaida zu erstellen. Nach dem Schock des Terrors vom 11. September 2001 pochte der Rat noch am 28. des Monats in Resolution 1373 erneut auf die Grundverpflichtung aller Mitgliedsstaaten zur Bekämpfung der Terrorfinanzierung und zur Einschränkung der Bewegungsfreiheit der Militanten. Er berief sich auf Kapitel 7 der Uno-Charta, um den zwingenden Charakter der Maßnahmen festzuhalten, und er schuf einen Ausschuss mit Vertretern der Ratsmitglieder, der die praktische Vorgehensweise prüfen sollte. Paradoxerweise folgte zunächst am 15. Januar 2002 eine Lockerung. Der Rat hob das Luftembargo gegen die Ariana auf. Erst am folgenden Tag, mit Entschließung 1390, sprach er spezifische Zwangsmaßnahmen gegen namentlich genannte Personen aus der Kaida-Führung und unter den Taliban aus. Zudem bekräftigte er dem Sanktionskomitee seinen Auftrag, Listen mit verdächtigen Personen zu erstellen. Er konkretisierte die Maßnahmen weiter mit einem Reiseverbot und einem Verbot des Waffenverkaufs.

Die Uno-Diplomaten sahen darin einen Markstein der Terrorbekämpfung: Hier legte man eine global wirksame Schlinge aus, um den Feind Nr. 1 der Weltgemeinschaft, die Leiter der Terrorgruppe al-Kaida, ihre aktiven Militanten und ihre politischen und finanziellen Förderer an weiteren schädlichen Aktivitäten zu hindern: eine exemplarisch internationale Kampfmaßnahme gegen ein globales Problem, das sich mit rein nationalen Anstrengungen nicht greifen ließ. Usama Bin Laden und seine Kaida rühmten sich ja genau damit, sie nutzten mit Vorliebe das jede Grenze überschreitende Netzwerk des Internets und der Satellitenkommunikation, der globalen und dezentralisierten Unternehmen mit unzähligen Filialen sowie die Kanäle des virtuellen Zahlungs- und Kapitalverkehrs. Was half es da, wenn Großmächte wie Amerika und Russland diese verbrecherischen Netzwerke bis zum anderen Ende des Erdballs ausspionierten, um dann doch jenseits der eigenen Landesgrenzen nur in bescheidenem Rahmen gegen sie vorgehen zu können? Dagegen lag nun eine Kampfstrategie vor, die jedem Uno-Mitgliedsstaat zwingende Aufgaben zuwies, wie er gegen die Terroristen vorgehen musste, wo es sie am meisten schmerzte – und all das, ohne einen Tropfen Blut zu vergießen.

An der Uno in New York herrschte damals die Losung, dass man zusammenstehen müsse, um dem Terrorismus wirksam gegenüberzutreten. Und die Entschließungen 1373 und 1390 dürfen gewiss als Beweis dafür gelten, dass die Weltgemeinschaft unter außerordentlichem Druck auch zu ungewöhnlichen Leistungen fähig ist. Fast alle Diplomaten im Sicherheitsrat hatten den 11. September und seinen Schrecken am eigenen Leib miterlebt. Sie hatten die schrecklichen Bilder der Opfer im World Trade Center gesehen. Sie hatten sich durch verdunkelte Straßenzüge gekämpft, hatten die ungeheure Rauch- und Staubglocke über New York tagelang ertragen müssen. Viele von ihnen hatten Verwandte, Freunde oder Bekannte in dem Inferno in Lower Manhattan verloren. Die Leute waren terrorisiert durch den unerwarteten Angriff mitten im sichersten Hort der Weltherrschaft. Viele hatten eine Art Panik, und manche hegten Rachegelüste gegen die feigen Hintermänner der verblendeten Attentäter. So mangelte es nicht an Entschlusskraft und zündenden Ideen, als der Sicherheitsrat handeln und eine angemessene Strategie liefern sollte. Neben dem 1267er Ausschuss bildete der Sicherheitsrat zwei weitere Gremien. Resolution 1373 verlangte nach einem allgemeinen Antiterrorkomitee, das die internationale Umsetzung dieses großen Manifestes der Verbrechensbekämpfung überwachen sollte. Dazu gehörten die Anregung gesetzlicher Maßnahmen der Mitgliedsländer und die Schaffung der nötigen Behördenapparate; so konnten auch Terrorgruppen außerhalb des 1267er Bereichs mit Listen erfasst werden. Später entstand auf Grund der Entschließung 1540 im Jahre 2004 noch der Sonderausschuss, der den Terrorgruppen den Zugang zu Massenvernichtungswaffen untersagen sollte. Zur Integration verschiedenster Ansätze wie Bekämpfung der Ursachen des Terrors, polizeilicher Verfolgung und Prävention, Schutz der Grundrechte bildete sich 2005 eine Task Force der Terrorbekämpfung (Counter Terrorism Implementation Task Force), in der insgesamt 30 internationale Körperschaften wie das Blauhelm-Departement oder die Atomenergieagentur IAEA sowie auch humanitäre und Entwicklungsagenturen der Uno Einsitz nahmen.

Die Schwierigkeiten der gezielten Sanktionen begannen allerdings mit der Frage, wer im Einzelnen nun die Terroristen, Jihadkämpfer und ihre Helfer auf der Schwarzen Liste sein sollten. Beim Taliban-Chef Mullah Omar, bei Usama Bin Laden und bei seinem Stellvertreter Ayman az-Zawahiri waren sich alle einig. Aber dann? So dauerte ja allein die Ermittlung über die Täter der Mega-Anschläge vom 11. September viele Monate, weil die Terroristen sich selbst ganz bewusst zusammen mit ihren Opfern hatten in Stücke reißen lassen. Die nahezu einzige Quelle waren und bleiben bis heute das FBI und die Geheimdienste. Es war das FBI, das schon am 13. September bekannt gab, es habe die Täter identifiziert. Am folgenden Tag tauchte zum ersten Mal, gestützt auf Geheimdienste, der Name von Mohammed Atta auf, später hieß es, er habe sich bei einem Aufenthalt in der Schweiz zwei zuverlässige Taschenmesser gekauft. Am 17. September legte dann das FBI die berüchtigte Liste der 19 Luftpiraten vor, unter ihnen 15 Saudi-Araber, dazu kamen ihre Lebensläufe: scheinbar unbescholtene Studenten und Familienväter in Amerika, die sich mitunter auch in der Bar einen Wodka hinter die Binde gossen. Mohammed Atta erschien als der Leiter der Hamburger Zelle, der die taktische Planung der Anschläge in eigener Verantwortung besorgt habe.

Im März 2003 nahm der pakistanische Geheimdienst Khaled ash-Sheikh Mohammed fest, der später in den Verhören stolz die Urheberschaft für die Anschläge beanspruchte. Der Untersuchungsbericht des US-Kongresses von 2004, der umfangreiches Geheimmaterial als Grundlage hat, sieht in ihm den Strategen und operativen Planer der Anschläge. Scheich Mohammed behauptete auch, Usama Bin Laden habe die Kosten für die Operation vom 11. September, schätzungsweise 400.000 bis 500.000 Dollar, zu 85 bis 95 Prozent aus der eigenen Tasche bezahlt. Teile der Vernehmungsprotokolle wurden mittlerweile veröffentlicht, doch all das kann weiterhin nicht als hundertprozentig verlässlich gelten bis zu dem Tag, da der Fall vor einem ordentlichen Gericht behandelt wird. Ein Verfahren gegen Sheikh Mohammed vor einem New Yorker Gerichtshof musste im März 2010 verschoben werden, und der Fall landet möglicherweise doch vor einem Militärgericht. Ob und wie genau Usama Bin Laden selbst die Fäden gezogen hat, ist mit Ausnahme von Hinweisen aus den Quellen der Nachrichtendienste und aus Bin Ladens Munde noch immer nicht zuverlässig klargestellt. Wie soll das also dann bei Ermittlungen über die zweite und dritte Garde der Terroristen, Kaida-Militanten und Sympathisanten aussehen?

In den ersten beiden Jahren nach dem September-Terrorismus kamen unzählige Namen im kurzen Prozess auf die Liste. „Dieses Vorgehen war leichtsinnig, und man missachtete alle sonst üblichen Vorsichtsmaßnahmen bei solchen Aufgaben", räumt ein amerikanischer Beamter heute ein. Die Politiker waren vom Drang beseelt, sofort etwas gegen die Terroristen zu unternehmen. Die Geheimdienste feierten ihre Millenniumsparty und brachten offensichtlich jeden beliebigen Verdächtigen vor, den sie nicht anderweitig in den Griff bekamen. Gewisse Fachleute waren offenbar in der Eile auch einfach ratlos. So erklärte David Aufhauser, Rechtsberater im US-Treasury Department: „Das war damals kurz nach 9/11 nahezu grotesk. Wir setzten möglichst viele ‚usual suspects' auf die Liste und sagten, lass uns etwas von ihren Guthaben einfrieren!"

Ein Blick auf die Liste vom 26. November 2001 etwa zeigt, dass kurzerhand die ganze Regierung und Verwaltung sowie der diplomatische Dienst der Taliban aufgeführt wurden – vom Ministerpräsidenten Mullah Mohammed Rabbani über alle Minister und Stellvertreter bis zu den Provinzgouverneuren. Minister und Vizeminister für Sicherheit und Geheimdienste, zweifellos unter den naheliegenden Verdächtigen in Sachen Terrorismus, figurieren erst unter den Nummern ab 81, weit nach belanglosen Chargen wie dem Protokollchef des Außenministeriums, dem Leiter des Pressezentrums, dem Haupt der Akademie der Wissenschaften oder dem Leiter des Olympischen Komitees. Danach folgen die wenigen Botschaften und Konsulate, die die Taliban überhaupt je eröffnen konnten, in verschiedenen Städten Pakistans sowie in Riad und Abu Dhabi, bis hin zum letzten diplomatischen Attachée für Erziehung oder Handelsvertreter. Eine Insiderin meint dazu: „Das war damals völlig unbestritten. Die Listen waren der Ort für die Taliban, und wen immer man als solchen erkannte, der kam auf die Liste." Der Vorsitzende des Sanktionskomitees, der österreichische Uno-Botschafter Mayr-Harting, sagte im Juni 2010: „Es war mitunter bis heute nicht möglich, auch nur festzustellen, ob der Betreffende jemals die Funktion ausübte, unter der er auf der Liste stand."

Auch der Teil der Liste über die Kaida ist erhellend. Dort steht neben Usama Bin Laden und seinem Stellvertreter Ayman az-Zawahiri ein pensionierter Professor der Zürcher ETH, Mohammed Mansur mit seiner Gattin Zeinab, weiter wie bereits ausgeführt der in Campione wohnende Finanzmann Yussef Nada von der Takwa-Bank. Unter den Körperschaften nehmen unzählige Ablagen der mit Bin Laden zusammenhängenden Barakat-Gruppe den größten

Raum ein, neben so verdächtigen Geschäften wie der Hamati-Zuckerbäckerei im jemenitischen Mukalla oder der Shifa-Honigpresse in Jemens Hauptptstadt Sanaa. Hingegen figuriert die Asbat al-Ansar, eine in Beirut berüchtigte extremistische Islamisten-Kampfgruppe aus den Palästinenserlagern von Südlibanon ohne irgendeine sachdienliche Zusatzangabe.

Die Schweizer Diplomatie beansprucht für sich, schon von Anfang an die Faust im Sack gemacht zu haben, als die ersten Sanktionslisten eintrafen. Bern wurde zunächst mit Namen aus Washington bombardiert, die sich allein auf Präsident Bushs Executive Order 13224 stützten. Deren erste Version vom 25. September 2001 umfasste ohnehin nur die 25 Namen der „usual suspects". So ergab sich im Berner Außenministerium der Eindruck, die Leute in New York und Washington wollten den Finanzplatz Schweiz zur Statutierung eines abschreckenden Exempels gegen die Sponsoren der Kaida benutzen. Da war das internationale Ärgernis des Bankgeheimnisses, und dazu noch die Takwa-Bank von Yussef Nada, die sich geradeheraus als islamisches Geldinstitut bezeichnete. Und die Schweiz war immer noch heftig erschüttert durch den bitterbösen Streit mit den Anwälten der Zionistischen Weltorganisation wegen der nachrichtenlosen jüdischen Vermögen aus dem Zweiten Weltkrieg. Bern realisierte, dass es bisher zu wenig mit Amerika zusammengearbeitet, sondern sich hinter formalistischen Einwänden versteckt und auf seinen traditionell makellosen Ruf verlassen hatte. Die Diplomatie zog daraus die Lehre, dass man solche Entwicklungen mit Voraussicht erkennen muss, denn wenn man frühzeitig in den Zug einsteigt, kann man den Kurs noch mitbestimmen. Deshalb, und nur deshalb, so betont ein Eingeweihter, nahm die Schweizer Regierung die Schwarzen Listen ohne Kommentar entgegen und reichte sie unverzüglich zur Blockierung der verdächtigen Guthaben an die Schweizer Banken weiter. Diesmal, da die USA autoritativ in der ganzen Welt Solidarität und Unterstützung gegen den Mega-Terrorismus einforderte, wollte keiner sich mit Formalismen sträuben.

Die Absicht reifte aber gleich am Anfang, dass die Schweiz sich für die Verbesserung des 1267er Regimes nach Maßgabe des Rechts einsetzen würde. Das diktierte ihr schon die Tradition als Rechtsstaat und als Depositarmacht eines humanitären Bestandteils des Völkerrechts, der Genfer Konventionen. Als vorläufige Behelfslösung argumentierten die Behörden in Bern, die Betroffenen hätten ja die Rechtsmittel der schweizerischen Justiz gegen die Maßnahme zur Verfügung. Doch dann kristallisierten sich die Eigenheiten der Regelung nach 1267 und 1390 heraus. Spätestens als die Ermittlungen der Schweizer Staatsanwaltschaft gegen Yussef Nada ohne Resultat abgeschlossen wurden, ohne dass die Schweiz von der Uno eine Streichung des entsprechenden Eintrags hätte erhalten können, zeichnete sich das Rechtsproblem mit dem Sicherheitsrat unausweichlich ab. Der Schweizer Bundesrat hielt im März 2010, gestützt auf mehrere Urteile des Bundesgerichts, in einer Botschaft klar fest, dass Zwangsmaßnahmen des Uno-Sicherheitsrates als ein Bestandteil des Völkerrechts den Vorrang vor dem nationalen Recht haben.

Die Schweizer Diplomatie ging die üblichen Wege. Sie suchte in der Nachbarschaft nach gleich gesinnten Staaten und sie finanzierte Studien über mögliche Reformen des Sanktionsregimes. Der Interlakener Prozess zur Verfeinerung der Smart Sanctions aus den 1990er Jahren kam ihr dabei zugute. Zugleich suchte sie in den vier Fällen von 1267er Sanktionen, die Personen in der Schweiz betrafen, nach praktischen Lösungen. Einerseits erarbeitete man eine humanitäre Regelung zur Deckung ihrer Grundbedürfnisse, und andererseits verfocht die Schweiz an der Uno die Interessen der Opfer, so gut sie es als kleiner, junger Mitgliedsstaat konnte. Als beste Taktik stellte sich heraus, zuerst in Washington direkt eine Streichung von den amerikanischen Terroristen zu betreiben. Erst nachher waren die USA bereit, auch eine Radierung von der 1267er Liste der Uno zu unterstützen.

Unterdessen nahm sich auch der Schweizer Parlamentarier Dick Marty der Sache an. Er ließ sich nicht durch juristische Formzwänge lähmen, sondern empörte sich über die Missachtung der Personenrechte. Er setzte 2009 schließlich seine Gesetzesmotion durch, wonach die Regierung Sanktionen gegen Personen nicht umsetzen darf, wenn diese nach Ausschöpfung der normalen Rekurswege nicht binnen drei Jahren durch ein ordentliches Gericht geprüft worden sind. Die Landesregierung ist seither in einem Vollzugsnotstand, weil sie ihre Verpflichtungen gegenüber der Uno unter gewissen Umständen nicht erfüllen dürfte. Das Einzige, was sie rettet, ist das Fehlen irgendeines Schweizer Eintrags auf der Sanktionsliste.

In der Regierung Obama zerbricht man sich noch 2010 den Kopf darüber, wie die Fehler jener Periode zu reparieren sind. Nach Ansicht der Juristen handelt es sich hauptsächlich um die übereilten Einträge der Jahre 2001 und 2002, die ein Erbe von Anfechtungen vor Gericht geschaffen haben. Klarsichtige Beamte räumen ein, dass die Leute in Washington und auch die verschiedenen Staatenvertreter im Sicherheitsrat sich viel zu lange gegen die Einsicht sträubten, dass ernstliche Schwierigkeiten mit dem Völkerrecht bestanden und dass eine Anpassung des Mechanismus unumgänglich war. Es ging nicht nur darum, dass Washington seine Errungenschaft der Terrorsanktionen schützen wollte, sondern die Bush-Administration war auch einfach verbohrt in ihre ideologischen Überzeugungen. Jede kritische Frage wurde mit der bekannten Polarisierung abgeschmettert: Wer nicht völlig mit uns ist, der ist gegen uns. „Nehmen wir nur den einfachsten Fall", sagt ein Beamter. „Man macht einen Fehler im Namenseintrag, und völlig unschuldige Personen müssen die Folgen davon tragen. Es war jahrelang nahezu unmöglich, einen Eintrag wieder zu streichen. Und die betroffenen Personen hatten keinerlei Möglichkeit, um direkt an den Sicherheitsrat zu gelangen und eine Korrektur zu verlangen." Getreu den Gepflogenheiten des Rates, der sich lediglich mit Staaten und mit den Beziehungen zwischen den Regierungen beschäftigte, gab es seit der Entschließung von 2002 einzig den Weg über einen Mitgliedsstaat im Sicherheitsrat, um die Sanktionen anzufechten. Wer sich als unschuldiges Opfer auf der 1267er Liste erachtete, der musste die Regierung seines Wohnsitzstaates dazu auffordern, bei der Uno zu seinen Gunsten zu intervenieren. Und wenn es sich traf, dass das betreffende Land nicht im Sicherheitsrat saß, so musste es ein geeignetes Mitglied in dem Gremium finden und für sein Anliegen einspannen. Komplizierter hätte die Prozedur kaum sein können.

Eine erste Wende kam im Dezember 2006. Schon ein Jahr zuvor hatte der damalige Uno-Generalsekretär Kofi Annan den Sicherheitsrat in einer Klausurtagung angetrieben, „einen glaubhaften, legitimen, fairen und transparenten Sanktionsmechanismus" einzurichten. Annan und seine Rechtsberater sahen ganz klar, dass der Beschluss des Sicherheitsrates zur Sanktionierung von Personen ohne jegliches rechtliches Gehör die Uno-Charta verletzte, weil er die Menschenrechte der Betroffenen missachtete. Ende 2006 rang sich der Rat dann durch, endlich ein Fenster für die Antragsteller eines De-Listing zu öffnen. Mit Entschließung 1730 richtete er im Uno-Generalsekretariat einen „Focal Point" ein, eine Koordinationsstelle, die Anträge von Einzelpersonen oder Gruppierungen annehmen und an den Sanktionsausschuss weiterleiten sollte. „Das war an sich ein revolutionärer Schritt", meint ein amerikanischer Diplomat, „und manche Mitgliedsstaaten des Sicherheitsrates wehrten sich heftig dagegen. Der Rat war immerhin zum Hüter der Ordnung unter den Staaten bestellt, und er hatte seit dem Tag seiner Gründung kaum je den Namen einer natürlichen Person in einer Entschließung ausgesprochen. Und nun sollte er plötzlich über den Focal Point in direkten Verkehr mit gewöhnlichen Sterblichen treten." Auf der anderen Seite goss am Tage der Verabschiedung der Resolution 1730 der damalige Vorsitzende des Sicherheitsrates, der katarische Botschafter Nasser, geradezu Pech und Schwefel über sein eigenes, viel zu zögerliches Gremium aus.

Im Sitzungsprotokoll ist Nasser mit den Worten zitiert:
Ich spreche nun in meiner Qualität als Vertreter von Katar. Obwohl wir im Konsens mit den anderen 14 Mitgliedern für die Resolution gestimmt haben, muss ich einige Bemerkungen zu diesem überaus bescheidenen und schwachen Anlauf des Rates machen, das Vorgehen beim De-Listing zu verbessern. Wir sind weiterhin sehr besorgt darüber, dass die Entschließung immer noch viele maßgebliche Rechtsnormen missachtet. (…) Internationale, nationale und regionale Gerichtshöfe müssen Beschlüsse des Uno-Sicherheitsrates überprüfen und sicherstellen, dass sie völlig mit den international anerkannten Normen der Menschenrechte und den Prinzipien und Zielen der Uno-Charta übereinstimmen. Am 22. Juni 2007 (…) hatte sich der Rat verpflichtet, entsprechend faire und klare Prozeduren für die Listeneinträge gegen Personen und Körperschaften einzurichten. (…) Dem Focal Point fehlt es an der Unabhängigkeit, der Neutralität, an den Maßstäben und an der Kontrollkompetenz. Er stellt deshalb in keiner Weise ein wirksames Instrument der Fairness dar. (…) Wir geben aber die Hoffnung nicht auf, dass der Rat zur Verbesserung der Prozedur befähigt ist."

Die Forderung, dass internationale Gerichtsinstanzen als Zensuranstalten für den Sicherheitsrat amtieren sollten, war zweifellos unerhört in den Hallen dieses Rates selbst, und viele Völkerrechtsexperten gehen bis heute in ihren Forderungen nicht so weit. Andere Ratsmitglieder wie Frankreich, Dänemark und Argentinien gaben sich in der Debatte als Paten der Entschließung für den Focal Point zu erkennen und beteuerten, sie wollten bis zu weiteren Reformschritten nicht ruhen. Doch die Vetomächte ließen sich durch solche Gardinenpredigten von einem Zwergstaat wie Katar nicht den Schlaf rauben.

Tatsächlich war nun aber der Stein ins Rollen geraten. Im Juni 2008 gab der Sicherheitsrat mit Resolution 1822 seinem Sanktionsausschuss erstmals die Aufgabe, binnen zwei Jahren sämtliche rund 500 Einträge auf der 1267er Liste gründlich zu überprüfen. Das implizierte ein Eingeständnis, dass man die Sache sechs Jahre lang weitgehend hatte schleifen lassen und dass die Sanktionen teilweise am Ziel vorbeischossen. Zugleich führte der Rat die Verpflichtung ein, mindestens alle drei Jahre jeden Eintrag neu zu überdenken. Weiter verfügte er, dass nun jeder Eintrag mit einer Zusammenfassung (Narrative Summary) der vorliegenden Anschuldigungen auf der Webseite des Komitees begründet werden müsse. Die Staaten, die einen Eintrag verlangten, sollten entsprechend Teile ihrer vertraulichen, weil geheimdienstlichen Beweggründe zur Freigabe in dieser öffentlichen Zusammenfassung bereitstellen.

Das Monitoring Team im Sanktionskomitee beurteilte in seinem Bericht die Liste damals so: „Die Aufstellung war sichtlich veraltet und brauchte eine Überholung. Zwei Drittel aller Einträge stammten vom Jahr 2002 oder noch früher, 16 Personen auf der Liste waren anerkanntermaßen oder wahrscheinlich gestorben."

Wieder sprechen die Techniker im Sanktionskomitee von sehr bedeutsamen Fortschritten. Ein Amerikaner meint: „Wir, die USA, hatten ungefähr die Hälfte aller Namen auf die Liste setzen lassen. Und jetzt luden wir uns mit der Resolution 1822 die Verpflichtung auf, all diese alten Unterlagen wieder aufzumachen und mit neuen Augen zu überprüfen. Überdies beharrte der Vorsitzende des Sanktionsausschusses, der österreichische Botschafter Mayr-Harting auf einer tief greifenden, substantiellen Revision. Wir sollten jetzt bei jedem Namen nochmals abwägen, ob er heute unverändert eine Bedrohung darstellt und ob das belastende Material noch einer kritischen Beurteilung standhält. Das brachte eine ungeheure Zusatzbelastung für unsere Dienste." Damit gab er zu verstehen, dass die amerikanischen Geheimdienstler all die Jahre viel lieber Jagd auf neue Namen für die Terrorliste gemacht hatten als sich den Kopf darüber zu zerbrechen, was mit den bereits proskribierten Personen passierte und ob diese tatsächlich die Sicherheit der Menschheit gefährdeten.

Die größte Erschütterung für das ganze Regime der gezielten Sanktionen kam jedoch im September 2008 durch das Urteil des Gerichtshofes der Europäischen Union zum Fall Kadi. Die Richter befanden in ihrem Appellationsentscheid im Wesentlichen, dass die EU-Kommission in der Umsetzung der 1267er Uno-Sanktionen den europäischen Rechtsnormen unterliege, und dass sie in ihrer Praxis gegen die Menschenrechte auf rechtliches Gehör, auf rechtlichen Schutz und auf Eigentum verstoßen habe. Das hieß zwar nicht direkt, dass das europäische Gericht die Uno-Sanktionen an sich für illegal hielt, aber es versetzte die EU-Kommission bei der Umsetzung dieser Uno-Auflagen ins Unrecht. Die Amerikaner standen unversehens vor der Aussicht, dass das ganze System der gezielten Sanktionen zusammenbrechen könnte, wenn in den Uno-Mitgliedsstaaten plötzlich die Gerichte der eigenen Regierung verbieten konnten, die Auflagen der Weltorganisation durchzusetzen. „Es ging nicht nur darum, dass der EU-Gerichtshof sich auf ‚höhere Werte' berief, um die Rechtssetzung des Sicherheitsrates zu blockieren", sagte ein amerikanischer Beamter. „Da könnte morgen auch ein Staat mit zweifelhafter Justiz wie der Sudan die Sanktionen verweigern und dabei auf einen eigenen Gerichtshof verweisen, der sich auf übergeordnete sudanesische Werte stützten würde."

Die Amerikaner blickten jedoch darüber hinaus auf die Führungsstellung des Sicherheitsrates und seine Handlungsfähigkeit als Krisenmanager überhaupt. Es zeichnete sich ab, dass die ganze Kompetenz des Rates für Zwangsmaßnahmen, gestützt auf Kapitel 7 der Uno-Charta über den Schutz des Weltfriedens, dahinschmelzen könnte. „Gezielte Sanktionen haben sich zu einem der wirksamsten Instrumente des Sicherheitsrates entwickelt", gibt der amerikanische Beamte zu bedenken. „Doch wenn die Mitgliedsstaaten wegen rechtlicher Probleme die Gefolgschaft versagen müssen, so bleiben dem Rat kaum noch Mittel, um auf Bedrohungen zu antworten." Die Folge war, dass die Führung in Washington plötzlich das Steuer herumwarf und anfing, für maximale Konformität des Sanktionsregimes mit dem Völkerrecht zu kämpfen. Unter Präsident Obama galt das multilaterale Vorgehen als bester Weg auch zur Verhinderung der Verbreitung von Atomwaffen und zur Lösung anderer globaler Probleme. So wurde das 1267er Regime plötzlich zum Modellfall, an dem die USA der Welt beweisen wollten, dass ihr weltweites Vorgehen auch im Kampf gegen den Terrorismus im Einklang mit den Grundwerten und den Menschenrechten stehe.

Dieser Wandel in Washington erleichterte natürlich die Generalrevision der 1267er Liste. Botschafter Mayr-Harting spricht stolz über die große Überprüfung, die er in zwei Jahren als Vorsitzender des Sanktionskomitees vorgenommen hat. Er nennt dieses, dem neuen diplomatischen Gewicht entsprechend, die „Mutter aller gezielten Sanktionsregime". Am 2. August 2010 legte er die Früchte der gewaltigen bürokratischen Operation vor: Von den insgesamt 488 Namen auf der Liste konnten 45 gestrichen werden, und weitere 66 blieben noch in Bearbeitung; insgesamt blieben 433 Namen auf der Liste, 142 gehörten zu den Taliban, 346 zur Kaida. Der Botschafter wies darauf hin, dass zum ersten Mal auch acht Tote gestrichen werden konnten. Die Erledigung dieser Fälle von Toten sei gar nicht einfach, deshalb blieben ungefähr 30 weitere Verstorbene weiter auf der Liste. Zu den liquidierten Fällen gehörten Vinck-Sayadi in Belgien sowie Yussef Nada in der Schweiz, die beide schon vor Jahren durch die Staatsanwaltschaft in den eigenen Ländern weißgewaschen worden waren. Aber die massive Reduktion, die verschiedene Diplomaten in Aussicht gestellt hatten, war nicht ersichtlich.

Mayr-Harting beschreibt eine unglaublich weit verzweigte Recherchearbeit. Alle 488 Namen auf der Liste wurden an alle interessierten Staaten verschickt mit der Bitte um Aufarbeitung der Unterlagen. Das ging das Land an, das ursprünglich den Eintrag verlangt hatte, den Heimatstaat des Betroffenen sowie seinen Aufenthaltsort, und je nachdem mehrere davon. Der Prozess umfasste schließlich etwa 120 Länder und es wurden 1.540 Nachfragen ausgesandt. Als Urheber der Einträge waren die Amerikaner und – in Sachen Taliban – die Russen stark gefordert, und viele der Recherchen fielen auch auf Afghanistan und Pakistan. Kabul litt infolge des anhaltenden Krieges in besonderem Maße unter starken Einschränkungen bei der Beschaffung neuer Informationen, und es verzögerte schließlich den Abschluss der ganzen Prozedur in New York um einen Monat.

„Wenn dann diese Antworten zusammenfließen", erläutert Mayr-Harting, „dann wird ein Fall nach einer Frist von mehreren Monaten im Komitee behandelt. Wir ließen jeweils zunächst das Monitoring Team über den Fall referieren. Dabei kam dann heraus, dass in 270 Fällen seit 2001 überhaupt keine neuen Informationselemente dazugekommen waren. Das Team trägt seinen Schluss vor, je nachdem dass der Eintrag unverändert stehen bleiben kann, dass er revidiert werden muss, oder dann empfiehlt es eine Streichung. Häufig ging der Impuls auch von mir als Vorsitzendem aus, wenn ich Ungereimtheiten entdeckte und zusätzliche Informationen verlangte. Nachher konnten die Staaten ihre Kommentare vorbringen. Am Anfang verlief das noch einigermaßen mechanisch, doch im Laufe des Prozesses wurde die Diskussion wesentlich lebhafter. Wenn ein Hinweis auftauchte, dass jemand vor einem nationalen Gericht freigesprochen wurde, dann habe ich jeweils nachgeforscht, mit welcher Begründung der Betreffende denn bei uns weiter auf der Liste steht. Dann kommen die Staaten mit dem Argument einer Präventivmaßnahme noch ein Stück weiter in der Auseinandersetzung, aber nicht sehr weit."

Nach dem Bericht des Monitoring Teams erhielt das Komitee von den Staaten insgesamt 161 Verlangen nach Streichung eines Eintrags; davon akzeptierte es 45, 39 wies es zurück und den Entscheid über 63 verschob es. Die Mitgliedsstaaten des Komitees standen für über 80 Prozent der ursprünglichen Begehren nach einem Eintrag in die Liste, und bei der Revision brachten sie einen entsprechenden Anteil der Anträge auf Streichung ein. Das betrifft hauptsächlich die permanenten Mitglieder. Diese waren Urheber oder Mitträger von insgesamt 123 Ansuchen um Streichung. Im Bericht heißt es dazu: „Interessanterweise waren es die Positionen der Vetomächte, die am häufigsten von anderen zurückgewiesen wurden." Mayr-Harting meint, es hätten sich bei diesen Debatten oft unerwartete Konstellationen ergeben. „Es fällt auf, dass westliche Staaten zunehmend Streichungsbegehren machen, weil sie zu Hause Gerichtsverfahren laufen haben. Und sie müssen ihrer Justiz gegenüber den Nachweis erbringen, dass sie sich um ein De-Listing bemühen. Doch gibt es immer wieder Staaten, die eine Streichung aufhalten. Nach den neuesten Vorgaben müssen solche Weigerungen künftig begründet werden. Doch bisher war im Review-Prozess die Bereitschaft noch nicht sehr groß, zu begründen, weshalb man sich einem De-Listing widersetzt."

Der Botschafter sieht auch unerwartete Klüfte im Sanktionskomitee, die nicht unbedingt zwischen Ländern mit ausgeprägter Rechtsstaatlichkeit und eher autoritären Regimes verlaufen. „Manchmal verlangte ein westliches Land die Streichung, während ein anderes westliches Land die Meinung verfocht, dass die belastende Information zu dem Eintrag ein De-Listing nicht zulässt. In der Mehrzahl der Fälle hält jedoch eine größere Zahl der Staaten für eine Streichung, und es sind einige wenige Länder, die überzeugt werden müssen, um den nötigen Konsens zu erzielen."

Die zäheste Materie sind freilich die Toten. Nach Andeutungen von Diplomaten sind es vor allem die Russen, die sich gegen die Streichung der Verstorbenen sperren. „Auch ein Toter ist noch ein Terrorist", soll ein Vertreter Moskaus einmal ausgerufen haben. Deshalb stehen noch immer etwa drei Dutzend Terroristen aus dem Jenseits in der Aufstellung. Mayr-Harting schildert die Episode eines recht prominenten Militanten, wahrscheinlich in Afghanistan, der ohne Zweifel gestorben war. Seine Leiche wurde sogar in einem Uno-Flugzeug überführt, aber dafür gab es keine Aufzeichnung mehr. Hingegen fanden sich Uno-Dokumente darüber, dass eine Delegation aus einem Nachbarland, wahrscheinlich Pakistan, in einem Flugzeug der Vereinten Nationen zu den Trauerfeiern für diesen Toten anreiste. Aber der Betreffende blieb mangels Unterlagen weiter auf der Liste. „Manchmal endete eine mühselige Diskussion über einen Toten, wenn schließlich doch ein Staat im Komitee eine Totenurkunde verlangte. Und die sind eben in Afghanistan nicht so leicht zu beschaffen. So einigten wir uns jetzt mit einiger Mühe darauf, dass auch eine Erklärung der betreffenden Botschaft ausreicht, insofern sie die gleichen Angaben enthält wie ein Totenschein. Das bedeutet aber, dass dann immer noch die Zuverlässigkeit dieser Erklärung zu prüfen ist. Und zu guter Letzt verlangte dasselbe Land eine Garantie dafür, dass die Guthaben des Toten nachher nicht einem anderen in die Hand fallen, der seinerseits auf der Liste steht. Aber selbst bei Fällen von Toten, die nachweislich vermögenslos waren, war es nicht ganz leicht, sie loszuwerden."

Zur Wirksamkeit der Sanktion lieferte das Monitoring Team in seinem Bericht einige bedenkenswerte Tatbestände: Führer der Kaida und der Taliban haben öfters nach Spenden gerufen und erklärt, die Operationen hätten in Ermangelung an Geldmitteln vermindert werden müssen. Daraus schließt man auf stark abschreckende Wirkung auf die Geldgeber. Vermögende Kaida-Sympathisanten sind mit ihren Guthaben auch merklich leichter zu beobachten als Militante im Untergrund. Es hat sich herausgestellt, dass mindestens 30 Personen auf der Kaida-Liste und zahlreiche Taliban in Gegenden leben, die sich dem vollen Zugriff staatlicher Behörden entziehen. Gegen diese Leute sind die Sanktionen wirkungslos. Auch eine Reihe notorischer Anführer und Ideologen sind proskribiert, und das beeinträchtigt ihren Zugriff zu Kommunikationsmitteln, insbesondere zum Internet, kaum. Hier reduziert sich der Listeneintrag auf eine reine Ächtung durch die Gemeinschaft der Staaten. Die Auskünfte der Staaten zeigen auch, dass insgesamt 136 Individuen auf der Liste gerichtlich belangt werden oder schon verurteilt sind. Auch da geht es mehr um einen symbolischen Effekt.

Vor dem Sicherheitsrat sprach Mayr-Harting im November 2010 in den dürren Worten des diplomatischen Handwerks über seine Arbeit. Das Komitee hat nach ihm für über 400 Einträge zusätzliche Informationen gesammelt, die in die veröffentlichten Zusammenfassungen einfließen sollen. Bis zu dem Zeitpunkt waren aber erst 256 Narrative Summaries auf der Webseite verfügbar. Dann stülpte er sich den Hut des diplomatischen Vertreters von Österreich über, um einige praktische Vorschläge für die weitere Reform des Komitees vorzubringen. Vor allem klagte Mayr-Harting, das Konsensprinzip verleihe de facto dem Urheberstaat eines Eintrags das Vetorecht gegen die Streichung. Er schlug vor, in Streitfällen müsste das Komitee mittels einer Abstimmung entscheiden können. Er stützte sich auf eine bereits bestehende Bestimmung der Geschäftsordnung, wonach das Komitee problematische Streichungsanträge dem Plenum des Sicherheitsrates unterbreiten kann; dieser entscheidet dann im üblichen Mehrheitsverfahren, wie es für Abstimmungen im Rat gilt. Die gleichen Mehrheitsverhältnisse, sagt Mayr-Harting, müssten auch im (ebenfalls 15-köpfigen) Sanktionsausschuss des Sicherheitsrates anwendbar sein.

Er legte auch den Finger auf die sich häufenden Kritiken gegen die zeitlich unbeschränkte Dauer der 1267er Sanktionen. Dadurch verlieren sie ihre Berechtigung als provisorische Notstandsmaßnahme. Der Botschafter zog andere Sanktionsregimes zum Vergleich heran, so sind etwa die Zwangsmaßnahmen gegen die Demokratische Republik Kongo alljährlich zu erneuern, während diejenigen gegen den Sudan und Nordkorea einen offenen Zeithorizont haben. Die 1267er Sanktionen, meinte Mayr-Harting, würden gemäß Entschließung 1822 mindestens jedes dritte Jahr einer Überprüfung unterworfen. Wenn man diese mit der Auflage versehen würde, dass die Beibehaltung jedes einzelnen Eintrags spezifisch rückbestätigt werden sollte, so wäre der störende zeitlose Charakter der Maßnahme abgeschafft. In der folgenden

Debatte pochte Brasilien darauf, dass jedes Verweigern einer Streichung ausführlich zu begründen wäre, anstatt wie bisher einfach nach dem Trägheitsprinzip behandelt zu werden. Pakistan rief ebenfalls nach einem Verfallsdatum der Listeneinträge, und es regte die vertrauliche Einsicht von Richtern in Geheimunterlagen an.

Mayr-Harting konnte im Sommer 2010 auch die Ernennung einer Ombudsperson für die 1267er Liste bekannt geben. Der entsprechende Beschluss des Sicherheitsrates fiel im Dezember 2009 mit Resolution 1904. Für den Österreicher ist dies ein sehr wesentlicher Beitrag zur Einrichtung des rechtlichen Gehörs. Am 16. Juli 2010, als er Richterin Kimberly Prost als Ombudsfrau einführte, sicherte er ihr auch die volle Zusammenarbeit des Sanktionskomitees zu. Eine Gruppe von gleich gesinnten Staaten, darunter Deutschland, die Schweiz und Liechtenstein, hatte sich mit Hilfe Österreichs für eine solche Stelle eingesetzt. Allen Kennern des Sicherheitsrates war klar, dass der Gedanke an ein unabhängiges Tribunal zur kritischen Beurteilung der Beschlüsse nicht durchzusetzen wäre. Deshalb drängte man den Rat dazu, seinen eigenen Zensurmechanismus ins Leben zu rufen. Man dachte an ein unabhängiges Panel von Experten, oder einfach an eine Aufwertung des Monitoring Teams. Als sich dann die USA für die Idee einer Ombudsperson erwärmte, waren die meisten überrascht. „Die Bestellung der Ombudsperson sahen wir als großen Erfolg an", so Mayr-Harting. „Das war für uns nicht selbstverständlich. Wir hatten nicht damit gerechnet, dass dies schon in der Resolution 1904 Platz hätte. Die Ombudsperson entstammte einem früheren Vorschlag Dänemarks in der Gruppe gleich gesinnter Staaten. Dann konnten wir die Amerikaner dafür gewinnen."

Die Arbeit der Ombudsfrau hat in den Augen des Botschafters ihre Tücken. Schon bei der Auswahl einer möglichen Ombudsperson stand fest, dass diese eine ausreichende Erfahrung im Umgang mit Geheimmaterial mitbringen musste. „Im Monitoring Team sitzt ja von jedem ständigen Sicherheitsratsmitglied je ein Experte. Und sie ist für den Informationsaustausch auf eine enge Zusammenarbeit mit den ständigen Mitgliedern angewiesen. Das Grundprinzip ist, auch zwischen Staaten, dass immer der Ausgangsstaat der Herr über geheimgehaltenes Material bleibt. Es gibt keinen Rechtsanspruch darauf, von irgendwoher solches Material zu bekommen." Die Ombudsperson muss deshalb die Staatenpartner davon überzeugen, dass auch sie ihren Nutzen von der Weitergabe ihres Geheimmaterials haben: nämlich die bessere Wirksamkeit des ganzen Sanktionsregimes. In vielen Fällen wurden die Personen auf der Liste von mehreren Staaten designiert, und man nimmt an, dass diese alle ihre eigenen Hintergrundinformationen haben. Beim De-Listing umgekehrt auch: Nicht alle Staaten sind mit der Streichung einverstanden, aber derjenige Staat, der sie betreibt, wird eher geneigt sein, der Ombudsperson auch geeignete Informationen herauszugeben. Die Ombudsperson wird nun in die Diskussionen zwischen den Mitgliedsstaaten im Komitee einbezogen. „Und sie kann natürlich noch viel eindringlicher als der Vorsitzende vorgehen", sagte Mayr-Harting, „weil sie ja eine anwaltschaftliche Aufgabe für das De-Listing versieht."

Reicht das nun aus, um die Bedenken der nationalen Gerichte wegen fehlender Anhörung der Betroffenen auszuräumen? Der Botschafter packt es vom anderen Ende her an: „Es stimmt schon: Weil die Liste eine Präventivmaßnahme ist, und nicht eine Strafmaßnahme, ist für die Terrorliste nicht Beweismaterial von der gleichen Dichte wie für ein Gerichtsverfahren erforderlich. Doch durch die Review-Prozedur und die Einführung der Ombudsperson sind die Standards jetzt markant angehoben worden. Damit geraten nun Staaten, die leichtfertig ein Listing vornehmen, in Gefahr, durch die Kritik des Ombudsmanns bloßgestellt zu werden. Ähnliches findet ja auch vor den nationalen Gerichten statt, etwa in dem belgischen Fall Sayadi-Vinck, wo das Gericht die Regierung anwies, eine Streichung der 1267er Liste zu erwirken. Die Verfahren sind mittlerweile derart nachgeschärft worden, dass man es sich in einem westlichen Land dreimal überlegt, jemanden auf die Liste zu setzen, wenn nicht halbwegs solides Material gegen ihn vorliegt. In unseren Narrative Summaries finden sich deshalb auch immer Hinweise auf nationale Gerichtsverfahren."

Mayr-Harting gibt der Angelegenheit eine unerwartete Wendung: Er sieht das Sanktionskomitee weniger als ein reines Instrument der Repression und Terrorprävention. „Unser Ausschuss hat alles in allem eher eine Funktion in der Entwicklung der Rechtsstaatlichkeit. Deshalb glaube ich, dass die Ombudsperson, wenn es sie jetzt schon gibt, über die 1267er Liste hinaus die Zuständigkeit für alle Sanktionssysteme der Uno erhalten sollte. Angefangen hatten wir ja mit dem Focal Point, der Koordinationsstelle, und die behält weiterhin die Zuständigkeit für die anderen Sanktionsbereiche."

Eine Zusammenstellung des Watson Institute vom Oktober 2009 nennt insgesamt 31 gerichtliche Anfechtungen des 1267er Sanktionsregimes seit dessen Einrichtung 1999. Das sind Fälle vor nationalen oder regionalen Gerichtshöfen, weil ja die Uno keine solche Möglichkeit bietet. Das wichtigste Ergebnis des Vergleichs verschiedener Länder ist, dass im Allgemeinen die Kompetenz der Staaten an sich, eine Person oder Einrichtung auf die Liste zu setzen, nicht angezweifelt wird; entsprechende Klagen werden meist abgewiesen.

Chronologie des 1267er Verfahrens

10/1999	Resolution 1267, Finanzsanktionen gegen die Taliban
02/2000	Humanitäre Ausnahmen für Pilgerflüge
12/2000	Resolution 1333, Finanzsanktionen gegen Usama Bin Laden (UBL) und Verbündete einschließlich der Kaida
01/2001	Erste Liste nach Resolution 1267 und 1333. Ausnahmen für humanitäre Hilfe
01/2002	Resolution 1390, erweiterte Liste gegen UBL, Kaida, Taliban und verbündete Gruppen und Einrichtungen
08/2002	Erstmals Bekanntgabe eines Verfahrens zur Streichung von Einträgen (ausschließlich auf dem Weg über Mitgliedsstaaten)
12/2002	Resolution 1452, Ausnahmen von Finanzsanktionen, Zulassung von Ausgaben für Grundbedürfnisse
01/2003	Resolution 1455, Verlangen nach präziser Identifikation der Zielpersonen, um Verwechslungen auszuschließen
04/2003	Revidierte Richtlinien des Komitees, erste Richtlinien für Aktualisierung der Einträge
01/2004	Resolution 1526 erfordert detaillierte Angaben zur Identifikation und Hintergrundmaterial – Bildung des Monitoring Teams
07/2005	Resolution 1617 verlangt ausführliche Fallerklärung zu jedem Eintrag, verlangt eine Benachrichtigung des Betroffenen, gibt Informationen über die Einträge frei
12/2006	Resolution 1730, Schaffung einer Koordinationsstelle (Focal Point) für Streichungsgesuche direkt von Individuen und Einrichtungen
12/2006	Resolution 1735, präzisiert Fallerklärungen, erlaubt deren Veröffentlichung
06/2008	Resolution 1822, Auftrag zur Totalrevision aller Einträge bis Juni 2010, Überprüfen auf Aktualität der Bedrohung, jeden Eintrag mindestens alle drei Jahre zu überprüfen, Freigabe der Narrative Summaries zur Veröffentlichung
12/2009	Resolution 1904, Einrichtung einer Ombudsstelle zur Behandlung der individuellen Streichungsanträge

(Quellen: Watson Institute; Georg von Kalckreuth; eigene Recherchen)

Hingegen legen die Richter häufig den Finger auf Verfahrensmängel, sie rügen insbesondere das Fehlen des rechtlichen Gehörs und eines wirksamen Rekursmittels gegen die Listeneinträge. Daraus lesen die Diplomaten und Politiker, dass das Prinzip der gezielten Sanktionen nunmehr akzeptiert ist. Die Herausforderung liegt einzig noch darin, die Einrichtung an die Garantien der Menschenrechte anzupassen.

Die Fälle wurden zu zwei Dritteln in europäischen Gerichtshöfen angestrengt, nämlich 13 in den Gerichten der EU und fünf in Mitgliedsstaaten der Union. Ein Viertel der Fälle betrifft Gerichte in den Vereinigten Staaten von Amerika. Zwei Fälle liefen in der Schweiz. Je zwei „exotische" Verfahren liefen oder laufen in Pakistan und in der Türkei. Die Klagen zu den Verfahrensmängeln umfassten im Einzelnen vor allem die Punkte des Zugangs zu relevantem Belastungsmaterial für den Betroffenen sowie das Fehlen rechtlichen Gehörs. Der Mangel an wirksamen Berufungsmitteln gegen die Sanktion wurde weniger häufig eingeklagt, doch ergibt sich dies daraus, dass ohne ausreichende Information und rechtliches Gehör ohnehin kein Rekurs möglich ist.

Es fällt auf, dass der zentrale Punkt der ganzen Sanktionen, nämlich ob jemand nun ein Terrorist ist, der an möglichen Verbrechen gehindert werden muss, oder nicht, vor den Gerichten gar nicht zu Sprache kommt. So viel die Berichte über die Verfahren andeuten, wurde nahezu nie über die Substanz der Vorhaltungen diskutiert, die den Listeneintrag ursprünglich begründen. Diese Unterlagen werden von den Geheimdiensten und Ermittlungsbehörden der interessierten Staaten formuliert und sind zum großen Teil durch Geheimhaltung geschützt. Veröffentlicht wird lediglich die „Zusammenfassung" (Narrative Summary) auf der Webseite des 1267er Komitees. Rechtsexperten erwarten allerdings, dass die Gerichte unweigerlich ihren Respekt gegenüber den Verfügungen des Sicherheitsrates aufgeben und Einsicht in die Geheimunterlagen des Sanktionskomitees verlangen müssen, je mehr sich die Verfahren wegen Prozedurmängeln wiederholen. Aus der Sicht eines Richters ist den Bestimmungen der Menschenrechtskonventionen, was eine gerichtliche Prüfung behördlicher Verfügungen angeht, erst dann Genüge getan, wenn ein unabhängiges Gericht mit Weisungsrecht gegenüber den Behörden die Berechtigung eines Eintrags – mithin die „Verurteilung eines Individuums zum Terroristen" – mit allen Verfahrensschritten überprüfen kann.

Eine Kluft zwischen Justiz und Politik blieb ohnehin augenfällig: Im prominentesten Fall etwa, dem Verfahren „Kadi" vor den EU-Gerichten, erhielt der Betroffene, Yassin Abdallah Kadi, schon zwei Mal Recht, das Gericht verfügte die Freigabe seiner Guthaben. Doch in der Karenzzeit zur Einlegung eines Berufungsverfahrens änderte die EU-Kommission beim ersten Mal ihr Verfahren und stellte Kadi eine Narrative Summary zu. Deshalb erhielt sie dann ihre Sanktion aufrecht. Im zweiten Urteil von 30. September 2010 befand das EU-Gericht der ersten Instanz ausdrücklich, dass die EU-Kommission ihm „nicht den geringsten Zugang zu den ihm zur Last gelegten Beweisen geboten hat". Auch der Leiter des Monitoring Teams im Uno-Sanktionskomitee, Richard Barrett, findet es durchaus gerechtfertigt, die Zwangsmaßnahmen gegen Personen und Einrichtungen aufrechtzuerhalten, obwohl diese vor nationalen Gerichten freigesprochen wurden. Zum einen haben diese Richter die geheimen Akten des Sanktionskomitees ja nicht eingesehen, um die Substanz der Vorwürfe abschließend beurteilen zu können. Und zum anderen sucht die Uno auch noch eine abschreckende Wirkung mit ihrer Sanktion, die durchaus auch bei einer Person angebracht sein könne, der man materiell kein Vergehen nachweisen kann.

Eine Bedrohung aus den Gerichten für die Autorität des Sicherheitsrates hat auch das Monitoring Team in seinem Bericht von 2009 kommen sehen: „Ein Grund für die Einrichtung eines Überprüfungspanels oder eines anderen Mechanismus wäre ganz einfach, der Justiz zuvorzukommen. Wir sollten nicht darauf warten, bis nationale und regionale Gerichte und Mitgliedsstaaten in ihrer Praxis solche Stellen einrichten. Das Sanktionskomitee wäre gut beraten, sich selbst die nötigen Überprüfungsstandards aufzuerlegen, anstatt diese Rolle anderen zu überlassen."

In der Tat schuf ja der Sicherheitsrat Ende 2009 die Stelle einer Ombudsperson. In der theoretischen Debatte im Vorfeld gaben Rechtsexperten dieser Einrichtung relativ gute Bewertungen. So kreideten sie ihr nur die eine Schwäche an, keinerlei Entscheidungsgewalt über die Listeneinträge zu haben, und an ihrer Fähigkeit zur kritischen Untersuchung der einzelnen Fälle äußerten sie mäßige Zweifel. Hingegen attestieren sie ihr umfassende Transparenz, Unabhängigkeit, Unparteilichkeit, Zugänglichkeit sowie die Fähigkeit, die Betroffenen umfänglich anzuhören. Im Nachhinein äußerten sich die Diplomaten und Politiker allerdings vorsichtiger und wollten zunächst einen Leistungsausweis der Ombudsperson in ihrem Ringen mit dem Sicherheitsrat sehen.

Wer über das Sanktionskomitee und seine Querelen mit Gerichtshöfen hinausblickt, der findet in der Ombudsperson eine potentiell sehr weit reichende Neuerung. Hier ist nämlich erstmals in der Geschichte der Vereinten Nationen eine Bresche in der absoluten Vormachtstellung des Sicherheitsrates geschlagen worden. Der Gerichtshof der Europäischen Union hat mit seinem Urteil „Kadi II" am 30. September 2010 deutlich den Weg gewiesen, den er für angemessen hält. Unter „obiter dicta", das heißt in nicht bindenden Zusatzbemerkungen, sagte das Gericht zu der Ombudsperson, sie „kann nicht gleichgesetzt werden mit einer wirksamen gerichtlichen Überprüfung für die Beschlüsse des Sanktionskomitees." In die gleiche Kerbe haut auch der Uno-Sonderberichterstatter für die Menschenrechte bei der Terrorbekämpfung, Martin Scheinin. Die Schweiz muss mit einer Verurteilung am Straßburger Gerichtshof für Menschenrechte im Fall Yussef Nada rechnen: Sie hat wahrscheinlich in Umsetzung der Uno-Sanktionen Nadas Rechte verletzt. Ein solches Urteil brächte zusätzlichen Druck auf andere europäische Länder. Deshalb fordert die Schweiz, dass der Uno-Sicherheitsrat rechtliche Remedur schaffen müsse, damit seine Sanktionen endlich völkerrechtskonform werden. Auch der Schweizer Parlamentarier Dick Marty gab sich mit der Ombudsperson nicht zufrieden. Damit ist gesagt, dass nicht nur die Rechtsgelehrten die Ombudsperson nur als einen ersten Reformschritt betrachten. Und sie werden sich erst dann zufriedengeben, wenn ein ausgewachsenes, unabhängiges Tribunal mit Weisungsrecht gegenüber dem Sanktionsausschuss eingerichtet wird. Aber ist dies unter den traditionellen Rahmenbedingungen überhaupt denkbar?

Die Uno-Charta verleiht dem Sicherheitsrat in Kapitel 7 die außerordentliche Kompetenz, zur Rettung des Weltfriedens und der internationalen Sicherheit zwingende Verfügungen für alle Mitgliedsstaaten der Uno zu erlassen. Gegen diese Verfügungen gibt es keinen Rekurs. Es handelt sich um einen politischen und keinen rechtlichen Vorgang. Die Betroffenen können sich höchstens mit politischen oder militärischen Mitteln dagegen wehren. Die Ombudsperson stellt den ersten Mechanismus dar, der im rechtlichen Rahmen eine ausdrücklich kritische Funktion gegenüber einem Ausschuss des Sicherheitsrates erfüllt. Dies rührt daher, dass sich der Sicherheitsrat 2002 mit seinen gezielten Sanktionen auf die Ebene der Personen herabgelassen hat. Und die Personenrechte sehen nach Maßgabe der internationalen Konvention über politische und Bürgerrechte vor, dass jede behördliche Verfügung gegen ein Individuum vor einem ordentlichen Gerichtshof anfechtbar ist. Wenn sich nun die in den letzten Jahren ablesbare Vorliebe für Smart Sanctions linear fortsetzt, so müsste man in absehbarer Zeit an einem Punkt landen, wo an quasi jeder Verfügung des Sicherheitsrates irgendwo die Betroffenheit von Individuen anerkannt wird. Und diese haben wieder das Recht auf Berufung vor einem Tribunal. Damit begründet sich der Ruf nach Einführung eines Internationalen Gerichtshofes als Zensuranstalt für den Uno-Sicherheitsrat.

Erst damit wäre umfassend der Suprematie des Rechts gegenüber der Exekutive Genüge getan, so wie sie in zahlreichen Verfassungen von Rechtsstaaten festgeschrieben ist.

Doch ist das im Bereich der praktischen Machtpolitik denkbar? Amerikanische Beamte, die immer auch an die Führungsrolle der USA in der Weltpolitik denken, lehnen die Idee rundweg ab. Für sie ist es ein reiner Graus, wenn politische Antagonisten wie Russland und China, oder erst recht „Schurkenstaaten" wie Nordkorea und Iran, sich solcher rechtlicher Zensurmechanismen bemächtigen, um ihre eigenen Großmachtambitionen damit durchzusetzen. Das täglich neu erschütterte globale Gleichgewicht zwischen Abschreckung, Einschüchterung und bescheidener Interessensgemeinschaft, das die zynische Machtpolitik bestimmt, würde dadurch in unvorhersehbarer Weise durcheinandergeworfen. Diese pragmatische Konstante der Machtpolitik gehört für die Uno-Diplomaten in New York zum täglichen Brot. Sie kennen keine Alternative zu dem Bemühen, für den Bereich des Sicherheitsrates einen eigenen Sondermechanismus zu erfinden, der ein Maximum an Fairness für die Betroffenen bietet, ohne die Verfügungsgewalt des Sicherheitsrates zu beschneiden. Das bedeutet, dass sie ein gewisses Maß an Kritik von den Rechtsgelehrten hinnehmen, aber als der Politik wesensfremd zurückweisen. Als schlimmsten Fall sieht ein amerikanischer Beamter vor, dass die Situation dereinst politisch nicht mehr haltbar ist. Dann sieht er als Lösung allerdings eher den Verzicht auf die gezielten Sanktionen als eine Kürzung der Kompetenzen des Sicherheitsrates.

Das hindert freilich die Diplomaten nicht daran, laut über das Dilemma zwischen der Machtvollkommenheit des Sicherheitsrates und den rechtlichen Verpflichtungen aufgrund der Uno-Charta nachzudenken. Insider sagen hinter vorgehaltener Hand, dass die Sorgen der ständigen Mitgliedsstaaten im Sicherheitsrat in der Beziehung sehr unterschiedlich sind. Während westliche Vetomächte wie Großbritannien und Frankreich unter Druck ihrer Gerichtsbarkeit zur Einhaltung des Völkerrechts tendieren, bekümmern sich Russland und China viel mehr um die Souveränität des Rates und seine Möglichkeit zum Eingriff in die Weltpolitik. Diese beiden argumentieren auch kalt, der Sicherheitsrat habe schließlich keine Menschenrechtskonventionen unterzeichnet, also müsse er sie auch nicht einhalten. Österreich hat in den Jahren 2004 bis 2008 mit Blick auf seine Mitgliedschaft im Rat eine Reihe öffentlicher Debatten zur Stellung des Sicherheitsrates gegenüber dem Völkerrecht veranstaltet. In Frageform behandelte man dabei Thesen wie „Sicherheitsrat als Welt-Gesetzgeber?", „Sicherheitsrat als Welt-Richter?" oder „Sicherheitsrat als Welt-Exekutive?" Zahlreiche Juristen machten deutlich, dass der Rat in Ausübung seiner Gewalten immer an die Uno-Charta gebunden bleibt. Nach Artikel 24 der Charta „agiert der Sicherheitsrat im Einklang mit den Prinzipien und Zielen der Vereinten Nationen", wozu die Menschenrechte eindeutig zählen.

In den Schlussfolgerungen dieser Debatten heißt es weiter:

„Darüber hinaus leitet sich die Autorität des Sicherheitsrates von der Suprematie des Rechts her, die Respektierung seiner Beschlüsse hängt von der Beachtung der Charta und des Völkerrechts ab. Mithin ist die wichtigste Einschränkung der Machtfülle des Rates seine Selbstbeschränkung. Weil es kein Kassationsgericht gibt, das die Ausübung dieser Selbstbeschränkung beurteilen könnte, kann der Rat nur mit extremen Reaktionen zur Rechenschaft gezogen werden: Entweder kann ihm die Uno-Generalversammlung die Finanzen abdrosseln, oder aber die Staaten setzen seine Beschlüsse nicht mehr um. Denn ohne die Unterstützung der Uno-Mitgliedsstaaten bleiben Entschließungen des Sicherheitsrates reines Wunschdenken. Die Wirksamkeit des Sicherheitsrates als politischer Akteur und seine Legitimität als rechtlicher Akteur sind miteinander verknüpft. Die Mitgliedsstaaten sind nur bereit, die Autorität des Rates anzuerkennen, so lange sie erkennen, dass er sich auch in verantwortlicher und verantwortbarer Weise seiner außerordentlichen Machtbefugnisse bedient."

Die Frau, die den Sicherheitsrat zurechtweist

In dem Kapitel erfährt man, dass die Ombudsfrau für die 1267er Terrorliste nichts entscheiden kann, aber alles beeinflussen will. Ihr Amt gleicht einem Feigenblatt, aber mit Stacheln, und es ist trotzdem als Surrogat einer gerichtlichen Rekursmöglichkeit zu erkennen.

Kimberly Prost ist die Frau, die den Uno-Sicherheitsrat Mores lehren soll. Das ist gewiss keine leichte Aufgabe, als einzelne Person gegenüber einem ganzen politischen Klub, der als Sachwalter der internationalen Staatengemeinschaft auftritt und sich bei Schritt und Tritt auf überragende Machtkompetenzen kraft der Uno-Charta beruft. Wer sich eine Amazone oder eine Megäre vorstellt, liegt aber völlig falsch. Kim Prost ist eine überaus charmante Persönlichkeit, eine 53-jährige kanadische Richterin mit großem Tatendrang und überschäumender Lebenskraft. Schon nach einer kurzen Unterhaltung wird jedem klar, womit sie sich Achtung verschaffen kann: mit der geschulten Schärfe des juristischen Ansatzes, mit Gründlichkeit, genauer Analyse, nachhaltigem Argument und geduldiger Auseinandersetzung.

Uno-Generalsekretär Ban Ki-Moon hat Kim Prost im Juni 2010 zur Ombudsfrau für die Terrorlisten bestellt. Das folgte aus der Entschließung 1904 des Sicherheitsrates vom Dezember 2009, mit der dieses Amt provisorisch geschaffen wurde. Der Generalsekretär hatte sich ein halbes Jahr Zeit gelassen mit der Sondierung möglicher Kandidatinnen und Kandidaten. Die Kanadierin Prost war schon seit einiger Zeit als Wunschbesetzung des Sanktionskomitees gehandelt worden. Doch wegen der Schwerfälligkeit der Bürokratie ging schon ein Sechstel der Periode von 18 Monaten verloren, die der Rat für das erste Mandat der Ombudsperson anberaumt hatte.

Kim Prost packt die Sache energisch an. „Wir müssen uns jetzt um die Mittel kümmern, die mir zur Verfügung stehen", meint sie, „nicht um diejenigen, die mir fehlen. Und ich werde ganz gewiss nicht einfach ein Feigenblatt sein, mit dem das Uno-System seine überstürzte Vorgehensweise verstecken kann."

Die Entschließung 1904 sagt:
(…) Das Sanktionskomitee wird vom Büro einer Ombudsperson bei der Prüfung von Begehren zum De-Listing unterstützt. (…) Der Generalsekretär soll in enger Konsultation mit dem Komitee eine hervorragende Person ernennen, die sich durch hohes moralisches Ansehen, Unparteilichkeit und Integri-

tät sowie hohe Qualifikationen und gute Erfahrung im einschlägigen Bereich auszeichnet, etwa in Rechtsfragen, Menschenrechten, Terrorismusbekämpfung und Sanktionen. (...) Die Ombudsperson arbeitet unabhängig und neutral und darf weder Anweisungen von irgendeiner Regierung verlangen noch empfangen. (...) Die Ombudsperson nimmt Begehren von Betroffenen für eine Streichung von der Liste entgegen. (...) Sie legt dem Komitee (...) einen umfassenden Bericht vor. (...) Gestützt auf die Analyse aller verfügbaren Informationen unterbreitet die Ombudsperson dem Komitee die wichtigsten Argumente zu dem De-Listing-Begehren. (...) Das Komitee entscheidet, ob es das Begehren annehmen will. (...) Falls es ablehnt, gibt das Komitee der Ombudsperson seinen Bescheid und, soweit angebracht, einen erklärenden Kommentar sowie eine überarbeitete Beschreibung der Gründe für den Eintrag. (...) In ihrem Verkehr mit dem Antragsteller respektiert die Ombudsperson die Geheimhaltung der Diskussionen mit dem Komitee und mit den Mitgliedsstaaten.

Prost hebt daran die grundlegenden Vorteile hervor: „Für die Betroffenen geht es einzig darum: Habe ich jetzt endlich eine Chance, von der Liste herunterzukommen? Und es gibt eine. An den Kriterien einer fairen Prozedur gemessen, bedeutet die neue Einrichtung einen riesigen Fortschritt: Nachdem jahrelang gar nichts und dann nur grobe Zusammenfassungen der Verdachtsgründe veröffentlicht worden waren, erfährt der Betroffene von nun an genau und ausführlich, was gegen ihn vorliegt, und das Komitee muss sich seine Einwände umfänglich anhören. Ich habe den Auftrag, ausgiebig und zielstrebig Material über die Fälle zu sammeln."

Prost setzt eine relativ niedrige Schwelle für die Fälle, die sie aufnimmt. Sie holt dazu alle Informationen bei den interessierten Ländern ein. Da ist zunächst der Staat, der den Eintrag verlangt hat, dann der Heimatstaat des Betroffenen und das Land, wo er wohnt. Weiter hört sie den Antragsteller selbst an. Sie stützt sich auf das Monitoring Team des Sanktionskomitees, sie benutzt publiziertes Material, was immer sie bekommen kann. Dann folgt eine Dialogphase: Sie stellt kritische Fragen an den Antragsteller und präzisiert seine Eingabe, sodass sie auch genau die Kriterien für einen Listeneintrag anspricht. Sie stellt Rückfragen an die Staaten, kritische Fragen, die ihnen zuvor nicht gestellt wurden, damit ein ganz klares Bild von der Sache entsteht. Was liegt gegen die Person vor, was ist die Sicht des Betroffenen? In ihrem Bericht stellt sie dann alles zusammen, was der Betroffene über seinen Fall sagen will, was sie selbst erkennt, ihre Analyse des Falls und, was wichtig ist, ihren ausführlichen Kommentar.

All das geht in vertraulicher Form an das Sanktionskomitee. Das Komitee trifft dann die Entscheidung, ob es den Eintrag streichen will oder nicht. Wenn die Entscheidung positiv ausfällt, informiert die Ombudsperson den Betroffenen darüber, dass und weshalb sein Name von der Liste gestrichen wird. Umgekehrt, wenn das Komitee sich verweigert, muss es so viel erklärendes Material wie möglich herausgeben. Die Ombudsperson ihrerseits ist dem Betroffenen einen ausführlichen Bescheid schuldig. Dieser kann ein Maximum an Information enthalten, sowohl über den vertraulichen Bericht der Ombudsperson als auch über die Erklärungen des Komitees.

Richterin Prost zieht hier einen scharfen Schluss: „Mithin legt die Resolution zwar fest, dass der Bericht an sich vertraulich bleiben muss, dass die Ombudsperson aber doch die Substanz veröffentlichen soll. Natürlich kann ich im vertraulichen Dialog mit dem Komitee viel offener und direkter sprechen als gegen außen; ich kann die entlastenden Elemente zugunsten des Betroffenen ebenso klar darlegen wie das Belastungsmaterial. Aber für den Antragsteller werde ich insbesondere transparent machen, was alles ich dem Komitee aus seinem Munde vorgetragen habe. So kann er versichert sein, dass der Sicherheitsrat ihn auch angehört hat."

Der Pferdefuß des ganzen Unternehmens ist, dass niemand wirklich gezwungen ist, der Ombudsperson umfassend und wahrheitsgetreu Auskunft zu geben. Nicht einmal die Antragsteller selbst: diese Leute haben schließlich viele Jahre mit dem Mühlstein der Sanktionen um den Hals leben müssen. Viele haben ihr Geschäft verloren, manche ihre ganze Existenz und ihr soziales Ansehen obendrein. Ob schuldig oder nicht, sie fühlen sich vom System der Uno missbraucht. Und wenn sie der Ombudsfrau gegenübersitzen, so sehen sie in ihr zweifellos eine Vertreterin dieses Apparates, wenn auch eine eher wohlwollende im Vergleich zu den unnahbaren Diplomaten des Sicherheitsrates. Sie werden sie deshalb zu instrumentalisieren suchen, um die Sanktionen loszuwerden, und möglichst auch, um sich an „der Uno" für das ihnen zugefügte Leid zu rächen. Mithin erzählen sie ihr genau das, wovon sie glauben, dass es ihnen nützt – mehr nicht. Sie alle hatten viele Jahre lang Zeit, mit oder ohne die Unterstützung eines Anwalts ihre Geschichte so zurechtzurücken, wie sie es wünschen. Die Staatenvertreter ihrerseits sind zunächst einmal die Exponenten einer Regierung, die Politik macht und für ihre Interessen kämpft. Jede Information bedeutet ein Stück Macht, und die verschenkt man nicht ohne zwingende Gründe. Respekt gegenüber dem Recht, besonders dem Völkerrecht, kommt an zweiter Stelle, und für viele überhaupt nur da, wo sich daraus auch ein direkter Gewinn für die eigenen Interessen ziehen lässt.

Dazu kommen die schlechten Gewohnheiten der Mitglieder im Sicherheitsrat. Gewöhnliche Sterbliche würden das wohl ganz einfach „maßlose Arroganz" nennen. Ein Eingeweihter beschreibt eine typische „Diskussion" über einen Listeneintrag so: Der Präsident des Sanktionsausschusses stellt im Gremium eine Mehrheit für die Streichung eines Namens fest und möchte dem stattgeben. Er fragt in die Runde der 15 Mitgliedsstaaten, ob jemand einen Einwand dagegen hat. Staat X meldet sich und wünscht, dass der Eintrag beibehalten wird. Über Jahre reichte das bereits aus. Später durfte man allenfalls – unter Respektierung der diplomatischen Umgangsformen – schüchtern nachfragen, aus welchem Grund eine Streichung nicht zulässig sei. Antwort: Im Interesse der internationalen Sicherheit muss der Eintrag erhalten bleiben. Eine zweite Nachfrage nach den spezifischen Gründen wäre hochgradig undiplomatisch und unterbleibt deshalb. Der Präsident schreitet weiter zum nächsten Punkt der Agenda. Der Eintrag bleibt wegen des nicht weiter begründeten Vetos einer einzigen Macht stehen. Und der Betroffene – schuldig oder nicht – bleibt weitere lange Jahre auf der Terrorliste.

Kimberly Prost ist zweifellos der Ansicht, dass sich das jetzt ändern muss und ändern wird. Sie führt die Einwilligung aller Mitglieder des Sicherheitsrates zur Ernennung einer Ombudsperson als Beleg dafür an. Ein amerikanischer Diplomat unterstreicht stolz, es sei sein Land gewesen, das die entsprechende Entschließung im Rat eingebracht und gegen den Widerstand anderer Vetomächte aus dem Osten durchgepeitscht habe. Vor allem die westlichen Länder waren unter Druck ihrer eigenen Gerichte gekommen, weil eine ganze Reihe von Opfern auf der Terrorliste die Sanktion auf nationaler Ebene mit Erfolg angefochten hat.

„Kimberly Prost steht keinesfalls allein gegen die 15 Staaten des Sicherheitsrates", sagt ein Diplomat aus Europa. „Sie kann auf Unterstützung westlicher Länder zählen. Denn diese wollen eine gründliche Überprüfung der Listeneinträge mit Hilfe der Ombudsperson. Sie brauchen dies, um gegenüber ihrer eigenen Justiz geltend machen zu können, dass mit der neuen Regelung eine angemessene Prozedur für rechtliches Gehör eingeführt ist." Also werden solche Länder Kimberly Prost auch Auskünfte über ihre geheimdienstlichen Erkenntnisse über den fraglichen Fall erteilen. Aber welche Auskünfte? Darüber entscheidet ohne Zweifel wieder die Frage des eigenen Interesses, in welchem Lichte man die Sache erscheinen lassen will. Und die technische Ausrede, dass man mit Rücksicht auf die heikle Geheimdienstarbeit nicht alles herausgeben kann, steht jederzeit und unanfechtbar zur Verfügung.

Die ehemalige Richterin weiß freilich auch, wie man die gummige Mauer rund um die geheimen Archive durchlöchert. Sie sagt: „Meine Auskünfte über die Fälle sollen viel präziser ausfallen als die bisher abgegebenen Zusammenfassungen, denn die sind sehr oberflächlich. Ich will auch die Backgroundinformationen dazu einsehen. In einem Fall habe ich bereits einen Haufen Hintergrund prüfen können, nicht geheime Akten unter Verschluss, aber das Basismaterial, worauf sich die Zusammenfassungen stützten. So kann ich alle Einzelheiten der Anklagen herausfiltern. Natürlich bleibt das dornige Problem des Geheimmaterials bestehen. Aber mit meinen spezifischen Fragen kann ich viele zusätzliche Hintergründe ausleuchten. Wenn eine Drittperson wie ich hier Einsicht erhält, ist das ein großes Plus. Das mag die betroffenen Antragsteller nicht befriedigen, aber da bleibt kein wesentlicher Unterschied mehr zu der Prozedur des Special Advocate, den es in verschiedenen Ländern gibt. Dabei erhält ein besonderer Richter Zugang zu Geheimmaterial. Wenn ich diese Sorte von Zugang erhalten könnte ..."

In Amerika zum Beispiel ist es möglich, einem Richter unter dem Siegel der Verschwiegenheit geheimes Belastungsmaterial in einem Prozess vorzulegen. Er kann sich dann in voller Kenntnis der Sachlage sein Urteil bilden. Im Gerichtssaal gibt er nachher einen Kommentar lediglich zu dem Punkt ab, ob die Vorwürfe der Anklage belegt sind oder nicht. Der Inhalt der Geheimsache bleibt weiterhin ausgeschlossen. In anderen Systemen wird dies auch auf eingeschworene Anwälte ausgedehnt.

Prost räumt ein: „Ich weiß, dass ein guter Teil der Listeneinträge auf geheime Informationen zurückgeht. Und das ist eine der größten Herausforderungen für mich. Ich meinerseits fordere die Staaten heraus: Müsst ihr denn wirklich zur Geheimhaltung Zuflucht nehmen? Die Fälle sind doch oft auf öffentlich zugängliche Elemente abgestützt."

Das also ist die heillos verwinkelte und mit lauter Dornenhecken gespickte Diskussion, die Kim Prost mit dem Sanktionsausschuss führen muss. Ihre frühere Erfahrung ist allerdings ebenfalls reich an solchen Auseinandersetzungen. So diente Prost 2005 bis 2006 als Rechtsberaterin im Wiener Uno-Büro für die Bekämpfung von Drogen und organisiertem Verbrechen. Dort hatte sie bereits mit Terrorbekämpfung zu tun. Von 2006 bis Juli 2010 war sie Richterin am Internationalen Strafgerichtshof für Ex-Jugoslawien. Insbesondere saß sie im dreiköpfigen Richterkollegium für den Fall Popović et al. Hier musste sie Vorgänge rund um die blutige militärische Eroberung der Uno-Schutzzone Srebrenica durch die jugoslawische Armee im Juli 1995 und andere Folgeereignisse beurteilen. Der Prozess endete mit schweren Strafen für fast alle der sieben Angeklagten, sie gingen von fünf Jahren Gefängnis über 13, 17, 19 und 35 Jahre bis zu lebenslang in zwei Fällen. Sie betrafen Verbrechen gegen die Menschlichkeit, andere Kriegsverbrechen und Völkermord. Die Gerichtsprotokolle werfen ein Licht auf die unglaublich mühselige Kleinarbeit, mit der aus den Archiven der Armee, aus Geheimdienstmaterial der Nato, aus zahllosen Zeugenaussagen und aus den gegenseitigen Aussagen, Lügen und Beschuldigungen der Angeklagten das Mosaik der brutalen Ereignisse minutiös rekonstruiert werden musste.

Richterin Prost war am Schluss bestrebt, mindestens in einem Punkt eine separate Meinung zu Protokoll zu bringen. Dies war zwar keine abweichende Meinung wie die ihres Kollegen Kwon, aber immerhin eine zusätzliche Feinheit der Beurteilung in diesem überaus brutalen Umfeld, die einen genaueren Blick wert ist. Prost beugte sich über die Verurteilung des Angeklagten Vinco Pandurević. Dieser wurde durch die Mehrheit der Richter des Mordes, der Verfolgung und inhumaner Akte bei gewaltsamen Transfers – alles Verbrechen gegen die Menschlichkeit – für schuldig befunden und zu 13 Jahren Gefängnis verurteilt. Von den Anklagepunkten Genozid, Ausrottung und Deportation wurde er befreit. Prost lehnte auch den Anklagepunkt der Verfolgung ab, was zwar am ganzen Urteil nichts änderte, jedoch die Präzision ihrer Arbeit belegt und die Bereitschaft, wirklich auch das letzte Detail zu beachten und allenfalls zugunsten eines Angeklagten in Betracht zu ziehen. Es ging um die Ermordung einer Gruppe von zehn verwundeten muslimischen Gefangenen, die von der Einheit unter dem Kommando des Sicherheitsoffiziers Oberstleutnant Vujadin Popović aus dem Spital von Milići entfernt und umgebracht wurden. Prost unterstützt die Ansicht des Gerichts, wonach Oberst Pandurević, der als Brigadekommandant für die ganze Region die Oberaufsicht über das Spital mit den Gefangenen hatte, die Verantwortung für deren Ermordung unter Popovićs Führung mitträgt; er hinderte Popović nämlich nicht am Abführen der Opfer. Pandurević wusste, dass am fraglichen Tag, am 24. Juli 1995, Popović vom Oberkommandierenden, General Ratko Mladić, den Befehl erhalten hatte, die Gefangenen zu liquidieren, deshalb die Verurteilung wegen Mordes. Hingegen lehnt Prost das Urteil wegen Verfolgung ab, weil Pandurević nicht derjenige war, der spezifisch die muslimischen Gefangenen für die Haft in dem betreffenden Lazarett oder für den Wegtransfer ausgewählt hatte. Verfolgung setzt nach Prost einen umfassenden Vorsatz der Diskriminierung voraus, und dieser war gegen Pandurević nicht geltend zu machen, zumal er die Opfer gar nicht hatte auslesen können. Pandurević rückte später zum Vizechef des Generalstabs auf. 2002 ließ er sich von der jugoslawischen Armee pensionieren.

Kimberly Prost präsidierte auch phasenweise das Gericht, das ab Sommer 2010 den Prozess gegen General Zdravko Tolimir vorbereitete. Tolimir war in der Zeit der Ereignisse von Srebrenica Vizekommandant des Generalstabs für Nachrichtendienst und Sicherheit. Er war direkt dem Oberkommandierenden Mladić unterstellt und ist angeklagt wegen Völkermord, Verbrechen gegen die Menschlichkeit und Verstößen gegen das Kriegsrecht, dazu gehören Mord, Ausrottung, ethnische Säuberung und Zwangsdeportationen. Er überwachte im Juli 1995 die Vertreibung und Ausrottung der gesamten Muslimbevölkerung der Enklaven Srebrenica und Žepa. Im Haager Tribunal folgte Tolimir der bewährten Verzögerungstaktik der serbischen Führerclique. Er verteidigte sich selbst und verzichtete auf die Dienste eines Beirates, nur um desto ausführlicher Paragraphen zu reiten und Haare zu spalten. In der Vorbereitungssitzung vom 22. Oktober 2009 unter dem Vorsitz von Richterin Prost beschwerte er sich ausschweifend über die angeblich großen körperlichen Unannehmlichkeiten, die ihm die regelmäßigen Kontrollen der Wärter an der Tür seiner Zelle verursachten. Dies störe seit zweieinhalb Jahren seinen Schlaf und verursache Stress. Vor dem Beginn seines Prozesses müsse das Gericht ihm mindestens einen Monat ruhigen Schlaf gewähren, sonst könne er die Verhandlung nicht durchstehen. Er beharrte auf der Verweigerung der medizinischen Behandlungen durch die Gefängnisärzte und pochte auf ein angebliches Recht, Kräutertees eigens aus der Heimat zu beschaffen und sich nur damit zu kurieren. Richterin Prost versuchte mit großer Geduld und allen Mitteln der Diplomatie, mit den Ablenkungsmanövern des Massenmörders fertigzuwerden. Doch dieser drohte schließlich sogar mit Klagen gegen das medizinische Betreuungspersonal wegen Verstoßes gegen die Bestimmungen der Genfer Konventionen, sodass sie ihm bescheiden musste, die Session sei mit oder ohne seine Zustimmung nun beendet.

Reicht es aus, eine Richterin ins Sanktionskomitee zu transferieren, um diesen Disputen um des Teufels Großmutter den Stellenwert einer gerichtlichen Überprüfung zu verleihen? Prost sieht klar: „Eine gerichtliche Berufung ist meine Arbeit nicht. Denn auf nationaler Ebene kann man die Entscheide der Verantwortungsträger gerichtlich anfechten, in der Uno nicht." Die Gerichte haben dort auch ein Weisungsrecht gegenüber den Behörden, und sie können eine Annullierung der Maßnahme verfügen. Doch Prost gibt sich realistisch: „Im Kontext des Sicherheitsrates, mit seiner Kompetenz zu Zwangsmaßnahmen im Dienste des Weltfriedens, muss man sich fragen, was rechtliches Gehör im internationalen Bereich überhaupt bedeuten soll und kann. Ich glaube nicht, dass es das Gleiche sein kann wie auf nationaler Ebene. Letztlich ist es die Frage, wie viel prozedurale Rücksicht das Individuum wirklich genießt, egal wie wir es nennen. Gibt es Fairness für die Betroffenen oder nicht? Und ich werde soviel Fairness und Verhältnismäßigkeit als möglich durchsetzen. Mein Mandat kann ich nicht verändern, aber ich kann es so breit wie möglich erfüllen."

Die Richterin sieht ihre Fesseln sehr wohl: „Ich habe nicht zu entscheiden über die Streichung eines Eintrags, das bleibt dem Komitee anheimgestellt. Ich kann nicht einmal eine spezifische Empfehlung abgeben. Aber ich werde dem Komitee meine Sicht der Sache schon klarmachen. Und ich baue darauf, dass diese Leute meinen Worten ausreichend Gewicht beimessen. Jeder Staat, mit dem ich bisher zu tun hatte, schätzte meine Arbeit, und ich bin sicher, dass sie ein offenes Ohr für mich haben werden. Gut möglich, dass sie am Ende nicht mit mir einig sind, auch wenn sie meine Argumente angehört haben. Dagegen habe ich gar nichts."

Angehört will sie sein, die Ombudsfrau, die als Einzige in dem Verein ausdrücklich Entlastungsmaterial suchen soll. Mehr als das, meint sie, darf man nicht von einem Gremium erwarten, das die politischen Geschicke der Welt stellvertretend für die Uno-Mitgliedsstaaten lenkt. Der Sicherheitsrat beansprucht auch ausdrücklich, er sitze nicht zu Gericht über die Urheber geschehener Verbrechen, um Strafen auszufällen, sondern er agiere präventiv gegen potenzielle Terroristen und ihre Sponsoren. In diesem Bereich sei auch ein anderer Maßstab für die Beweislast anzulegen, der die Forderung nach einem hieb- und stichfesten Tatbeweis nicht zu erfüllen brauche. Kim Prost wirft hier höchstens ein, dass der präventive – und mithin auch zeitgebundene – Charakter der Terrorsanktionen konsequent beachtet werden müsste. Der Rat hat dies erkannt und 2008 eine umfassende und regelmäßige Überprüfung aller Einträge auf der Liste angeordnet.

Prost nimmt das auf ihre Art auf: „Es ist die Aktualität der Maßnahme, die immer wieder zu prüfen ist. Ich frage deshalb nicht, ob es damals korrekt war, jemanden auf die Liste zu setzen, sondern: Gehört diese Person oder Einrichtung heute auf die Liste? Gibt es genügend aktuelle Elemente der Rechtfertigung dafür? Das muss das Kriterium sein." Sie ist überzeugt davon, dass präventive Sanktionen ein sehr gutes Instrument gegen den Terrorismus sind, wenn man sie umsichtig anwendet. „Etwa gegen Usama Bin Laden – von dem erwarte ich keine Petition in absehbarer Zeit –, was sollte man anderes gegen ihn tun?", fragt sie rhetorisch. „Diese Sanktionen sind leidlich wirksam gegen seine Finanzquellen, auch wo es um kleinere Beträge geht. Sie müssen lediglich auf die richtigen Personen gezielt sein. Deshalb ist eine systematische Überprüfung der Einträge nötig. Damit verstärkt man die Glaubwürdigkeit und Durchsetzbarkeit des Mechanismus."

Doch dies genügt den Juristen nicht. Sie verlangen eine ausgewachsene gerichtliche Prüfung. Der finnische Völkerrechtler Martin Scheinin, Uno-Sonderberichterstatter für die Menschenrechte bei der Terrorbekämpfung, schreibt in seinem Bericht vom November 2010: „Solange die Ombudsperson kein eigenes Entscheidungsrecht genießt, kann die Einrichtung nicht als ein Gericht im Sinne von Artikel 14 der Internationalen Konvention über bürgerliche und politische Rechte betrachtet werden." Dort ist festgehalten, dass jegliche kriminelle Anschuldigung gegen eine Person durch eine gerichtliche Verhandlung mit vollständiger Prozedur festzusetzen ist. Scheinin legt den Finger auf die gleichen Schwächen wie Richterin Prost. Er vermisst überdies einen Zwang zur umfänglichen Veröffentlichung der Berichte und des Belastungsmaterials. Und er erachtet den guten Willen der Staaten bei der Abtretung von Information nicht als ausreichende Garantie für ein faires Vorgehen. So ruft er nach einer „fairen und öffentlichen Anhörung durch ein zuständiges, unabhängiges und unparteiliches Gericht."

Auch der Gerichtshof der Europäischen Gemeinschaften urteilt in seinem Bescheid „Kadi II" vom 30. September 2010 unter obiter dicta – also in einer nicht rechtlich bindenden Bemerkung: „Die Ombudsperson kann nicht gleichgesetzt werden mit der Einrichtung einer wirksamen gerichtlichen Prozedur zur Überprüfung von Entscheidungen des Uno-Sanktionskomitees."

Der amerikanische Völkerrechtler Simon Chesterman erklärte in einer thematischen Diskussion zum Thema vor einem Publikum von Uno-Diplomaten und Funktionären am 28. Oktober 2010 in New York: „Es ist längst nicht klar, ob die Einrichtung einer Ombudsperson wirklich den Anforderungen des Rechtsstaats Genüge tut, zumal letztlich die Entscheidungsgewalt beim Sanktionskomitee bleibt, das als eine dem Wesen nach politische Körperschaft operiert."

Doch Richterin Prost steht eher noch am Anfang ihrer Aufgabe. Ende 2010 hatte sie erst sechs Fälle in Arbeit. Einer kam direkt zu ihr, und er hatte zuvor noch nie mit einem Rechtsbeistand gesprochen. Bei ihr seufzte er erleichtert auf: Endlich hört mir einmal jemand zu. Hier kann Richterin Prost fraglos einiges in Bewegung bringen, weil bis dahin überhaupt nur brieflicher Verkehr mit dem Sanktionskomitee möglich gewesen war. Sie hat einen großen Drang, ihr Amt aufzubauen, zu etablieren und bekannt zu machen: „Die Betroffenen müssen von der Existenz meines Büros wissen. Und sie müssen seine Dienste in Anspruch nehmen. Sonst bleibt das Ganze nutzlos."

Kimberly Prost hat ihr Büro am Uno-Hauptsitz in New York, doch legt sie viel Wert auf die Unabhängigkeit ihrer Stellung. Sie sei eine unabhängige Expertin und nicht in die Uno-Bürokratie eingeordnet, obwohl sie eine hierarchische Stellung vergleichbar mit einem Stellvertretenden Generalsekretär innehabe. Sie sei auch niemandem Rechenschaft schuldig, sondern sie berichte einfach dem Sanktionsausschuss über ihre Arbeit.

Freilich sehen das nicht alle so. Mein Besuch bei der Ombudsfrau fand im November 2010 schließlich in einem Kaffeehaus über die Straße statt. Die Uno-Sicherheitsbeamten, die das Gebäude mit Prosts Büro bewachen, beharrten auf einer elektronischen Akkreditierungsprozedur über den Hauscomputer, die Prost ohne die Hilfe ihrer Büroassistentin nicht bewältigen konnte. Trotz all ihrer Vorstellungen und Proteste gewährte der Beamte dem Besucher keinen Zutritt. Wie das wohl für einen Verdächtigen von der 1267er Terrorliste aussieht? Laut Prost ist der Zugang zu ihr überaus einfach. Sie hat eine eigene Webseite – eine Rubrik auf der Seite des Sanktionsausschusses –, man kann ihr schreiben, sie anrufen, ganz ohne Bürokratie und je nach Belieben. Die Webseite der Ombudsperson bietet im Wesentlichen Auszüge aus der Resolution 1904 mit den Bestimmungen, wie ein Begehren nach Streichung von der Terrorliste zu formulieren und einzureichen ist, und weiter wie die Ombudsfrau es behandeln wird. All das ist im bewährten Jargon der Völkerrechtsexperten und Diplomaten gehalten, der zwar die Dinge einigermaßen scharf umschreibt, für den gewöhnlichen Sterblichen jedoch kaum zu verdauen ist. Allzu viel Volksnähe ist offensichtlich nicht gemeint.

Mindestens so wichtig wie die Offenheit nach außen hin ist es für die Ombudsfrau, innerhalb des Uno-Apparates eine respektierte Stellung zu erkämpfen. Prost glaubt, wie andere Insider, dass sich das Amt erst im Laufe der Zeit entfalten wird. Sind erst einmal ein paar Fälle behandelt, so müssen auch die zurückhaltenden Mächte wie Russland und China den Nutzen dieses Dialogs – einer Art permanenter Wartungsarbeit an den Terrorlisten – erkennen. Ob sich deshalb allerdings die Gewichtung ihrer Interessen verschiebt, bei denen die nationale Sicherheit und ihre Hüter in den Geheimdiensten einen überragenden Platz einnehmen, das steht auf einem anderen Blatt. Kimberly Prost war nach ihren Amtsperioden im Wiener Drogenbüro und im Jugoslawien-Tribunal in der Uno keine Unbekannte. Sie war die bevorzugte Anwärterin eben jenes Sanktionskomitees, gegen das sie jetzt arbeitet. Es ging sogar so weit, dass ein Eingeweihter das im Nachhinein lieber nicht bestätigen möchte, weil es sonst zu stark nach einer abgekarteten Sache, wenn nicht nach Kooptation aussieht. Ihre Unabhängigkeit hört dort auf, wo die Uno ihr Salär und ihre Infrastruktur bezahlt. Kimberly Prost weist das entschieden von sich, auch die unabhängigen Richter in internationalen Gerichtshöfen würden schließlich durch die Uno bezahlt, oder sogar direkt von gewissen Staaten. „Sie muss eben ihr eigenes Vertrauensverhältnis zu den Geheimdiensten und zu den Staatenvertretern aufbauen", sagt ein Mitglied des Komitees. „Wir haben eine Person mit dem geeigneten Profil befürwortet. Frau Prost pflegte schon in Wien Umgang mit den Nachrichtendiensten." Die einzige Waffe der Ombudsperson ist ihre nackte Überzeugungskraft. Und wenn das Komitee ihrem Rat nicht folgt, ist ihr Spielraum zur Veröffentlichung ihres Standpunktes beschränkt. Sie gehört schließlich mit zum gleichen Kreis der Insider, die täglich miteinander auskommen müssen. „Sie ist für den Informationsaustausch auf eine enge Zusammenarbeit mit den ständigen Mitgliedern angewiesen", sagt ein Diplomat aus dem Sanktionskomitee. „Also wird sie sich in einer Sitzung nicht auf eine offene Polemik mit Staaten einlassen wollen, aus denen das Informationsmaterial gekommen ist."

Fundamentalopposition ist undenkbar. Solches müsste sich spätestens dann gegen die Ombudsperson kehren, wenn die Erneuerung ihres Mandats im Sicherheitsrat fällig wird. Also nur eine weitere Insiderin in dem Klub der Uno-Terrorjäger? Kim Prost scheint es nicht so zu sehen – aber die Komitee-Mitglieder gedenken natürlich den Posten der Ombudsfrau mindestens so wirksam umzuformen wie sie selbst, bloß in der umgekehrten Richtung.

Die Richterin nimmt kein Blatt vor den Mund: „Die Kernfrage bleibt immer noch: Werden sie mir auch die Geheimunterlagen öffnen? Die Antwort darauf habe ich noch nicht. Meine Hauptsorge ist nicht, dass die Staaten vielleicht am Ende nicht mit mir einverstanden sind, sondern dass es weiterhin versteckte Bestandteile der Prozedur geben könnte, die ich nie in die Hand bekomme. Ich bin darauf aus, wirklich das gesamte Material zu sichten. Sogar wenn ich einen Teil davon ganz für mich behalten muss. Aber ich muss mir wirklich mein eigenes, unabhängiges Urteil darüber bilden können, ob genügend gegen jemanden vorliegt oder nicht. Wenn man mir Teile der Unterlagen vorenthält, dann läuft es darauf hinaus: Ich studiere die Fälle, gestützt einzig auf öffentlich zugängliches Material, ohne Geheimdossiers. Ich ziehe meine Schlüsse und lege dem Komitee meine Bemerkungen vor. ‚Hier sind die Elemente nicht zureichend für die Beibehaltung des Listeneintrags', werde ich dann plädieren. Und die Staatenvertreter antworten mir: ‚Ja, mag sein. Aber wir wissen da noch andere Dinge, die wir Ihnen nicht sagen können …' Dann ist die ganze Übung ein Schabernack und führt nirgends hin."

Die Jagd nach dem Terrorgeld oder: Mit Kanonen auf gläubige Spatzen schießen

In dem Kapitel erfährt man, dass die Amerikaner den ganzen Bereich der islamischen Wohltätigkeit abschaffen wollten, um einige Finanzlecks zugunsten der Kaida auszutrocknen, und dass die Muslime schmerzlich den Unterschied zwischen gewaltloser und bewaffneter Militanz für den Islam erlernen mussten.

Es gibt kaum ein anderes Mittel, das so umfassend und zielsicher den Geldfluss zu den bewaffneten Extremistengruppen austrocknen könnte: Die Uno benennt alle Gönner der Terroristen, und sämtliche Regierungen der Welt müssen deren Bankguthaben und Ressourcen einfrieren. Alle Staaten haben ein genuines Interesse daran mitzuhelfen, um die Feinde jeglicher etablierten Ordnung lahmzulegen. Doch praktisch erwies es sich in den zehn Jahren nach dem Auswerfen des Schleppnetzes, dass dessen Wirkung sich nur äußerst langsam bemerkbar machte. Viele muslimische Länder hegten Zweifel an den Maßstäben für verbrecherische Aktivitäten. Sie glaubten an eine westliche Verschwörung, weil frühere Freiheitskämpfer gegen die Sowjets plötzlich zu Erzfeinden werden sollten. Manche nahmen taktische Rücksichten auf islamische Interessensgruppen und spannten sogar bewaffnete Extremisten für eigene nationale Ziele ein.

Wenn die geheimen Telegramme von amerikanischen Botschaften, die über Wikileaks an die Öffentlichkeit gelangt sind, als Maßstab für ernste Besorgnis der Administration Bush gelten können, so hinkten die realen Erfolge der Jagd weit hinter den Erwartungen her. Zwar deuteten die jüngsten Spendenaufrufe der Kaida und der Taliban auf eine Verknappung der Mittel im Jahre 2010 hin, aber Amerika stellte weiterhin einen bedeutenden Geldfluss aus den reichen arabischen Erdölmonarchien am Persischen Golf fest. Die US-Diplomaten nannten Saudi-Arabien eine Geldquelle von entscheidender Bedeutung für die Kaida, für die Taliban, Lashkar-e Taiba und andere Gruppen. In Kuwait und Katar beklagten sie mangelnde Einsicht der Behörden oder Verzögerungsmanöver gegen die Zwangsmaßnahmen, und in den Vereinigten Arabischen Emiraten beobachteten sie eine anhaltende Aktivität der Islamistengruppen zum Eintreiben von Beiträgen. Den Pakistanern warfen sie vor, sie leisteten keinerlei aktiven Beitrag, um die Finanzkanäle zu verstopfen, auch wenn sie die Maßnahmen an sich nicht anzweifelten. Und immer wieder mussten die Amerikaner sich sagen lassen, sie lieferten keine ausreichenden Beweise für ihre Anklagen. Die US-Diplomaten berichten über laufend neue Methoden der Terrorfinanciers. Im jemenitischen Aden überfiel ein mutmaßliches Kaida-Kommando im August 2009 am helllichten Tag einen Geldtransport und erbeutete den Gegenwert von einer halben Million Dollar. Während der Pilgersaison in Saudi-Arabien sammeln Militante großzügige Spenden von den Muslimen aus aller Welt. Und für die Transfers nutzen sie auch den Zugang über Mobiltelefone und Internet.

Im Finanz-Anhang des Berichts der amerikanischen Kongress-Kommission von 2004 über den September-Terrorismus heißt es:

Die Methoden der Kaida für das Sammeln von Geldern und deren Transfer haben den Geheimdiensten der ganzen Welt mit gutem Grund Kopfzerbrechen verursacht. Die Kaida hat ein unfassbares Netzwerk und ein unkonventionelles Gewebe entwickelt, um sich selber, ihre Operationen und ihre Leute zu versorgen. Sie bewies vor und nach dem 11. September 2001 ihre Fähigkeit, Geld aus vielen verschiedenen Quellen zu schöpfen. Sie benutzte dazu ein Kader von Finanzzuträgern. Und sie bewies ihre Fähigkeit, dieses Geld durch eine ganze Auswahl von Kanälen durch ihre Organisation zu schleusen. Dazu zählten Hawwaladars, Kuriere und Finanzinstitutionen. Diese Quellen und Kanäle waren widerstandsfähig, redundant und insbesondere schwierig zu entdecken. Im Kontrast zu der verbreiteten Ansicht ist es nicht Usama Bin Laden selbst, der das Netzwerk aus seinem persönlichen Vermögen oder aus seinen verzweigten Unternehmen unterhält. Es sind vielmehr die Finanzzuträger, welche Geld von willigen oder ahnungslosen Spendern aufbringen, von Moscheen und von sympathisierenden Imams, von Nichtregierungsorganisationen vor allem im Bereich der Wohltätigkeit. Das Geld wird offenbar so schnell weiterverteilt, wie es hereinkommt, und wir haben keine Anhaltspunkte für eine zentrale „Bank" oder eine „Kriegskasse" gefunden, woraus die Kaida schöpfen könnte. Vor dem 11. September ging das Geld in die Operationen, in Ausbildungslager und militärische Anlagen und Ausrüstung, an die Taliban und mitunter an andere Terrorgruppen. Nach 9/11 unterhält das Kaida-Geld nur noch die Operationen, die sie ausführenden Militanten sowie deren Familien. Nach dem 11. September wurden die Quellen, Zu- und Zwischenträger erschüttert, vor allem weil viele zentrale Figuren umkamen oder verhaftet wurden. Deshalb ist das Geld knapper und die Überweisungen sind schwieriger geworden. Im gleichen Zug haben aber die Ausgaben der Kaida abgenommen, weil sie die Taliban, die Ausbildungslager und ihre Kampftruppen nicht mehr unterstützt. Die Kaida scheint jedoch durchaus noch zur Finanzierung von Terroroperationen imstande zu sein.

Die CIA sagte schon 2001 in einem Bericht:
Usama Bin Laden profitiert von einem Netzwerk mit wenigen längerfristigen Knotenpunkten. Es ist überaus schwierig, auch nur einigermaßen zuverlässig festzustellen, welcher Anteil über jeden Knotenpunkt zur Gesamtfinanzierung beigetragen wird. ... Wir können nicht sagen, wie viel von seinem persönlichen Vermögen Usama Bin Laden schon für den Unterhalt der Kaida aufgewendet hat, wir können seine Guthaben nicht bewerten und wir wissen nicht, ob und wie viel Unterstützung er von seiner Familie und anderen mit ihm sympathisierenden Spendern bezieht.

Trotz alledem rechnet die CIA mit einem Jahresaufwand der Kaida von 30 Millionen Dollar in den Jahren vor 9/11, was hauptsächlich aus Spenden bestritten wurde. Die saudischen Behörden schätzen schon in den 1990er Jahren Bin Ladens persönliches Erbe auf nicht mehr als 300 Millionen Dollar.

Die Eigenarten der muslimischen Finanzwelt erschweren ein radikales Durchgreifen gegen die Kaida-Finanzen zusätzlich. Eine der Plattformen für die Übergabe von Geldern für islamische Organisationen mit einem bewaffneten Ableger ist die jährliche Pilgerfahrt zu den Heiligen Stätten in Saudi-Arabien. Der Hajj ist eine Pflicht für jeden gläubigen Muslim, der die Mittel dafür aufbringen kann. Mithin können die saudischen Behörden schwerlich einem Pilger die Einreise verwehren, zumal sie sich als die Hüter der beiden Heiligtümer von Mekka und Medina und als Gastgeber des Hajj gegenüber der islamischen Gemeinschaft rühmen und legitimieren. Jedes Jahr treffen innerhalb weniger Tage über zwei Millionen Pilger im Westen Saudi-Arabiens ein, ein guter Teil von ihnen kommt über den besonderen Hajj-Terminal im Flughafen von Jiddah. Bei einem derartigen Massenandrang, der überdies durch eine religiöse Aufgabe gerechtfertigt ist, könnte wohl keine Zollbehörde der Welt eine genaue Kontrolle der Reisenden vornehmen. Experten sprechen von einem umfassenden Sicherheitsvakuum. Die Sorgen der saudischen Verwaltung gelten grundlegenden Problemen wie dem Transport solcher Menschenmengen, ihrer Versorgung mit Nahrungsmitteln und medizinischer Pflege, dem Vorbeugen gegen Seuchen, Unfälle und Feuersbrünste in den Zeltlagern für die Pilger, und insbesondere der Vermeidung von Kundgebungen oder Massenpanik, wie sie schon mehrfach Hunderte von Todesopfern gefordert haben. Die amerikanischen Geheimdienste haben Hinweise darauf, dass sich immer wieder Geldkuriere mit bedeutenden Summen in bar unter den Pilgern verstecken, um im Schutz der Massenrituale mit ihren Kontaktleuten aus den Radikalengruppen zusammenzutreffen.

Ein anderer Problempunkt nennt sich Hawwala, was Arabisch für „Überweisung" steht. Diesen Namen trägt ein sehr häufig benutzter Kanal für Geldüberweisungen, zum Beispiel unter emigrierten Arbeitskräften aus muslimischen Ländern in den Golfstaaten. Ein Fremdarbeiter bezahlt am einen Ende einen Betrag für einen bestimmten Angehörigen der Familie im Heimatland ein, und dieser kann das Geld nach kurzer Zeit am anderen Ende gegen Vorweisen eines Identifizierungscodes abholen. Es wird nur eine geringfügige Kommission erhoben, während beim gewöhnlichen Bankverkehr die Eröffnung eines förmlichen Kontos, der Zugang zu einer Bankfiliale auf beiden Seiten, Verwaltungsspesen, Kommissionen beim Währungsgeschäft sowie Übermittlungskosten anfallen. Das Hawwala-System ist bei kleinen Leuten mit bescheidenen Ersparnissen und geringen Beträgen zur Überweisung sehr beliebt, weil es unkompliziert, schnell und billig ist. Die Finanzbehörden ihrerseits sehen es mit scheelem Blick, weil es keine Buchhaltungseinträge, kein Papier, mithin keine zu verfolgende Spur hinterlässt. Der Mechanismus spielt sich zwischen großen Geldwechslern und ihren Partnern in anderen Ländern ab, die in zahlreichen Ortschaften ihre kleinen Niederlassungen oder Korrespondenzbüros haben. Die Grundlage ist Vertrauen und Handschlag nach guter alter Tradition, wie sie in vielen arabischen und muslimischen Ländern noch Geschäfte ermöglicht. Die Hawwala-Agenten oder Hawwaladars führen zwar ein Logbuch über Transaktionen, aber meist in einer persönlichen Handschrift und in kryptischen Abkürzungen. Langfristige Bücher nach international akzeptierten Standards werden keine geführt. Es ist klar, dass sich dieses System ohne schriftliche Belege vorzüglich zum Durchschleusen von Geldern an anrüchige Gruppierungen eignet. Die Behörden haben etwa in Saudi-Arabien 2003 mit einem Gesetz gegen Geldwäscherei Sorgfaltspflichten auch für die großen Geldwechsler eingeführt. Doch wenn die Terrorgelder in kleine Summen aufgeteilt und von unverdächtigen Personen transferiert werden, dann handelt es sich um eine Suche nach der Nadel im Heuhaufen. Nach dem Bericht der Kongresskommission benutzte die Kaida etwa ein Dutzend Hawwaladars ihres Vertrauens, und überdies eine Reihe von anderen, die nichts oder nur wenig über ihren Geschäftspartner ahnten. In Afghanistan zeigt eine Feldstudie aus dem Jahr 2005, die vom Wiener Uno-Drogenbüro (UNODC) verbreitet wurde, dass das Hawwala-System einerseits weitgehend den Geldverkehr im Lande bewältigt, dass andererseits Drogen- und Schmuggelgeld das Gros des Kapitals ausmachen. Entsprechend waren keine klaren Grenzen zwischen legaler und illegaler Wirtschaft festzustellen. In Kabul operierten 2005 überhaupt nur 13 Banken mit einer offiziellen Lizenz, die gegenüber den Hawwala-Geschäften den Nachteil höherer Kommissionen und gesetzlicher Restriktionen aufwiesen. Schätzungsweise 80 bis 90 Prozent der gesamten Wirtschaftsaktivität gehörten zum informellen Sektor. 2005 schätzte man das gesamte Wirtschaftsvolumen auf 5,4 Milliarden Dollar, wovon etwa die Hälfte aus dem Drogenanbau stammen dürfte. Der Exporterlös des produzierten Opiums macht also einen ungeheuren Betrag aus, gemessen am Rest der Wirtschaft, und er ist entsprechend nur über den informellen Kanal der Hawwala wieder investierbar.

Der zentrale Fischgrund für Terrorgeld ist der Komplex der islamischen Wohltätigkeitsorganisationen. Mildtätigkeit gehört ebenfalls zu den Geboten des Islams. Zu den Bedürftigen zählen auch Muslime, die durch eine fremde Macht oder einen Staat mit zweifelhafter islamischer Legitimität an der freien Glaubensausübung gehindert werden. Und weil der Kampf zur Befreiung dieser unterdrückten Muslime – oft als Jihad, „Heiliger Krieg", apostrophiert – ebenfalls zu den religiösen Geboten zählt, fließen fast zwingend Spenden aus islamischen Wohltätigkeitsorganisationen auch an bewaffnete Kampfgruppen, die im Westen gern als Terroristen eingestuft werden. Ein breiter Strom solcher Mittel ergoss sich seinerzeit, als Afghanistan noch sowjetisch besetzt war, an die Mujahedin-Gruppen am Hindukusch. Die CIA stützte damals bekanntlich nach Kräften diese Anstrengung, die dem amerikanischen Ziel des Kampfes gegen den Kommunismus diente. Nach dem Abzug der Sowjets aus Afghanistan flossen die muslimischen Spendenströme weiter in die abbröckelnden Ränder des Ostblocks, in den Balkan an die Muslime in Bosnien, nach Zentralasien an die Muslime in Tschetschenien, Usbekistan, aber auch etwa an die Moro-Rebellen auf den Philippinen oder muslimische Gruppen in Ost- und Westafrika. Wann immer die israelische Repression gegen die Palästinenser aufflammte, konnte auch die islamische Widerstandsbewegung Hamas eine breite Spendenbereitschaft in den Golfstaaten ausnutzen. Das entsprechende Gegenstück unter der schiitischen Exil-Gemeinde vor allem in Schwarzafrika bildete der libanesische Hizbullah. Die 1996 einsetzenden TV-Direktübertragungen über den Palästinenseraufstand und die verschiedenen israelischen Militäroperationen in Südlibanon durch das Jazira-Satellitenfernsehen peitschte die Empörung der Millionen Zuschauer entscheidend an. Und natürlich erhielten nach dem Beharrungsprinzip die verschiedenen Mujahedin-Gruppen, die einander gegenseitig weiter in Afghanistan zerfleischten, unaufhaltsam ihre Unterstützung. Im Westen wandelte sich die Genugtuung bald in Sorge, als das übergeordnete Ziel entfallen war: Die Veteranen des „Heiligen Krieges" am Hindukusch kehrten mit der Zeit in ihre Heimat zurück, um auch dort bewaffnete Militanz anzustacheln und zu organisieren. Die Radikalisierungswelle erreichte auch die muslimischen Immigrantengemeinden in Europa und Amerika und trieb dort die Behörden zum Einschreiten. In den reichen Erdölmonarchien hingegen war der Reflex umgekehrt: Man ermunterte erst recht den Auszug junger Jihad-Freiwilliger zu den Konfliktherden am Hindukusch und später im Irak, weil man darin ein willkommenes Auslassventil sah. Die Golfmonarchien exportierten ganz einfach ihren hausgemachten bewaffneten Extremismus an exotische Schauplätze. Dass sie dafür ohne Hemmung auch den Irak nutzten, wo die „Jihad-Kämpfer" nach der amerikanischen Invasion von 2003 jahrelang mit den abscheulichsten Mitteln wahllos unschuldige Iraker, Sicherheitskräfte, US-Truppen oder westliche Hilfswerker bluten ließen, zeigt die große Bedeutung dieses Radikalenexports für die Golfherrscher. Sie setzten dafür ohne Weiteres ihre guten Beziehungen zu den USA – immerhin ihre strategische Rückversicherung gegen eine iranische Expansion – aufs Spiel.

In muslimischen Augen liegen die Dinge rund um den Terrorismus längst nicht so klar wie für die Amerikaner und für viele westliche Staaten. Muslimische Staaten wie Algerien, Ägypten, Jordanien und Syrien, die mittlerweile von den Amerikanern als zuverlässige Partner im Kampf gegen den Terror angesehen werden, haben alle zuerst selbst einen blutigen Aufstand von islamischen Extremisten überstehen müssen. Für viele Golf-Araber stammt die Kaida aus dem gleichen Kreis der hehren Militanz für die Sache des Islams wie die anderen Gruppierungen. Und für seinen Glauben zu kämpfen, hat nichts Anrüchiges, zumal der Jihad in all seinen gewaltlosen und bewaffneten Ausdrucksformen den Gläubigen als religiöse Pflicht aufgetragen ist. Sie erinnern sich, dass Usama Bin Laden schon seit den 1980er Jahren unter dem Einsatz bedeutender eigener Mittel das „Maktab al-khidamat", das Büro für Dienstleistungen für angehende Mujadehin in Peshawar unterstützte; dieses ging 2001 in der Kaida auf. Und den Namen al-Kaida verstehen sie auch als „Grundlage" – so die arabische Bedeutung des Namens – für Dienstleistungen am Islam ganz allgemein. Die Sache des Islams ist per se die gerechteste aller Sachen, und jede Art der Anstrengung dafür ist berechtigt. Dahinter verschwinden jene Fragen, die den Westen so sehr beschäftigen: das Gewaltmonopol der Staaten, die Regeln des Kriegsrechts, was sind legitime Ziele, wer sind geschützte Personen in einem Konflikt, und was ist ein Verstoß gegen all diese Grundlagen, mithin Terrorismus? Die muslimischen Prediger, die geflissentlich diese Grenzen in ihrem Diskurs über die Glorie des Islams verwischen, sind Legion.

Eine besonders radikale Form einer fremdenfeindlichen muslimischen Lehre ist der Wahhabismus, die Grundlage Saudi-Arabiens und einer Reihe von

Salafitengruppen, die bis zum terroristischen Ende des Spektrums gehen. Hier gesellt sich zu den allgemeinen religiösen Pflichten noch eine latente bis offene Hetze gegen alles Andersartige. Wahhabitenprediger nennen mitunter selbst andere Strömungen des sunnitischen Islams „Shirk", Vielgötterei, und Christen und Juden figurieren dann unter „Kuffar", Ungläubige. Der Kampf der Kaida gegen die „modernen Kreuzfahrer", die westlichen Eindringlinge in muslimischen Landen, und gegen die westliche Dominanz in Regionalpolitik und Wirtschaft erscheint als völlig angebracht. Je wirksamer die Mittel dieses Kampfes, desto besser. Wenn umgekehrt die Herrscher Saudi-Arabiens sich auf ihre staatlichen Verpflichtungen besinnen und die Leute an die Regeln erinnern, rücken sie sich in den Augen vieler ins Zwielicht. Ihr offenes Bündnis mit den „ungläubigen" Amerikanern raubt ihnen geradezu die Legitimität.

Die Prediger behandeln gerne auch die aktuelle Nahostpolitik und die Empörung über das anhaltende Unrecht in Palästina, besonders al-Kuds/Jerusalem, das dritte Heiligtum der Muslime nach Mekka und Medina, gehört zu ihren Versatzstücken. Hier ist der Anspruch auf den bewaffneten Kampf auch über die Religion hinaus im Völkerrecht gut verankert. Zahllose Uno-Resolutionen halten den Tatbestand der israelischen Besetzung palästinensischen Bodens fest, und daraus ergibt sich die Legitimität des Kampfes gegen die Besetzer. Dieses Recht auf Widerstand wurde seit 1968 (Resolutionen 2382 und 2395) in zahlreichen Deklarationen festgehalten, auch der Sicherheitsrat bekräftigte 1969 und 1979 in den Resolutionen 269 und 277 das Recht von kolonisierten Völkern auf den Kampf für die Selbstbestimmung. Auch im Zusammenhang mit dem Widerstandskampf ist die Trennung zwischen legitimen Angriffen und Terrorakten meist verwischt, die ehemaligen Freiheitskämpfer von Algerien und die PLO-Führer erinnern gern an die französische Résistance gegen die Nazis und meinen, General de Gaulle wäre nach heutigen Standards wahrscheinlich längst als Chefterrorist in Guantanamo gelandet. Die anhaltende Besetzung Palästinas und die konsistente Unterstützung Amerikas für die Besetzermacht Israel ziehen die Islamisten als zusätzliche Rechtfertigung für den Kampf gegen den Westen heran. Die amerikanische Besetzung im Irak eröffnete schließlich noch einen neuen Schauplatz für den Jihad gegen den Westen.

Der Vorwurf des Terrorismus zählte seit vielen Jahren zu den wichtigsten Instrumenten der Untergrabung der politischen Gegner im Nahen Osten. Seit der ersten Flugzeugentführungen und Bombenanschläge des Schwarzen Septembers von 1970 hatten die Israeli mit durchschlagendem Erfolg ein Veto gegen jegliche politischen Kontakte mit PLO-Vertretern eingelegt. Die amerikanische Diplomatie schloss sich dieser Strategie an und nahm erst dann offizielle

Kontakte zur PLO auf, als ihr Chef Arafat im Dezember 1988 in aller Form dem Terrorismus abschwor. Da Arafat bis zu jenem Tage unter amerikanischer Einreisesperre stand, musste die Uno-Generalversammlung von ihrem gewöhnlichen Tagungsort in New York nach Genf übersiedeln, damit Arafat sich feierlich bekehren konnte. In Vorbereitung des Osloer Verhandlungsprozesses gaben dann auch die Israeli ihre diplomatische Sperre gegen die PLO auf, sodass Ministerpräsident Rabin und PLO-Chef Arafat sich im September 1993 über dem Autonomieabkommen die Hand als „Friedenspartner" reichen konnten.

Die arabischen Staaten kehrten allerdings den Spieß um und verlangten, dass für eine Ächtung des Terrorismus zuerst eine völkerrechtliche Definition des Übels erforderlich sei. Besonders Syrien erinnert seit Jahren daran, dass es immer wieder eine internationale Konferenz zu dem Thema fordere und regelmäßig von Amerika abgeschmettert werde. Der Grund dafür ist leicht ersichtlich. Eine rechtlich gültige Umschreibung des Terrors wäre ein zweischneidiges Schwert. Wenn man etwa sagt, Terror sei „illegale Gewaltanwendung gegen Personen oder massive Sachbeschädigung an staatlichen oder privaten Anlagen mit dem Ziel, die Bevölkerung einzuschüchtern oder eine Regierung oder internationale Organisation zur Ausführung oder zum Verzicht auf eine politische Haltung zu zwingen", dann lässt sich das mit wenig Phantasie etwa auch auf das Vorgehen der israelischen Armee anwenden. So erklärten in den Tagen des Hizbullah-Krieges von 2006 israelische Regierungsvertreter offen, sie wollten eine große Fluchtbewegung der Bevölkerung Südlibanons hervorrufen, damit auch die Regierung in Beirut die Konsequenzen der Handlungen des Hizbullah zu spüren bekomme und die Widerstandskämpfer an die kurze Leine nehme. Auch während des Hamas-Krieges 2008/2009 fand die israelische Regierung, die Bevölkerung von Gaza müsse nun eben merken, was der Preis für die Raketenangriffe der Hamas-Kämpfer sei. Die Syrer sprechen deshalb geradewegs von israelischem Staatsterrorismus und finden, sie stimmten gerne jeglichem Verbot gegen Terrorismus zu, wenn dieses auch auf die Handlungen Israels anwendbar würde. Die Uno verhandelt seit 2000 über eine „Umfassende Konvention über den internationalen Terrorismus", und seit den Anschlägen in New York und Washington ist die allgemeine Motivation zu einem Abschluss groß. Der Text ist nahezu vollständig ausgereift, mit Ausnahme eben der Passagen zur Definition von Terrorismus. Die Formulierung entspricht fast wörtlich derjenigen aus früheren Diskussionen, doch verlangen verschiedene Staaten einen Zusatz, wonach „die regulären Streitkräfte in einem bewaffneten Konflikt beim Versehen ihrer Aufgaben, die durch das Völkerrecht oder andere Regeln bestimmt sind", von der Konvention ausgenommen wären. Die Islamische Konferenzorganisation schlug eine abweichende Ausnahme vor, die auch die Situation der Fremdbesetzung einbezog und zur Bedingung machte, dass sich die Streitkräfte auch tatsächlich an das Völkerrecht halten. Ein Kompromiss wurde bis Frühjahr 2011 nicht gefunden. Das Fehlen einer solchen Definition wird in den Debatten im Sicherheitsrat regelmäßig als Hindernis angemahnt, wenn es um eine wirksamere Umsetzung der Terrorsanktionen geht.

Warum sollte ein muslimischer Geldgeber bei all diesen Beweggründen für den Widerstand gegen fremde Willkür danach fragen, ob seine Unterstützung nun rein friedlichen oder auch bewaffneten Aktivitäten zugute käme? Und weshalb sollten muslimische Hilfswerke sich sorgfältig gegen bewaffnete islamische Gruppen abgrenzen? Die schöpferische Unschärfe in der Zielsetzung des „Widerstands in allen seinen Formen" war schon in den Tagen des Autonomievorsitzenden Yasir Arafat geradezu zum Markenzeichen der palästinensischen Strategie gegenüber Israel geworden. Die gleiche Osmose zwischen politischer Arbeit, Sozialhilfe und bewaffnetem Kampf pflegten die Hamas in den besetzten Gebieten und der Hizbullah in Libanon. Deshalb erachteten aktivistische Mitarbeiter islamischer Hilfswerke in Pakistan es als völlig legitim, wenn nicht sogar lobenswert, dass sie neben Kliniken, Waisenhäusern und Koranschulen auch bewaffnete Gruppen wie die Kaida oder die Lashkar-e Taiba förderten. Nach den amerikanischen Vorwürfen war eine der gängigen Methoden, dass man ein Bauprojekt für eine gemeinnützige Anlage mit Bedacht zu hoch veranschlagte und überfakturierte, um dann den Überschuss den Jihad-Militanten zuzuschieben.

Das amerikanische Staatsdepartement beklagte sich 2009 und 2010 in Berichten unverändert über Saudi-Arabien. Es hieß, Einrichtungen und Einzelpersonen in dem Königreich gehörten zu den wichtigen Finanzquellen für sunnitische Extremistengruppen. Es handele sich teils um kriminelle Unternehmen, teils aber auch um wohltätige Organisationen. Kongressabgeordnete legten jedoch den Finger darauf, dass mehrere saudische Prinzen zugleich die Leiter großer NGOs waren, und dass etwa der Minister für Islamfragen, Saleh ash-Sheikh, die Oberaufsicht über die Haramain-Stiftung und die Muslim World Ligue, die Mutterorganisation der International Islamic Relief Organisation hatte. Die großen saudischen NGOs mussten somit eher als Gongos (Government organized non-governmental organizations) gelten. Die Behörden des Königreiches räumten ein, dass sie Mühe mit der Verfolgung der Geldströme hätten, weil für Transaktionen oft Bargeld bevorzugt werde. 2003 trat das neue Gesetz gegen Geldwäscherei in Kraft, das das Prinzip des „Know your Customer" durchsetzt: Geschäfte mit Personen unter Pseudonym oder im Schutze der Anonymität sind verboten. Banken müssen verdächtige Transaktionen, wozu auch die Finanzierung von Terrorismus gehört, melden. Die Geldinstitute sind verpflichtet, in ihrem Computersystem Programme zur Feststellung von Personen auf den Schwarzen Listen einzuführen. Weiter müssen sie den Geldverkehr ihrer Kunden prüfen und ungewöhnliche Geschäfte melden, Transaktionen von über 100.000 Rial (ca. 26.700 Dollar) sind automatisch zu überwachen. Die Daten müssen zehn Jahre lang gespeichert werden. Hawwala-Dienste außerhalb der lizenzierten Banken und Wechselstuben sind verboten. Um die Attraktivität der Hawwala für die sechs Millionen Fremdarbeiter in Saudi-Arabien zu brechen, haben die Banken eigene, unkomplizierte Transferdienste zu konkurrenzfähigen Preisen eingerichtet. Dadurch konnten sie einen Teil des Marktes von jährlich ca. 18 Milliarden Dollar an Überweisungen an sich ziehen. 2005 fassten die Behörden überdies die sechs größten Geldwechselunternehmen in einer einzigen Bank zusammen, um sie besser kontrollieren zu können.

Der große Untersuchungsbericht der Kongresskommission zu den Angriffen vom 11. September und spätere Erhebungen halten fest, dass weder die saudische Regierung noch hohe Regierungsmitglieder zu den Sponsoren des Terrors gehören. Hingegen blieb der Verdacht gegen saudische Wohltätigkeitsorganisationen bestehen. Nach dem Geldwäschegesetz von 2003 müssen solche NGOs den Banken gegenüber ihre Trägerschaft völlig transparent machen, und sie brauchen eine Bewilligung des Innenministeriums für die Gründung einer Organisation. Ihre Konten können nur in saudischen Rials geführt werden. Überweisungen ins Ausland sind verboten. Jedweder Verkehr muss über ein einziges Konto abgewickelt werden. Für Spenden und Zahlungen ist der Gebrauch von Bargeld, Geldautomaten oder Kreditkarten untersagt. Nur Schecks, die direkt auf den Empfänger ausgestellt werden, sind zulässig. Einzelne Terrorsponsoren wurden vor Gericht gezogen. Das US-Staatsdepartement legt aber den Finger darauf, dass die strengen Regeln noch lange nicht lückenlos durchgesetzt sind.

Die saudischen Behörden widerstanden jahrelang dem massiven Druck der Amerikaner. Ihr islamisches Selbstverständnis stand ihnen bei der Schärfung des Blicks für eigene Verirrungen im Weg. Im Islam ist Wohltätigkeit ein integraler Bestandteil der Religion. Der Koran darf wohl als die einzige Heilige Schrift der Welt gelten, die in Sure 9, 60 sogar Vorschriften über die wohltätigen Staatsausgaben macht:

Die Almosen sind nur für die Armen und Bedürftigen bestimmt, und für die mit ihrer Verwaltung Beauftragten, weiter für diejenigen, die (für die Sache des Islam) gewonnen werden sollen, für (den Loskauf von) Sklaven, für die, die verschuldet sind, für den heiligen Krieg und für den, der unterwegs ist.

Nach den islamischen Prinzipien hat der Arme und Hungrige ein Anrecht darauf, mit den Wohlgenährten ihr Mahl zu teilen. Im Fastenmonat Ramadan wird dies jeden Abend beim Fastenbrechen mit der „Maidat ur-Rahman", der Tafel des Barmherzigen praktiziert. Der gängige Mechanismus für Barmherzigkeit ist die Zakat oder Armensteuer, die schon im Gemeinwesen des Propheten Mohammed zur Pflicht der Gläubigen erklärt wurde. Die Abgabe wird allgemein mit etwa 2,5 Prozent der Guthaben eines Muslims bemessen. In der sunnitischen Welt wird die Zakah oft von staatlichen Behörden eingezogen, doch finden sich häufig auch private Kanäle dafür. Dazu kommt die Sadaka, das freiwillige Almosen der Gläubigen. Die aus den muslimischen Abgaben gespeisten Wohlfahrtsleistungen ersetzen vielfach die Sozialeinrichtungen des Staates. Spendenbüchsen werden in den Moscheen oder in den Niederlassungen der religiösen Hilfswerke aufgestellt. Die Donatoren wollen häufig anonym bleiben, weil die Sitten diskrete Gesten einer öffentlich kundgemachten Philanthropie vorziehen. Aus diesen Gründen ermangelten muslimische Hilfswerke traditionell einer Buchführung über die Quellen ihrer Einkünfte. Damit fehlte ihnen ein wesentlicher Teil jener Transparenz, die jedoch zur Vermeidung von Terrorvorwürfen erforderlich ist.

Religiöse Stiftungen, Wakf genannt, für den Nutzen heiliger Stätten und der Allgemeinheit haben in der islamischen Welt eine große Bedeutung. So gehörte im Osmanischen Reich Anfang des 19. Jahrhunderts zwischen der Hälfte und zwei Dritteln aller Ländereien den Awkaf (Plural von Wakf). Religiöse und mildtätige Aktivitäten waren seit jeher miteinander verknüpft. Mithin musste ein Angriff auf bestimmte Wohltätigkeitsorganisationen unmittelbar als Feindseligkeit gegenüber dem Islam insgesamt aufgenommen werden. Mit der Zeit haben die saudischen Herrscher auch ein Bewusstsein dafür entwickelt, dass die wahhabitische Lehre der extremen Geistlichen der gemäßigten Bevölkerungsmehrheit schadet und letztlich auch die Herrscher selbst gefährdet. Spätestens die blutigen Attentate von Kaida-Militanten im Mai 2003 mitten in der Hauptstadt Riad öffneten auch dem Letzten die Augen. Deshalb bekämpft Saudi-Arabien die Kaida-Terroristen seither nicht nur mittels entschlossener Repression durch die Sicherheitskräfte und die Justiz, sondern das Ministerium für Islamfragen treibt eine breite Erziehungskampagne über den gemäßigten Islam für die Jugend voran. Die Lehren der Extremisten werden in aller Deutlichkeit als Verirrung gebrandmarkt. König Abdallah rief bei Dialogveranstaltungen zur Standhaftigkeit gegenüber der extremistischen Ideologie auf. Der Großmufti des Königreichs stellte sich mehrfach öffentlich gegen die „Abgeirrten" mit ihren blutigen Attentaten und zeigte mit dem Finger auf

Personen mit höherer Bildung, die sich solchen Gruppierungen angeschlossen hätten. Das Ministerium produzierte Mustertexte für die Freitagsprediger, Bücher, Video- und Tonbandkassetten sowie Webseiten. 2007 führte das Ministerium neue Zulassungskarten für Prediger und religiöse Notabeln ein, um Extremisten und „wilde" Geistliche auszusieben. Im Frühjahr 2003 hieß es, in den letzten fünf Jahren habe das Ministerium 3.200 Prediger entlassen, weil sie Intoleranz angestachelt hätten. In den Gefängnissen klärte das Innenministerium gegen extremistische Hetze auf. In einem Umschulungsprogramm für Extremisten durch den Dialog mit Geistlichen wurden über 300 ehemalige Jihad-Militante erfasst, unter ihnen auch frühere Guantanamo-Häftlinge. Zwei dieser hartgesottenen Terroristen schlossen sich allerdings nach ihrer Entlassung aus dem Programm wieder der Kaida an und erschienen im Januar 2009 in einem Propagandavideo der Gruppierung. Die saudischen Behörden schätzen die Rückfallquote dieser reuigen Terroristen auf zehn Prozent, unter den Guantanamo-Veteranen auf 25 Prozent.

Die Haramain Islamic Foundation war, wenn man sie gesamthaft betrachtet, eine der wichtigsten NGOs mit Aktivitäten über die ganze Welt, welche dem Netzwerk der Kaida Unterstützung bot. Ihre Finanzmittel kamen meist von individuellen Spendern oder von gezielten Spendenkampagnen, die ausgelesene Unternehmen in der ganzen Welt bearbeiteten.

Diese Charakterisierung steht in den Zusammenfassungen des Sanktionskomitees des Uno-Sicherheitsrates. Al-Haramain ist eines der besten Beispiele für die unentwirrbare Verschränkung zwischen respektheischenden humanitären Aktivitäten und mutmaßlichem Aussickern von Unterstützungsleistungen an bewaffnete islamische Extremistengruppen. Die Gruppierung hatte in ihren besten Jahren Budgets von 30 bis 80 Millionen Dollar pro Jahr und Niederlassungen insbesondere in den Konfliktgebieten, wo muslimische Bevölkerungen oder Minderheiten betroffen waren. Die Stiftung entstand nach Angaben eines saudischen Akademikers 1988 in Pakistan und errichtete ihr Hauptquartier 1991 in der saudischen Hauptstadt Riad. Sie hatte 45 Regionalbüros und Vertreter in insgesamt 80 Ländern. Sie beteiligte sich unter anderem an Katastrophenhilfe in Afghanistan, Bosnien, Kaschmir, Kosovo und Tschetschenien. Amerikanische Politiker legten den Akzent auf den missionarischen Einschlag der Tätigkeiten, den Bau von Moscheen, Koranschulen und islamischen Zentren sowie die Beschäftigung von 3.000 Predigern und den Druck von 13 Millionen islamischen Büchern. Im Kongressbericht steht über al-Haramain aber auch: „Sie versorgt Muslime in aller Welt mit Mahlzeiten, sie verteilt Bücher und Pamphlete, sie finanziert Projekte für Trinkwasser, sie baut medizinische Einrichtungen und stattet sie aus, und sie betreibt über 20 Waisenhäuser."

Das US-Schatzamt setzte am 19. Juni 2008 al-Haramain Islamic Foundation in ihrer Gesamtheit auf die Schwarze Liste der Terrorsponsoren. Nach einer offiziellen Erklärung belegen Hinweise, dass al-Haramain in die finanzielle und logistische Unterstützung des Kaida-Netzwerks und anderer Terrorgruppen verwickelt war. Die Verfügung betraf auch die Hauptniederlassung in Saudi-Arabien. Doch diesem Bann war ein jahrelanges Scharmützel vorausgegangen. Seit März 2002 waren schrittweise 13 Zweigstellen in Konfliktgebieten auf den Index gesetzt worden. Betroffen waren die Büros in Äthiopien, Afghanistan, Albanien, Bosnien und Herzegowina, Indonesien, Kenia, auf den Komoren, in den Niederlanden, Pakistan, Somalia, Tansania und den USA. Auf die Schwarze Liste der Uno kamen dazu noch die Haramain-Niederlassungen in Bangladesh und die al-Haramain & al-Masjid al-Aqsa Charity, eine Einrichtung unter der Kontrolle des angeblichen Kaida-Finanzchefs Wael Hamza al-Julaidan. Die saudischen Behörden folgten den USA und der Uno und schlossen die Haramain-Stiftung. Auch der Gründer und Leiter von al-Haramain, Aqil Abdelaziz al-Aqil, steht seit 2004 auf der Schwarzen Liste der USA und der Uno. Amerikanische Beamte eiferten sich damals allerdings, der Sprecher der saudischen Botschaft in den USA habe schon am 12. Juni 2003 feierlich die Schließung sämtlicher Auslandsniederlassungen der Haramain-Stiftung angekündigt. Doch im folgenden November habe sich der Haramain-Leiter, Aqil, gerühmt, seine Organisation sei weiterhin in nicht weniger als 74 Ländern aktiv, sie habe neulich ein Schreiben mitsamt einem Spendenscheck vom damaligen Kornprinzen Abdallah, dem heutigen König erhalten. Der Vorsitzende des Haramain-Verwaltungsrates sei zudem kein anderer als der saudische Minister für Islamfragen, Saleh ash-Sheikh.

Beziehungen zu Al-Haramain wurden geradezu zu einem Schuldbeweis gegen verdächtige Aktivisten. So hielt man mindestens elf Guantanamo-Häftlingen, denen man nichts Schwerwiegenderes nachweisen konnte, ihre Verbindungen zur Haramain-Stiftung vor: Sami Mohieddin Mohammed al-Hajj soll als Geldkurier für al-Haramain gewirkt haben, Abderrahman Owaid Mohammed al-Juaid soll sie mit Geld unterstützt haben, und eine Reihe anderer wirkten eine Zeit lang als „Freiwillige" der Haramain. Hier erscheint unversehens die wohltätige NGO, die Schulen, Waisenhäuser und Kliniken unterstützte, als rabenschwarze Verbrecherorganisation, die jeden in ihrem Dunstkreis in den Abgrund zieht.

Wer nachforscht, wie die Anklagen gegen al-Haramain genau umschrieben und belegt werden, der gerät in ein endloses Spinnengewebe von anrüchigen Namen und Unternehmen, von denen allerdings nur wenige konkret gerichtlich verurteilt worden sind. Der Bericht der Kongresskommission von 2004, der im Finanzanhang eine gesonderte Case Study über al-Haramain enthält, liefert weder konkrete Anschuldigungen noch Beweise. Als besonders bestechender Vorwurf wird oft die Tatsache genannt, dass Elemente der Haramain-Zweigstellen nach der amtlichen Schließung die Aktivitäten unter anderem Namen fortzuführen suchten – eine einigermaßen natürliche Reaktion jedes Aktivisten oder Unternehmers, der von seinem Geschäft überzeugt ist. Ein amerikanisches Gericht hat alle Anklagen verworfen. Doch irgendwo im Kern dieser Grauzone muss Anlass für ernstliche Besorgnis der Staaten sein, wenn auch die saudischen Herrscher, denen eine massive Einbuße an religiösem Prestige drohte, nach langjährigen Verzögerungsmanövern gegen al-Haramain vorgingen. Ein amerikanischer Journalist meint, der Auslöser dafür sei ganz einfach persönlicher Ungehorsam von Aqil al-Aqil gegenüber dem König gewesen; er habe gegen das Verbot verstoßen, weiterhin Geld nach Somalia an die Gruppierung Al-Itihaad al-Islamiya zu transferieren.

Es liegt in der Natur von Präventivmaßnahmen, dass Sanktionen gegen Terroristen und ihre Unterstützer erlassen werden, bevor diese etwas verbrochen haben. Deshalb lassen sich oft auch keine gerichtsfähigen Beweise erbringen. Doch umgekehrt müsste es nach bald zehn Jahren der Ermittlungen und Maßnahmen möglich sein, gewisse Dinge hieb- und stichfest zu belegen. Die vertraulichen Telegramme amerikanischer Diplomaten, die über Wikileaks an die Öffentlichkeit gerieten, enthalten in weiten Teilen auch keine genaueren Angaben als die veröffentlichten Zusammenfassungen auf der Webseite des Uno-Sanktionskomitees: „Die Geheimdienste haben Hinweise darauf", dass die Beschuldigten Terrorgruppen in diesem und jenem Land unterstützten, so heißt es jeweils, doch die Hinweise selbst werden unter Vorschützen der Geheimhaltungszwänge nicht preisgegeben.

Die Webseite des Uno-Sanktionskomitees bietet separate Zusammenfassungen für ein Dutzend verschiedene Zweige der Haramain-Stiftung. Doch in der Substanz steht überall der gleiche Vorwurf:

Der Gründer und Leiter der Haramain Islamic Foundation, Aqil Abdelaziz al-Aqil, und die Haramain-Zweigstellen in Bosnien und Herzegowina, Somalia, Indonesien, Kenia, Tansania, Pakistan, Afghanistan, Albanien, Bangladesh, Äthiopien, den Niederlanden, auf den Komoren und in den Vereinigten Staaten von Amerika haben finanzielle, materielle und/oder technologische Unterstützung für Usama Bin Ladens Netzwerk geleistet, dazu gehört auch die Jemaah Islamiyah (in Indonesien), Al-Ittihaad al-Islamiya (in Somalia), der ägyptische Islamische Jihad und die Lashkar-e Tayyiba (in Pakistan). Diese Terrorgruppen bezogen Finanzhilfe von al-Haramain und nutzten diese als eine Fassade für Spendenaktionen und operative Aktivitäten.

Es heißt weiter, dass die Haramain-Niederlassung in Bosnien mit der ägyptischen Gamaat al-Islamiah verknüpft war. Letztere hatte Bin Ladens Manifest der „Islamischen Weltfront für den Jihad gegen die Juden und die Kreuzfahrer" von 1998 mit unterzeichnet. Nach der Schließung in Bosnien eröffneten im August 2003 Safet Durguti und Shafiq ben Mohammed al-Ayadi, zwei Terrorverdächtige auf der Kaida-Liste, die Niederlassung neu unter dem Decknamen Vazir. Diese wurde später auch wieder geschlossen. Geht man den genannten Gruppierungen nach, so stößt man endlich auf konkrete Verbrechen, etwa die blutigen Bombenanschläge von 2002 auf Nachtklubs in Bali, die Attentate von Mumbai 2008 oder eine ganze Reihe von Attentaten auf ägyptische Politiker in den 1980er Jahren. Doch fassbare Einzelheiten über die Anklage der Finanzierung solcher Operationen fehlen wieder. Es bleibt bei verzettelten Zeitungsberichten über die Handlungen gewisser korrupter Angestellter der Haramain-Zweigstellen. So heißt es, die Haramain sei schon 1998 nach den Anschlägen auf US-Botschaften in Kenia und Tansania erstmals mit Terrorismus in Verbindung gebracht worden, als Nairobi die Organisation aus dem Land verbannte. Doch die Medien in islamischen Ländern waren bei jeder Schließung einer Niederlassung voller empörter Berichte über Waisenhäuser in Somalia und Schulen in Pakistan, die infolge plötzlichen Finanzmangels ihre Kinder auf die Straße schicken mussten. Nach dem pakistanischen „Mujtama Magazine" vom Januar 2005 führte die Kampagne der Amerikaner und der Uno gegen „korrupte" islamische Wohlfahrtsorganisationen aus Arabien dazu, dass eine halbe Million afghanischer und 200.000 kaschmirische Flüchtlinge ihre humanitäre Unterstützung verloren; über 100.000 Witwen und Waisen standen hilf- und mittellos da, Bauprojekte von Moscheen, Spitälern und Waisenhäusern wurden eingestellt.

Al-Haramain war nur eine der großen islamischen Wohlfahrtsorganisationen, die unter Feuer kamen. Ein Forscher des Center for Security Policy in Washington setzte die Zahl von 70 Milliarden Dollar in die Welt, die allein Saudi-Arabien zwischen 1975 und 2002 für teils zweifelhafte islamische Projekte und Hilfe in aller Welt ausgegeben habe. Auf der Webseite des Uno-Sanktionskomitees stehen unter anderem zwei Hilfswerke von vergleichbarer Größe wie die Haramain: die International Islamic Relief Organization und die Global Relief Foundation. Die Amerikaner verfolgten mit dem Statuieren einiger Exempel wie der Haramain-Stiftung sichtlich das Ziel, möglichst viel von dem schwer durchschaubaren Geflecht der islamischen NGOs abzuholzen. So fassten es jedenfalls die NGO-Aktivisten auf, und sie sprachen von einem wahren Massaker unter den islamischen Wohltätigkeitsorganisationen. „Die Amerikaner haben das Image arabisch-islamischer NGOs seit dem 11. September stark geschädigt", klagte ein muslimischer NGO-Experte während einer Tagung in der Schweiz. „Die Lage der saudischen Organisationen ist übel, und es wurde sogar vorgeschlagen, es sollten dort überhaupt keine NGOs mehr toleriert werden." „Das amerikanische Vorgehen gegen die NGOs entspricht nahezu einer Strategie des Kriegsrechts", so ein anderer. Die saudische NGO Assembly of Muslim Youth beklagte seit dem 11. September einen Einbruch ihrer Einkünfte um 40 Prozent, ihr Leiter führt das auf die Furcht der Spender zurück, sie könnten mit amerikanischen Auflagen in Konflikt geraten.

Viele Staaten beugten sich ganz einfach dem amerikanischen Druck. Sie begannen, die Guthaben möglichst vieler muslimischer Wohlfahrtsorganisationen festzusetzen und ihre Tätigkeiten zu beobachten. Das britische Hilfswerk Interpal wurde vom US-Schatzamt auf den Index der terroristischen Unternehmen gesetzt mit dem Vorwurf, es unterstütze die Hamas. Die staatliche Charity Commission hatte schon 1996 die Organisation wegen angeblicher Zahlungen an die Hamas überprüft, doch keine greifbaren Hinweise gefunden. Als Reaktion auf die amerikanische Maßnahme setzte die Kommission die Interpal-Guthaben fest und führte eine zweite Untersuchung durch. Die Amerikaner lieferten keinerlei belastendes Material, und die Untersuchung endete im September 2003, wieder ohne irgendeinen Vorwurf. Die Kommission gab die Guthaben frei, doch der Eintrag auf der Schwarzen Liste der USA blieb. Dadurch erlegten die amerikanischen Behörden auch den britischen Banken einen Boykott gegen Interpal auf. Die Gruppierung konnte deshalb gar nicht mehr über ihre Guthaben in Großbritannien verfügen, bis sie ihren gesamten Zahlungsverkehr auf die Islamic British Bank verlegte. Diese hatte kein Amerika-Geschäft und war deshalb für die USA nicht erpressbar. Das Vertrauen der Interpal-Donatoren war jedoch durch den Eingriff und den belastenden Schatten nachhaltig geschädigt.

Die palästinensischen Autonomiebehörden waren schon Jahre vorher von den Israeli in die Zange genommen worden. Im August 2003 erließen die Palästinenser eine Verfügung an alle Banken, sie müssten die Konten von zwölf islamischen NGOs festsetzen. Schätzungsweise 90 Prozent aller islamischen Hilfswerke in den Palästinensergebieten wurden lahmgelegt. Die Israeli nahmen die Dinge auf ihre eigene, rücksichtslose Weise an die Hand. Am 25. Februar 2004 erstürmten die Besetzertruppen die größeren Banken in Ramallah und konfiszierten Millionen von Dollar an „verdächtigen" Guthaben, sie luden Computer und Dossiers ein, um ihren Vorwurf der Finanzhilfe für die Hamas zu überprüfen. Der Leiter der Islamic Assembly, einer größeren NGO im Westjordanland, erklärte, seine Organisation habe Ende Januar 2004 das Ende ihrer Finanzmittel erreicht. Ihr Budget war zuvor jährlich 50 Millionen Dollar, sie versorgte 20.000 Waisen, 50.000 bedürftige Familien, sie bezahlte Stipendien für 10.000 Studierende und ermöglichte die Ausbildung von 20.000 Kindern in Kindergärten und Primarschulen. Ein gängiger Vorwurf israelischer und amerikanischer Beamter war, die palästinensischen Hilfswerke kümmerten sich um die Kinder und Hinterbliebenen von Selbstmordattentätern, und darin liege eine Förderung des Terrorismus. Dagegen warfen die Anhänger von Wohlfahrtsorganisationen ein, kein Hilfswerk in der Welt könne dazu gezwungen werden, hungrige Kinder zuerst danach zu befragen, welches die politische Neigung oder der legale Status ihrer Eltern sei.

Nach dem Hamas-Putsch von 2007 in Gaza wollten sich die Autonomiebehörden in Ramallah als Saubermänner hervortun und reformierten alle islamischen Wohlfahrtsorganisationen (Zakat-Komitees) im Westjordanland. So unterstellten sie alle 92 registrierten Komitees elf neuen zentralen Ausschüssen für jede Provinz. Später richteten sie einen zentralen Zakat-Fonds ein, der per Dekret zum Eigentümer sämtlicher Guthaben der verschiedenen Komitees wurde – eine an Konfiskation grenzende Entmündigung von hoch angesehenen und leistungsfähigen Organisationen. Der Fonds hatte nun ihre Tätigkeit und ihr Finanzgebaren in Zusammenarbeit mit dem Finanzministerium und den Sicherheitsdiensten zu überwachen. Die Folge war ein massiver Einbruch der Spendeneinnahmen und eine Schwächung der Hilfsaktivitäten, weil die Geber, die die Zusammenarbeit mit lokalen, überschaubaren Organisationen gewöhnt waren, den neuen, parastaatlichen Strukturen misstrauten. Obwohl damit der neue Ministerpräsident Fayad jeden Verdacht auf verdeckte Terrorfinanzierung auszuräumen glaubte, hielten Israel und Amerika weiterhin an ihren Vorwürfen gegen die islamischen Wohlfahrtsorganisationen fest.

So entwickelte sich – über die behördlichen Schikanen unter den NGOs hinaus – eine breite Vertrauenskrise des Publikums gegenüber den muslimischen

NGOs, die sich in Amerika und Europa in einer sinkenden Spendenbereitschaft niederschlug. Die Behörden ihrerseits hielten ihre Beiträge für islamische Partner in den Hilfswerken zurück. NGO-Aktivisten verlangten von den Behörden ihrer Länder, sie sollten zuverlässige Kriterien für die Zulassung von NGOs einführen und sich dann aber auch darauf stützen, um die amerikanischen Angriffe gegen die Organisationen abzuwehren. NGOs und rechtsstaatlich gesinnte Behörden fanden sich zusammen in Anläufen, um entsprechende Richtlinien festzulegen. Mitunter ertönte der Ruf nach dem Erstellen „Weißer Listen", also Inventaren von glaubwürdigen Gruppierungen, denen die Behörden saubere Geschäftsführung attestierten. In den USA tat sich eine Reihe von NGOs mit saudischem Hintergrund 2004 in der Friends of Charities Association (FOCA) zusammen. Die Gruppierung legt den Akzent auf Transparenz der Mitglieder und Selbstkontrolle in der Buchführung. Mit einem Programm zur Schaffung entsprechender Fachkompetenz in den NGOs strebt die FOCA nach Wiederherstellung des Vertrauens unter den Behörden und auch in Geberkreisen.

Großbritannien verließ sich auf seine staatliche Charity Commission, die die bestehenden Organisationen einer Qualitätsprüfung unterzieht. Die Kommission hält in einem Leitfaden für Militante fest: „Terroristische Umtriebe von Wohltätigkeitsorganisationen kommen äußerst selten vor." Eine Dachorganisation britischer NGOs namens National Council for Voluntary Organisations, unter dem Vorsitz des Oberhausabgeordneten Lord Plant of Highfield, stellte im Januar 2007 in einem umfassenden Bericht fest, dass nur ein verschwindend geringer Teil der britischen Wohlfahrtsaktivität Anlass zur Besorgnis wegen Terrorfinanzierung gab.

Wir räumen ein, dass eine sehr reale Bedrohung für wohltätige Organisationen durch den Terrorismus besteht. Doch die bisher vorgeschlagenen Gegenmaßnahmen waren überaus grobschlächtig: So wurde angenommen, dass der ganze Sektor der Wohltätigkeit gefährdet sei, weil eine kleine Anzahl von NGOs in Untersuchungen über terroristische Umtriebe verwickelt war. Doch in Tat und Wahrheit beträgt die Gesamtzahl der Wohlfahrtsorganisationen in Großbritannien rund 169.000, worunter über 1.000 muslimische, und die Zahl der untersuchten Gruppierungen ist im Vergleich verschwindend klein. ... Der Anstoß zu alledem kam zum großen Teil aus Amerika. Die USA führten die Praxis der „freiwilligen" Beschränkungen gegen NGOs ein, insbesondere gegen Geldgeber, und immer mit dem Unterton möglicher Strafverfolgung. Das US-Schatzamt hat die Möglichkeit, Organisationen zu proskribieren, obwohl sie nur in anderen Ländern tätig sind, zum Beispiel in Großbritannien, ohne dass sie dafür irgendwelches Beweismaterial den zuständigen Behörden oder der betroffenen Organisation vorlegen müssten.

Der Bericht besorgt sich auch über einige Initiativen in Europa, etwa den Beschluss der Finanz-Taskforce (FATF) der OECD von 2001 über verschärfte Auflagen für NGOs, den Vorschlag eines NGO-Verhaltenskodex in der EU oder die Bemerkungen des britischen Schatzkanzlers 2006, wonach zahlreiche NGOs dem Risiko des terroristischen Missbrauchs ausgesetzt wären. Die Wirkung solcher Maßnahmen beurteilt der Bericht mit deutlichen Worten:

Diese Entwicklungen hatten negative Auswirkungen auf NGOs, insbesondere auf solche mit Aktivitäten in muslimischen Bevölkerungsschichten oder in Gebieten mit großer Terrorgefahr. Dies wurde unterstrichen durch Anschuldigungen von terroristischen Umtrieben gegen einige Organisationen, meist mit wenig oder überhaupt keinen konkreten Anhaltspunkten. Man muss sich auch darüber besorgen, dass Antiterrorgesetze auch völlig legitime NGO-Aktivitäten eingeschränkt hat, etwa die Hilfsleistungen in Teilen der Welt (Terrorism Act 2000). (…) Maßnahmen zur Einschränkung der Risiken für NGOs wurden ohne Zutun dieser Organisationen entwickelt, und sie verraten wenig Verständnis für die NGOs oder die Umstände, unter denen sie arbeiten. Deshalb dürften diese Maßnahmen wenig Wirkung entfalten, wenn sie nicht überhaupt kontraproduktiv sind.

Es werden Stimmen von NGO-Experten zitiert, wonach „die bestehenden britischen Gesetze gegen Terrorfinanzen erschreckend breit angelegt sind. Sie sind blind für die Zielsetzung der betroffenen NGOs und sind offenbar darauf aus, in gewissen Teilen der Welt jegliche Wohlfahrtsaktivität zu unterbinden".

Als Beleg dafür, dass die NGO-Community selbst mit Übergriffen umgehen kann, nennt der Bericht die Moschee des berüchtigten ägyptischen Predigers Abu Hamza al-Masri in Finsbury Park in London. Die Charity Commission unterwarf die Moschee im Juni 1998 auf Klagen der Trägerschaft einer Überprüfung. Die Trägerschaft beklagte sich, dass die Moschee von Abu Hamza und seinen Anhängern übernommen und für politische Zwecke missbraucht werde. Der Verdacht ging nach Medienberichten dahin, dass der hitzköpfige Prediger Jugendliche als Jihad-Freiwillige für Afghanistan mobilisierte. Vertreter der Trägerschaft wagten gar nicht mehr, in ihrer Moschee Spenden zu sammeln und fühlten sich dort fremd. Die Kommission behielt die Moschee langfristig im Auge, und 2001 fand sie Tonbandaufnahmen von Predigten, die sie als hetzerisch und gewaltschürend einstufte. Im April 2002 verlangte die Kommission die Absetzung von Abu Hamza, die Trägerschaft entzog ihm im folgenden Dezember das Mandat. In der Folge blockierte sie auch ein Bankkonto, über das nur Abu Hamza Verfügungsgewalt hatte und das den anderen Mitgliedern der Trägerschaft unbekannt war. Die Moschee wurde später mit einer anderen Trägerschaft und Verwaltung wiedereröffnet.

Das Schweizer Außenministerium lancierte 2005 die Montreux-Initiative mit dem Ziel, NGOs und politische Kreise aus dem Westen sowie Wohlfahrtsorganisationen aus der islamischen Welt für die Ausarbeitung gemeinsamer Richtlinien für NGOs zusammenzubringen. Es ging darum zu beweisen, dass eine NGO mit Hilfe von solidem Management und finanzieller Selbstkontrolle das Risiko terroristischer Umtriebe ausschalten kann. Dies sollte auch der Anerkennung eines internationalen Qualitätslabels, der Abwehr von Sanktionen und der Erleichterung der Befreiung betroffener Organisationen von Uno- oder anderen Sanktionen dienen.

Ein Dokument mit dem Titel „Montreux Initiative Conclusions" sollte einen Verhaltenskodex liefern, doch der Aufbau einer förmlichen Prüfungsinstanz für muslimische NGOs misslang. Die Initiative zum Aufbau einer Zertifizierungsbehörde versandete 2007 infolge der Kritiken von beiden Seiten und weil sich keine staatlichen Partner dafür fanden. Zwar sollte die Initiative vorbeugend wirken, um einen Eintrag von NGOs auf den Terrorlisten von vornherein zu vermeiden. Doch muslimische Partner hielten den Schweizern vor, sie könnten nicht garantieren, dass islamische Organisationen tatsächlich von der Terrorliste gestrichen würden, wenn sie sich entsprechend den Richtlinien von Montreux wohlverhielten. Die Schweizer führten den Dialog mit muslimischen NGOs in etwas bescheidenerem Rahmen fort, um weiter Barrieren gegen die Arbeit von NGOs abzutragen.

Über großzügige Definitionen und böswillige Haarspaltereien

In diesem Kapitel erfährt man, wie die Ausgrenzung der Feinde zum Aufbau einer Spitzelgesellschaft führt und wie man mit einer scheinbar harmlosen Liste den Nahostfrieden zurechtbiegt.

Definitionen gelten in den exakten Wissenschaften als Ausgangspunkt für solide Ableitungen und scharfe Schlüsse, die den Ausblick in neue Felder der Erkenntnis eröffnen. In dem etwas weniger exakten Bereich der Justiz und erst recht in der schmiegsamen Kunst der Politik sind Definitionen oft ein Sprungbrett für überaus kühne Höhenflüge, die mitunter mit Landungen in ungeahnten Gefilden der Spitzfindigkeit, der Perversion und des Zynismus enden.

So wurde die Zugehörigkeit zu der Kaida oder den Taliban zunächst einmal definiert, und zwar reichlich dehnbar, um eine möglichst weit reichende Schwarze Liste für das ganze Umfeld der Terroristen zu ermöglichen. Im Juli 2005 kam der Sicherheitsrat dann unter Druck, den Begriff etwas enger zu fassen. Deshalb lieferte er in Entschließung 1617 eine genauer umschriebene Definition:

Handlungen oder Aktivitäten, die andeuten, dass eine Person, eine Gruppierung, eine Einrichtung oder eine Entität mit al-Kaida, Usama Bin Laden oder den Taliban verbunden (associated) ist, sind:

Teilnahme an der Finanzierung, Planung, Erleichterung, Vorbereitung oder Verübung von Akten der Genannten, unter deren Namen, in deren Namen oder zur Unterstützung von;

Liefern, Verkaufen oder Übertragung von Waffen und zugehörigem Material an;

Rekrutierung für;

oder anderweitige Unterstützung von ihren Akten und Aktivitäten der Kaida, Usama Bin Ladens oder der Taliban oder irgendeiner Zelle, eines Ablegers, einer Splittergruppe oder Ableitung davon.

Diese vermeintliche Einschränkung spannte den Bogen in Tat und Wahrheit aber nochmals so weit wie möglich, indem sie im vierten Punkt irgendwelche Aktivitäten der Verdächtigen einschloss, und wenn es die Leitung eines Waisenhauses oder eine Hilfsaktion für Bedürftige wäre. Die Uno übernahm hiermit die ursprünglich von der israelischen Rechten geschaffene Generalkategorie der „terroristischen Infrastruktur", wozu eben auch die mildtätigen und die zivilpolitischen Dachorganisationen und Abteilungen der verdächtigten Kampfgruppen gehören. Das Resultat ist, dass jeglicher einigermaßen nachhaltige oder kooperative Kontakt mit irgendeinem Repräsentanten einer der Gruppierungen auf der Schwarzen Liste verboten wurde.

Schon im Jahre 2001 hat die Europäische Union diese Gummiparagraphen der Uno erkannt und ihre eigenen Akzente anders gesetzt. In der Gemeinsamen Position 931 vom 27. Dezember 2001 legte die EU ihre eigenen Kriterien der Terrorbekämpfung fest. Dort wird einerseits die automatische Übernahme der Uno-Sanktionen gegen Kaida und Taliban bekräftigt, und im entsprechenden Text steht in der deutschen Version, dass „die Gelder von Usama Bin Laden und der *mit ihm assoziierten Personen und Körperschaften* eingefroren" werden. Wo nun aber die EU in autonomer Weise ihre eigene Terrorliste für andere Personen und Körperschaften bestellt, heißt es: „Dieser Gemeinsame Standpunkt gilt im Einklang mit den Bestimmungen der nachstehenden Artikel für die im Anhang aufgeführten Personen, Vereinigungen und Körperschaften, die *an* terroristischen Handlungen *beteiligt* sind." Terroristische Handlungen werden auch sofort in einer Liste mit elf Paragraphen umschrieben, diese gehen von Anschlägen auf Personen und öffentliche Einrichtungen bis zu Geiselnahme, Entführung von Flugzeugen und Schiffen sowie Störung der öffentlichen Wasser- und Stromversorgung. Das vagste Kriterium lautet: „Beteiligung an den Aktivitäten einer terroristischen Vereinigung einschließlich durch Bereitstellung von Informationen oder materiellen Mitteln oder durch jegliche Art der Finanzierung ihrer Aktivitäten in dem Wissen, dass diese Beteiligung zu den kriminellen Aktivitäten der Gruppe beiträgt." Das Wissen um kriminellen Vorsatz wird noch eigens vorausgesetzt, sodass keine Verantwortlichkeit bei Missbrauch von Spendengeldern oder Dienstleistungen durch die Terroristen daraus konstruiert werden kann.

Die viel großzügigere Lesart der Definitionen, ähnlich wie bei der Uno, wurde in einem Entscheid des US-Supreme-Court vom 21. Juni 2010 ausdrücklich für die amerikanische Strafjustiz bekräftigt. In dem Fall „Holder versus Humanitarian Law Project" ging es um die Zulässigkeit von Beratungsarbeit zugunsten von Gruppierungen auf der Terrorliste, falls sich diese Beratung ausschließlich auf legale oder friedliche Aktivitäten der fraglichen Organisation, zum Beispiel Konfliktlösung, bezieht. Der Gerichtshof befand mit einer Mehrheit von sechs gegen drei, dass diese Art der materiellen Unterstützung solcher Gruppierungen verboten ist. Damit stützte er die ausgreifende Auslegung der US-Regierung für das Gesetz gegen „materielle Unterstützung" ausländischer Terrorgruppen. Entsprechend empörten sich dann Vorkämpfer von

Bürgerrechtsgruppen, etwa Ex-Präsident Jimmy Carter im Namen seines Zentrums für Friedensförderung. Carter beklagte sich, dieser Entscheid verhindere die Arbeit humanitärer Gruppierungen, die im Dienste der Konfliktlösung gezwungenermaßen mit Organisationen in Kontakt treten müssten, die bisher einen bewaffneten Kampf geführt hätten. Er meinte: „Wir werden wohl gelegentlich mit einer Strafklage gegen unsere Arbeit zur Verbreitung von Frieden und Freiheit rechnen müssen."

Der Gerichtspräsident machte geltend, der Entscheid respektiere die politischen Erwägungen des US-Kongresses und der Regierung in Washington. Diese hielten dafür, dass jegliche Art der Unterstützung für Terrorgruppen, auch rein friedliche, den Gewalttätern zusätzliche Ressourcen für ihre Verbrechen zur Verfügung stelle. Überdies hebe solche Hilfe auch das Ansehen der Terrorgruppen, die dann wiederum leichter um Mitglieder und Spenden werben könnten. Er lobte die entsprechende Gesetzesbestimmung als präventive Maßnahme, die nicht direkt Terrorakte bestrafe, sondern die vorbereitende Unterstützung, die nachher diese Taten ermögliche. Die fragliche Hilfsaktivität hatte sich an die srilankischen Tamil Tigers und an die türkische Kurdenorganisation PKK gerichtet. Ihre Militanten sollten im humanitären Recht und Völkerrecht ausgebildet werden, um diese bei der Konfliktlösung zu nutzen. Weiter sollte die PKK den Umgang mit Uno-Repräsentanten erlernen, um deren Hilfe anfordern zu können. Die beiden Gruppierungen stehen auf der Terrorliste des Staatsdepartements, zusammen mit rund 50 anderen als terroristisch bezeichneten Organisationen. Unter ihnen sind auch die Kaida, die palästinensische Hamas und der libanesische Hizbullah.

Denkt man diesen Beschluss des US-Supreme-Court linear weiter, so landet man auch bei einem Verbot rein humanitärer Hilfe von NGOs wie dem Internationalen Rotkreuzkomitee (IKRK), Médecins Sans Frontières (MSF) und den nationalen Rotkreuzgesellschaften. Das Uno-Sanktionskomitee hat sich bisher nicht explizit von dieser Auslegung losgesagt. IKRK, MSF und andere führen eine ganze Reihe von Feldspitälern in Konfliktgegenden, wo auch Gruppierungen auf der Schwarzen Liste aktiv sind. Humanitäre Grundsätze verbieten ihnen die Diskriminierung zwischen Angehörigen der einen oder anderen Konfliktpartei, ethnischen oder religiösen Gemeinschaft. Wer einen verletzten „Terroristen" pflegt, gibt potentiell seiner Gruppierung später wieder einen Kämpfer zurück. Das IKRK fördert überdies unter den Kämpfergruppen aktiv die Kenntnis des humanitären Völkerrechts, allein schon um die Unterscheidung zwischen legitimen militärischen Zielen einerseits und geschützten Bevölkerungsgruppen und auch IKRK-Delegierten andererseits klarzumachen. Genau die scheint im Verbotsbereich des amerikanischen Richtspruchs zu liegen. Ob es später einmal Folgen für die US-Finanzbeiträge zum Beispiel an das IKRK hat, bleibt abzuwarten: Amerika ist der größte einzelne Geldgeber des Rotkreuzkomitees.

Diese Vorgehensweise zur Ächtung der Terroristen hat noch weiter reichende Folgen. Was geschieht zum Beispiel mit Journalisten, die in der Analyse des Geschehens in Afghanistan, den besetzten Palästinensergebieten, in Kaschmir oder Sri Lanka die Aktivitäten proskribierter Gruppen durchleuchten und auch deren soziale Aktivitäten unter der Bevölkerung hervorheben? Kann man sie wegen der Hebung des Ansehens von Terrorgruppen verklagen? Wie steht es mit einer Bank oder Fluggesellschaft, die einer Person auf der Schwarzen Liste Dienste leistet? Müssen diese im Falle eines Gerichtsverfahrens aktiv ihre Unschuld beweisen? Was ist mit einem Arzt, der einen Schwerkranken pflegt, ohne vorher Nachforschungen anzustellen, ob es sich vielleicht um einen qualifizierten Terroristen handelt?

Die Liste lässt sich beliebig um alle Aspekte des täglichen Lebens verlängern, wo jemand einem anderen – vielleicht einem Individuum auf einer Schwarzen Liste – zur Hand geht. Wird mit dieser breitestflächigen Auslegung der Terrorsanktionen die Menschheit in eine Spitzelgemeinschaft umdefiniert, die sich vor jeder Handreichung gegen das unbekannte Gegenüber absichern muss? Natürlich müssen solche „Verbrechen" zuerst von einem „wachsamen Bürger" oder einer Behörde erkannt werden, die dann Klage erheben. Natürlich gilt der gesunde Menschenverstand auch in diesen Gebieten. Und natürlich argumentieren die Urheber solcher Gesetze mit der Daumenregel: „Ich erkenne Terrorismus sofort, wenn ich ihn sehe." Aber ist des einen Freiheitskämpfer nicht des anderen Terrorist? Und über die Auswüchse an „Common Sense" in Gerichtsurteilen, die von opportunistischen oder gewinnsüchtigen Anwälten angestrengt werden, kann man immer wieder staunen. Ist es wirklich weise, derart weit greifende Werkzeuge zur Ächtung gewisser Personen und Gruppen in die Welt zu setzen?

Ein Bericht des ECCHR (European Center for Constitutional and Human Rights, „Blacklisted", Berlin 2010) enthält eine Reihe bizarrer Gerichtsfälle rund um die Terrorlisten. Die britische Justiz war in den letzten Jahren mit dem Fall „M and others vs. HM Treasury" beschäftigt, den schließlich am 29. April 2010 das EU-Gericht in Luxemburg schlichten musste. Die Klage war durch mehrere Ehefrauen von Personen auf der Uno-Terrorliste angestrengt worden, die unter Einschränkungen des britischen Schatzamtes zu leiden hatten. Großbritannien setzte die Sanktion nach Maßgabe der entsprechenden EU-Regulation (881/2002) um, die die Uno-Listen automatisch für die Union als verbindlich erklärt. In der einschlägigen Uno-Resolution (1390) steht unter anderem, dass den Personen auf der Liste „weder direkt noch indirekt" irgendwelche Gelder oder Ressourcen verfügbar gemacht werden dürfen. Das britische Schatzamt legte dieses „indirekt" so aus, dass auch Sozialhilfe für die Gattin eines mutmaßlichen Terroristen diesem zugute kommen könnte, weil sie ja einen Teil seines Lebensunterhalts bestreite und mithin einen Teil seiner Ressourcen für allenfalls verbotene Zwecke freigeben würde.

Das Amt schrieb also im Jahre 2005 vor, dass jegliche Sozialhilfe für die Ehepartnerin eines Mannes von der Terrorliste auf ein separates Bankkonto ausbezahlt werde. Das betraf auch Zuschüsse für niedrige Einkommen, Invalidenrente, Kinderzulagen, Wohnungszuschüsse und Unterstützung für Lokalsteuern. Doch die betreffende Frau musste dann eine besondere Genehmigung für die Auszahlung der Zulagen erlangen. Aufgrund einer solchen Bewilligung wurde nur eine beschränkte Summe ausbezahlt, nämlich das Minimum an Sozialhilfe für die Frau und alle ihre Kinder, aber unter Abzug des Gatten. Zudem hatte sie jeden Monat dem Schatzamt eine Abrechnung ihrer sämtlichen Ausgaben vom Vormonat vorzulegen, einschließlich aller Kassenbelege und eines Kontoauszugs von der Bank. Das Amt musste so überprüfen, dass keinerlei Ausgaben über das gesetzliche Minimum hinaus getätigt wurden.

Die Klägerinnen wandten sich zunächst an ein britisches Verwaltungsgericht, dann an die Berufungsinstanz, und wurden zwei Mal abgewiesen. So gelangten sie an das House of Lords als oberstes Berufungsgericht. Dieses wiederum holte beim EU-Gericht einen Vorabentscheid ein. Das Urteil aus Luxemburg gab den Klägerinnen umfänglich Recht und verwarf die Auslegung des britischen Schatzamtes. Das EU-Gericht sah keinen Hinweis darauf, dass die Sozialhilfe für Frau und Kinder als Terrorsubvention enden könnte, zumal die Zuwendungen an sich schon am strikten Minimum bemessen seien. Deshalb seien die Schikanen bei der Auszahlung aufzuheben.

Vor einem Gericht im New Yorker Stadtteil Brooklyn haben 2004 Angehörige von Terroropfern die Arab Bank angeklagt, sie habe wissentlich Spendengelder aus Saudi-Arabien an Familien von palästinensischen Selbstmordattentätern überwiesen. Die Kläger sind rund 100 Amerikaner und 700 andere Bürger, vor allem Israeli. Die Angeklagte ist eine der größten arabischen Banken mit Sitz in Jordanien, die von der angesehenen palästinensischen Shoman-Familie geführt wird und Guthaben und Umsatz von 50 Milliarden Dollar in insgesamt 30 Ländern ausweist. Das Netz der Niederlassungen der Bank überzieht insbesondere die arabischen Länder und die Palästinensergebiete unter Einschluss des Gazastreifens. Mithin war die Arab Bank das Institut der ersten

Wahl, als eine Bürgeraktion im Wahhabitenreich, das Saudische Komitee für die Unterstützung der al-Kuds-Intifada, Gelder nach Gaza transferieren wollte. Die Kläger behaupten, die Bank habe 2002 Zahlungen von je 5.316 Dollar an Hinterbliebene von palästinensischen Bewaffneten überwiesen, die bei Angriffen gegen Israel ums Leben gekommen waren. Unter diesen seien auch Selbstmordattentäter gewesen. Weiter habe die Arab Bank Konten für Personen und Organisationen unterhalten, die in terroristische Aktivitäten verwickelt waren. Genannt wurden die Hamas, der Islamische Jihad für Palästina, die al-Aksa-Brigaden und die Volksfront für die Befreiung Palästinas – alles Gruppierungen auf der Terrorliste des amerikanischen Staatsdepartements. Die Bank bestreitet, jemals wissentlich Terroristen bedient zu haben, ihre Dienstleistungen seien routinemäßig und völlig legal gewesen. Sie hat dem Gericht in Brooklyn Hunderttausende von Dokumenten ausgehändigt, um ihre Unschuld zu belegen. Doch Richterin Nina Gershon verhängte im Juli 2010 eine Strafe gegen die Arab Bank, weil diese sich „halsstarrig" dem Befehl nach Aushändigung von vertraulichen internen Unterlagen widersetze.

Die Richterin schrieb weiter: „Ich bin von den Darlegungen der Kläger überzeugt, wonach die zurückgehaltenen Bankdokumente beweisen würden, dass wiederholte Überweisungen von der Bank an Terroristen, terroristische Organisationen und ihre Strohfirmen sowie in deren Namen getätigt wurden." Um die Sache abzurunden, fügte sie hinzu, sie müsse beim heutigen Stand der Dinge die Geschworenen darauf aufmerksam machen, dass sie auf zusätzliche Dienste im Interesse der Terroristen schließen könnten, allein schon weil die Bank die Dokumente nicht herausgebe. Die Arab Bank machte ihrerseits geltend, sie habe ihre Unterlagen ausgehändigt, soweit die Länder, in denen sich die Niederlassungen befinden, ihr dies erlaubt hätten. Doch die Kläger verlangten auch interne Memoranden und Emails der Bank. Die Arab Bank hatte schon 2004 freiwillig eine Strafe von 24 Millionen Dollar bezahlt, weil sie in der New Yorker Filiale ungenügende Vorkehrungen gegen Geldwäsche getroffen hatte. Im Frühjahr 2010 schloss sie zwei ihrer drei Niederlassungen im Gazastreifen. Unterdessen legte sich die jordanische Regierung mit politischen Interventionen in Washington für die Bank ins Zeug. Sie warnte, eine Verurteilung würde gefährliche Spannungen im Nahen Osten heraufbeschwören. Die Kläger frohlockten jedoch nach der Strafverfügung vom Juni 2010 über die verständnisvolle Haltung der Richterin. Sie erwarten Ende 2011 eine Verurteilung der Arab Bank, womit diese wahrscheinlich ruiniert wäre. Ein solcher Präzedenzfall würde auch eine Lawine weiterer Klagen der gleichen Art gegen andere Finanzhäuser auslösen.

Ein Geschworenengericht in Dallas sprach im November 2008 die Wohlfahrtsorganisation Holy Land Foundation (HLF) und fünf ihrer Führungsleute schuldig, der Hamas über 12 Millionen Dollar an Spenden zugehalten zu haben, obwohl die Palästinensergruppe seit 1995 in Amerika auf der Schwarzen Liste steht. Die Strafen gingen von mehreren Jahren Gefängnis bis zu lebenslänglich. Die Schuldigen waren der HLF-Gründer Ghassan Elashi und seine vier Brüder. Die Anklagepunkte betrafen unter anderem die materielle Unterstützung für eine Terrorgruppe und Geldwäsche. Elashis Kusine ist die Gattin von Moussa abu Marzouk, dem heutigen zweiten Mann in der Exilführung der Hamas in Damaskus. Abu Marzouk hatte damals als Student in Amerika schon ein Netz für Spenden aufgezogen, mit dem die HLF zusammenarbeitete. Die Untersuchung gegen die HLF war 1993 durch die Aussage eines Palästina-Amerikaners namens Mahmud Salah ausgelöst worden, der von den Israeli monatelang wegen des Verdachts der Geldkurierdienste verhört wurde. Das FBI überwachte die HLF über Jahre und sammelte belastendes Material. Im Dezember 2001, unter der Wirkung des September-Terrors, verkündete Präsident Bush höchstpersönlich, gestützt auf den Exekutivbefehl 13244, die Schließung der HLF als „einer der wichtigsten Geldquellen des Hamas-Terrors". Im Sommer 2007 wurde in Dallas ein erstes Strafverfahren angestrengt, das jedoch mit einem Fehlschlag endete. Die Geschworenen konnten sich nicht auf ein Urteil einigen, weil die Beweislage trotz der langen Vorarbeit des FBI zweifelhaft blieb. Auch die Anklage mutete seltsam an: Während der Staatsanwalt von direkter Terrorfinanzierung sprach, argumentierten Regierungsvertreter, die HLF habe über 10 Millionen Dollar an wohltätige Zakat-Komitees in die Palästinensergebiete gesandt. Diese Komitees seien von der Hamas kontrolliert, sie unterhielten Spitäler und versorgten Arme und Hilfsbedürftige. Einige dieser Komitees erhielten noch 2006 Unterstützung von der staatlichen amerikanischen Entwicklungshilfeagentur United States Agency for International Development (USAID). Was an dieser Finanzunterstützung strafbar sein sollte, mit Ausnahme des Hamas-Eintrags auf der Terrorliste, war nicht offensichtlich.

Journalisten kommentierten nach dem gerichtlichen Schuss in den Ofen, das sei ein massiver Rückschlag für die Regierung, die zwar kurzerhand Organisationen schließen könne, aber dann keine Beweise für deren Schuldhaftigkeit zusammenbringe. Einer der Geschworenen meinte, wenn sich die Affäre um eine christliche oder jüdische Einrichtung gedreht hätte, so wäre wohl niemals eine Anklage zustandegekommen. Ein Jahr später präsentierte die Staatsanwaltschaft eine neue, von 200 auf 108 Punkte reduzierte Anklage mit soliderer Evidenz. Als dann der Schuldspruch zusammenkam, frohlockten

Angehörige der Staatsanwaltschaft, damit sei eine wichtige Wegmarke für die Unterdrückung der Terrorsponsoren gesetzt, die sich unter dem mildtätigen Mäntelchen versteckten. Der ehemalige Geheimagent Matt Levitt, der als Experte für die Hamas-Bewegung in beiden Prozessen ausgesagt hatte, erklärte, nun werde sich Amerika nicht mehr durch die verkappten Sympathisanten von Terrorgruppen melken lassen. Der Akademiker Peter Margulies, der auf Terrorfinanzierung spezialisiert ist, fand, die Regierung habe nun klargemacht, dass mildtätige Geldunterstützung für Angehörige eines Terroristen genau denselben Stellenwert habe wie eine Autobombe. Manch einer fragte, ob das an 12 Millionen Dollar statuierte Exempel den Riesenaufwand von über zehnjähriger FBI-Überwachung und zwei Geschworenenprozessen wert war. An dem Missverhältnis der fraglichen 12 Millionen Dollar zu dem tatsächlichen Budget der Hamas-Partei, das schon in den frühen Jahren bei 50 Millionen Dollar lag, und an der Behauptung, dass deren zentrale Geldquelle in den USA getroffen sei, hielt sich niemand auf.

Wer unter politischem Blickwinkel das Schicksal der Hamas-Bewegung als Ganzes betrachtet, der mag jene Gerichtsverfahren mit ihren spitzfindigen Erweiterungen in Amerika und Großbritannien geradezu als Kleingedrucktes betrachten. Denn der Listeneintrag der Hamas, der ursprünglich von den Israelis betrieben wurde, hat im Effekt die ganze Nahostpolitik Amerikas und der Europäischen Union nachhaltig verändert und die Möglichkeit einer friedlichen Regelung beeinträchtigt. Israel verbot die Hamas 1989, Amerika setzte die Gruppierung 1995 auf die Terrorliste, die EU folgte 2003 nach. Die Gründung der „Bewegung für den islamischen Widerstand", im arabischen Akronym Hamas (Harakat ul-mukawama l-islamia), war 1987 nach dem Ausbruch der ersten Intifada erfolgt. Die Anhänger der Muslimbruderschaft in Gaza erkannten damals, dass eine kleine, radikale Organisation namens Islamischer Jihad mit waghalsigen Angriffen gegen die israelischen Besetzerkräfte eine breite Welle des Widerstandswillens in der Bevölkerung ausgelöst hatte. Der Jihad lief damit der traditionell dominanten Fatah von Yasir Arafat völlig den Rang ab.

Um das Wasser auf ihre Mühlen zu leiten, brachten die Muslimbrüder den Widerstand als zentralen Punkt in ihr Programm ein und gründeten unter dem Namen Hamas einen militanten palästinensischen Ableger. In der Folge trat die Hamas gegenüber der Fatah immer als ebenbürtige politische Kraft auf, die eine Volksmehrheit zu vertreten behauptete. Die Israelis verfolgten dies eine Zeit lang wohlwollend, weil ihnen ein Gegengewicht zur Fatah und zu der PLO willkommen war. Die Unterdrückung des Aufstands durch die israelische

Armee wurde dann aber zunehmend brutal. Im Dezember 1992 deportierte Israel 415 Militante der Hamas und des Islamischen Jihads nach Südlibanon. Im April 1993 antwortete die Hamas erstmals mit einem Selbstmordanschlag. Es entspann sich eine Spirale gegenseitiger Gewalteskalation. Der jüdische Siedlerextremist Baruch Goldstein richtete im Februar 1994 unter muslimischen Betenden in der Ibrahim-Moschee von Hebron ein Massaker an, die Hamas organisierte als Racheakt eine Reihe von Selbstmordanschlägen gegen israelische Busse und Einkaufszentren, die israelischen Sicherheitsdienste ermordeten 1996 den „Bomben-Ingenieur" Yehia. 2004 brachten die Israelis dann durch gezielte Raketenangriffe auch den spirituellen Hamas-Führer, Scheich Ahmed Yassin, und den politischen Chef Abdelaziz Rantisi um. In den frühen 2000er Jahren schätzten die Israelis das Gesamtbudget der Hamas auf 50 Millionen Dollar, später wuchs es in die Hunderte von Millionen. Gespeist wurde es durch Spendengelder, hauptsächlich von privaten und staatlichen Gebern in den Erdölmonarchien, besonders Saudi-Arabien. Der iranische Anteil nahm von einigen Millionen bis später über 100 Millionen zu. Experten nehmen an, dass bis zu 90 Prozent des Budgets in soziale Aktivitäten flossen, Kliniken, Waisenhäuser, Schulen, Suppenküchen, Moscheen und Hilfe an Bedürftige. Die Angehörigen von getöteten Hamas-Kämpfern, auch von Selbstmordattentätern, waren immer prominent unter den Nutznießern.

Im Januar 2006 erntete schließlich die Hamas bei den Parlamentswahlen die Frucht ihrer konstanten Widerstandspolitik, während Arafats Fatah unterlag. Sie hatte sich angesichts ihres Misserfolgs mit der Friedenspolitik intern immer mehr zerstritten. Der Oslo-Verhandlungsprozess, bei dem die Fatah und die PLO sich ausdrücklich vom Gewaltgebrauch gegen Israel abgewandt hatten, trug nicht die erhofften Früchte, weil der jüdische Staat immer neue jüdische Siedlungen baute und sich für die Ewigkeit im Westjordanland einzurichten schien. Die Hamas übernahm nun im Frühjahr 2006 die Regierungsverantwortung und bildete ein Autonomiekabinett. Die USA drängten das Nahost-Quartett (Amerika, Russland, EU und Uno) dazu, von der Hamas ebenfalls den Gewaltverzicht im Namen der Autonomiebehörde einzufordern. Doch die Hamas hielt an ihrer doppelten Strategie von Verhandlungen und Widerstand fest. Israel wandte sein Prinzip der generellen Ächtung gegenüber einer Formation an, die auch einen bewaffneten – „terroristischen" – Arm unterhielt. Es hielt monatliche Zoll- und Steuerabgaben von 50 Millionen Dollar für das Konto der Palästinenserbehörde fortan zurück. Die USA und die EU blockierten im April 2006 ihre Hilfszahlungen. Damit entfielen schlagartig zwei Drittel der Gelder der Autonomieverwaltung, und die Hamas-Regierung stürzte in eine tiefe Finanzkrise. Doch auch politische Kontakte des Westens mit den Hamas-Ministern wurden völlig unterbunden. In der Folge willigten die Islamisten in eine Regierungskoalition mit der Fatah ein. Doch Israel und der Westen hielten ihren Boykott aufrecht, was die Lebensdauer der Einheitsregierung abkürzte. Bald gerieten die Sicherheitskräfte und Milizen der Fatah und der Hamas blutig aneinander, und der Streit eskalierte bis zum Hamas-Coup und der Machtübernahme im Gazastreifen im Juni 2007.

Mit Hilfe des Boykotts hatte Israel mithin die gewählte politische Vertretung des Palästinenservolkes zu Fall gebracht, von Stund an gab es keinen legitimierten Verhandlungspartner für einen Nahostfrieden mehr. Der Legislativrat konnte wegen der Spaltung nicht mehr tagen. Präsident Abbas ernannte ohne irgendeine Legitimation durch die Volksvertretung ein Notstandskabinett unter Ministerpräsident Salam Fayad, dem Amerika und der Westen sofort die politische Anerkennung aussprachen. Die Hamas ihrerseits konnte zwar auf ihren Wahlsieg pochen, blieb aber im Gazastreifen in ihrem „Hamastan", einer Art großem Freiluftgefängnis unter Totalblockade Israels, Ägyptens und der westlichen Welt machtlos eingeschlossen. Obwohl die Islamisten in Gaza bewiesen, dass sie zur Verwaltung eines ganzen zivilen Gemeinwesens fähig sind, bot niemand Hand zu einer politischen Öffnung. Israel achtete streng darauf, dass die USA und die EU im Korsett ihrer Ächtungspolitik aufgrund der Terrorlisten gefangen blieben. Mancher europäische Staat knüpfte zwar über geheime Emissäre Kontakte mit der Hamas, weil sie sich als unumgängliche politische Macht auf der Bühne etabliert hatte. Der israelische Feldzug gegen die Hamas 2008/2009 unterstrich noch den Kontrast: Wer nachher in dem massiv zerstörten Streifen Aufbauhilfe leisten wollte, kam um eine diskrete Zusammenarbeit mit Hamas-Behören kaum herum, doch andererseits musste sich die ganze politische Bewältigung der Nachkriegskrise auf die Regierung Fayad in Cisjordanien beschränken, die ja in Gaza überhaupt nichts auszurichten hatte. Israel stützte sich unterdessen auf die Terrorliste, um seine an Aushungerung grenzende Würgepolitik gegen den Gazastreifen fortzusetzen.

Der Bericht des European Center for Constitutional and Human Rights (ECCHR) hat auch eine Ausbreitung der Terrorlisten vom staatlichen Bereich in den Bereich der Privatwirtschaft nachgewiesen. Die Probleme mit fairen Verfahrensweisen und angemessenen Berufungsmöglichkeiten wachsen damit ins Exponentielle. Es beginnt damit, dass viele Staaten eine ganze Anzahl von Listen unterhalten, und über die öffentlichen, „konsolidierten" Terrorlisten hinaus auch noch viel breitere geheime Referenzsysteme. Die präventive Profilierung möglicher Risikopersonen treibt dort üppige Blüten. So umfasste im

Jahr 2008 schon die Interpol-Liste von „Terrorismusverdächtigen" 8.479 Personen, das sind gut 17 Mal mehr als die 1267er Liste der Uno. In Großbritannien unterhalten die Geheimdienste, das Innen- und das Außenministerium ein gemeinsames System der so genannten E-Borders, das die Namen aller einreisenden Personen mit einer Liste von möglichen Verdächtigen vergleicht. Sämtliche Passagiere werden bei der Ankunft nach einem dreistufigen Schema kategorisiert: Grün für unbedenklich, Orange für Personen, die nach diskreter oder spezifischer Überprüfung verlangen, und Rot für gesuchte Individuen. Die Zahl der orange oder rot markierten Namen in dem System ist nicht bekannt. Die Betroffenen in der Kategorie Orange werden per definitionem kaum je davon benachrichtigt, während von einer Rekursmöglichkeit gegen die Aufnahme in diese Kategorien gar nicht die Rede sein kann.

Auch die Europäische Union entwickelt nach dem ECCHR-Bericht ein ähnliches Kontrollsystem, das sich auf das Schengen-Informationssystem (SIS) stützt. Das SIS ist eine Sammelstelle für Einspeisungen aus den nationalen Polizei-, Justiz-, Grenzkontroll- und Migrationsbehörden sämtlicher Mitgliedsstaaten, das wiederum allen Mitgliedern als Mega-Blacklist für ihre Überwachungssysteme zur Verfügung steht. Die EU-Gesetze erlauben gegenüber Personen aus Nicht-EU-Ländern eine Einreisesperre aus Erwägungen der nationalen Sicherheit oder eine besondere Überwachung bzw. Überprüfung; auch die Verhaftung gesuchter Personen oder das Aufgreifen vermisster Individuen ist vorgesehen. Nach den jüngsten EU-Angaben umfasst das SIS 736.000 Einträge aus Sicherheitsgründen, worunter sich zahlreiche abgelehnte Asylbewerber befinden, und weiter 32.000 Vermerke zur Überwachung. Die einzelnen Mitgliedsstaaten haben große Bewegungsfreiheit für neue SIS-Einträge, womit sie mühelos ihre manchmal arbiträren Verfügungen aus der nationalen Ebene in zwingende Bestimmungen für den ganzen Kontinent verwandeln können. Es gibt auch kaum Vorschriften darüber, wann ein Betroffener über seinen SIS-Eintrag informiert werden muss. Somit sind die Rechtsprobleme in Sachen rechtliches Gehör mit denjenigen um die Uno-Terrorlisten vergleichbar.

„Die Zahlen des SIS", heißt es in dem ECCHR-Bericht, „stellen sogar diejenigen der vielfachen amerikanischen Schwarzen Listen in den Schatten. Die USA unterhalten verschiedene Terrorlisten, etwa die ‚Foreign Terrorist Organisations List' des Staatsdepartements, die ‚Terrorist Exclusion List', die Liste nach Exekutivorder 13224 für designierte Personen, deren Guthaben einzufrieren sind, und die Liste des Staatsdepartements für ‚State Sponsors of Terrorism', dazu kommen gesonderte Aufstellungen mit Verbrecherbanden, Drogenschmugglern und Narko-Terroristen. Es sind so viele Schwarze Listen und Watch Lists, dass die American Civil Liberties Union (ACLU) sich über die Schwierigkeiten beklagt, überhaupt eine zuverlässige Liste aller Listen aufzustellen." Besonders berüchtigt ist die „No-fly-list", die nirgends publiziert ist, aber eine zwingende Einschränkung für die Fluggesellschaften darstellt. Sie wird von zahlreichen Sicherheits- und Ordnungsbehörden bestellt. Nach Recherchen der New York Times vom April 2010 umfasst sie ungefähr 400.000 Personen, zu 97 Prozent Ausländer, doch nur 6.000 dürfen tatsächlich kein Flugzeug besteigen, während etwa 20.000 für besondere Überprüfung bei jedem Grenzübertritt vorgemerkt sind.

Da solche Listen auch für Privatunternehmen verbindliche Einschränkungen enthalten, stellen die Behörden sie einer ganzen Reihe von Geschäftszweigen zu. Neben den „No-fly-lists" der Sicherheitsbehörden figurieren da auch die „No-buy-lists" des Office for Foreign Assets Control (Ofac), einer Art Nachrichtendienst des US-Schatzamtes. Die Ofac-Liste umfasst über 6.000 Namen von designierten Personen, mit denen amerikanische Unternehmen keinerlei Transaktionen tätigen dürfen. Die Liste wird unter anderem an Finanzhäuser, Hypothekarinstitute, Sparkassen, Autohändler, Krankenkassen, Immobilieneigentümer und auch Arbeitgeber verteilt. Das amerikanische Lawyers' Committee for Civil Rights berichtete 2007 darüber, dass die Regierung zahlreiche Geschäftszweige dazu anhielt, jeden Kunden anhand der Schwarzen Liste zu überprüfen. Viele arglose Leute erlebten so bei irgendwelchen Geschäften große Schwierigkeiten, nur weil ihr Name einem Eintrag auf der „No-buy-list" ähnlich sah oder ganz einfach weil die Belegschaft nicht genügend ausgebildet für die Benutzung der Liste war.

Verstöße gegen den Terror-Finanzboykott haben strafrechtliche Folgen für die Geschäfte, deshalb sind diese zu entsprechenden Anstrengungen zu Gesetzeskonformität gezwungen. Daraus ergibt sich eine Angebotsnische für Dienstleistungen privater Auskunftsdienste, die gegen Entgelt die „Sauberkeit" eines potentiellen Kunden auf Grund der nationalen und internationalen Ausschlusslisten attestieren. So öffnen sich Tür und Tor für private Recherchen und Schnüffeldienste in einer schwer greifbaren Grauzone, wobei umfangreiche Dateien über „unzulässige" Kunden oder Geschäftspartner nach Maßgabe unzähliger Schwarzer Listen unterhalten und verkauft werden. Im Konkurrenzkampf werden solche Schnüffelagenturen einander noch darin übertreffen, weit über die offiziellen und staatlichen Listen hinaus denkbare „Verdächtige" und „nicht anzuratende Geschäftspartner" ausfindig zu machen. Wer hier als Arbeitsuchender oder als potentieller Käufer zu Unrecht an eine Wand der

Ablehnung rennt, ohne dass er eine detaillierte Begründung dafür erhält, der hat wenig Hoffnung auf spätere Aufklärung. Wie sollte er den Ursprung einer Fehlinformation über sich selber auf irgendeiner privaten Ausschlussliste ausfindig machen, geschweige denn sich dagegen wehren? Die Terrorlisten der Uno und der EU sowie der amerikanischen Behörden wirken hier als Katalysatoren für eine Gesellschaftsentwicklung, die dem alten Stasi-System der Überwachung aller alle Ehre machen würde. Anstelle der Blockwarte, die unter dem Loyalitätskodex der Staatspartei und unter der Verlockung kleiner Privilegien ihre Nachbarschaft bespitzelten, sind es Unternehmer der Privatwirtschaft, die unter dem Antrieb marktwirtschaftlicher Vektoren die potentielle Kundschaft belauern, um sie nach Maßgabe möglicher Listeneinträge in Verdachtskategorien verschiedener Gefährlichkeit einzuteilen.

Weder Orwell noch Kafka hatten es gewagt, derart weit zu gehen und die Überwachung der Bürger vom Staat direkt im „Do it yourself"-Verfahren an die Bürger auszulagern. Aber sie hatten sich auch noch nicht mit einer Bedrohung von der Art des Terrorismus auseinandergesetzt, die sich so leicht von einer Anfechtung des Staates und der Behörden zu einer Gefahr für die ganze Gesellschaft umdefinieren lässt.

Yassin Abdallah al-Kadi:
Vom Terrorverdächtigen zum Helden der Freiheit

In dem Kapitel erfahren wir, dass Herr Kadi sich selbst als ehrenwerten Mann betrachtet, dass er aber mit seinen wohltätigen und geschäftlichen Unternehmen häufig dort zu Werke war, wo die Grenzen zum gewalttätigen Jihad verschwammen.

„Kadi ist kein Mann, dem Sie Ihre Kinder anvertrauen würden", sagt mit leisem Sarkasmus der EU-Terrorzar Gilles de Kerchove. Yassin Abdallah Izzeddin al-Kadi ist fast täglich Gesprächsgegenstand der Terrorjäger. Er ist ein besonders flüchtiges Wild, dem sie zwar längst die vielfachen Würgeschlingen der Sanktionen angelegt haben, aber sie können seiner doch nicht habhaft werden. Am 30. September 2010 hat er zu allem Ärger noch einen Urteilsspruch des Luxemburger Gerichts der Europäischen Union erhalten, womit die Festsetzung seiner Guthaben in den EU-Mitgliedsstaaten aufgehoben wurde. So ist Kadi für das ganze Establishment der Politiker, Beamten und Uno-Diplomaten gleichbedeutend mit rechtlichem Riesenärger. Für die NGO-Aktivisten ist er umgekehrt der Held des zivilen Widerstands gegen Willkürherrschaft der überstaatlichen Bürokratien. In den Augen vieler Muslime ist er ein guter Gläubiger und ein typisches Opfer westlicher Diskriminierung und Islamophobie.

Über die geläufigen Informationskanäle des Internets und der westlichen Medien ist es nahezu unmöglich, etwas anderes über Kadi zu erfahren als seine Gerichtsverfahren gegen die Terrorsanktionen. Er steht damit auch als klares Beispiel dafür, wie westliche Politinteressen die Medien- und Informationslandschaft der ganzen Welt entscheidend prägen können. Obwohl Yassin Kadi vor keinem Gerichtshof irgendeines greifbaren Verbrechens schuldig gesprochen ist, fungiert er überall nur im Zusammenhang mit den Zwangsmaßnahmen gegen Terrorunterstützung. Dass die Terrorsanktionen durch ihre ganze Anlage genau diese rechtliche Prüfung der Substanz von Vorwürfen gegen Kadi verhindert haben, steht im Westen immer auf einem anderen Blatt.

Yassin Kadi lebt in der saudischen Hafenstadt Jiddah, in einer Villa an der Küste des Roten Meeres. Die Büros seiner Holding-Firma, Yassin A. Kadi Establishment, sind im elften Stockwerk eines Geschäftshauses im Distrikt Ruwais. Er ist erfolgreicher Unternehmer und Geschäftsmann Mitte 50. Heute, sagt er, bewege er sich fast nur noch zwischen seiner Residenz und den Büros. In früheren Jahren galt er als Mann von Welt und reiste häufig. Kadi führt trotz der Finanzsanktionen einen einigermaßen luxuriösen Lebensstil mit Bediensteten und Luxuslimousinen. Er hat das Gehabe eines anerkannten Unternehmers und zählt viele große saudische Geschäftsleute zu seinen Freunden. Auch Leute, die auf der Terrorliste des Sicherheitsrates stehen oder vor Gericht als Terrorfinanciers angeklagt wurden, nennt er weiterhin Freunde, so den saudischen Financier Wael Julaidan und den palästinensischen Zwischenträger Mohammed Salah. Kadis Guthaben in Saudi-Arabien sind aufgrund der Uno-Sanktionen eingefroren. Das bedeutet dort, dass er zwar seine Kapitalanlagen bewirtschaften, aber kein Geld abziehen kann. Für seinen Unterhalt ist er, wie er etwas betreten eingesteht, auf die Unterstützung seiner Familie angewiesen. An Geld fehlt es ihm offensichtlich nicht, denn er hat in Amerika, Europa und in vielen anderen Ländern die besten und teuersten Anwälte angestellt, um sich gegen die Sanktionen und Terroranklagen zu wehren.

Kadi stammt aus einer vermögenden Familie saudischer Handelsleute. Er hat einen Hochschulabschluss als Ingenieur. Zwischen 1979 und 1981 lebte er in Chicago, wo er für das Architekturbüro Skidmore, Owings & Merrill arbeitete. 1981 traf er dort, wie er sagt, erstmals mit Usama Bin Laden zusammen, der in Chicago im Auftrag des Familienunternehmens junge Ingenieure anheuerte. In den späteren 1980er Jahren kam Kadi öfters nach Chicago als Vertreter eines Familienunternehmens für den Import medizinischer Artikel. Ende der 1980er Jahre trafen sich Kadi und Bin Laden wieder in Pakistan, wo sie beide die Mujahedin unterstützten. Zu dieser Zeit förderten auch die USA noch nach Kräften den Kampf der Mujahedin gegen die sowjetischen Besetzer in Afghanistan. Später investierten die Kadi und Bin Laden zusammen im großen Stil im Sudan. Dann will Kadi seine Beziehungen zu Bin Laden Mitte der 1990er Jahre abgebrochen haben, weil „Scheich Usama" immer stärker in den Antiamerikanismus verfiel. Er hält ihm auch vor, den Ruf des an sich gemäßigten Islam durch seine Jihad-Militanz großflächig geschädigt zu haben.

Kadi hatte verschiedene Geschäfte, unter anderem den Diamantenhandel als Teilhaber der Firma La Jolla in Kalifornien, die drei Minen in Südafrika betreibt. Über eines der Familienunternehmen der Bin Laden war er bei großen Diamantenhändlern eingeführt worden. Er trat in London und Dubai selbstsicher in Händlerkreisen auf, sprach perfekt Englisch und trug dunkle Anzüge wie alle anderen. Man beschreibt ihn als zuverlässigen Geschäftspartner. Über seine sonstigen Geschäfte und islamischen Wohlfahrtsaktionen sprach er allerdings nie.

Kadi gründete 1982 die mildtätige Organisation Muwaffak, die er bis 1987 führte; er investierte etwa 15 Millionen Dollar aus eigenem Vermögen und holte Beiträge von seinen saudischen Geschäftspartnern ein. Nach dem US-Schatzamt ist Muwaffak eine Frontorganisation für die Kaida, der sie mindestens 3 Millionen Dollar überwiesen habe. Die NGO hatte unter anderem Niederlassungen in Europa, Pakistan, im Sudan, in Somalia und Äthiopien, und sie lieferte Nahrungsmittel, Kleider und Medikamente an Bedürftige. In den 1990er Jahren hatte Muwaffak ihr Hauptquartier auf der Kanalinsel Jersey, als Untermieterin eines lokalen Treuhänders. Doch eine polizeiliche Untersuchung in Jersey ergab, dass die Firma dort keinerlei Geschäftsaktivitäten entwickelte. Der lokale Treuhänder zog sich nach zwei Jahren zurück. Auf der benachbarten Isle of Man hatten Kadi und einige saudische Partner auch ein kommerzielles Unternehmen mit dem gleichen Namen registriert. 1995 berichteten Zeitungen, dass Muwaffak die muslimischen Kämpfer in Bosnien finanziere. In Pakistan nahm die Polizei im gleichen Jahr den Leiter der Muwaffak-Niederlassung in Islamabad fest und durchsuchte die Büros. Der Mann wurde nach mehreren Monaten Untersuchungshaft ohne Anklage freigelassen. In Saudi-Arabien förderte ein Audit der National Commercial Bank von 1998 zutage, dass drei Millionen Dollar aus der Bank auf krummen Wegen an die Muwaffak und weiter an Bin Laden ausbezahlt wurden. Yassin Kadi bestreitet den Befund ebenso wie die Eigentümer der Bank. Kadi hatte der Bank unter anderem geholfen, islamische Investitionsvehikel zu entwerfen, die keine Zinsen involvierten.

In Amerika gab Kadi einem Institut für die Koranlektüre einen Kredit über 820.000 Dollar. Das FBI erklärte 1998, der Kredit sei in einen Immobilienhandel geflossen, der dem Geldwaschen diente; daraus seien 107.000 Dollar an eine Gruppe von Hamas-Militanten in die USA geflossen. 1993 nahmen die Israelis einen Amerika-Palästinenser namens Mohammed Salah fest, den sie als Geldkurier für die Transfers an die Hamas beschuldigten. Er wurde vor einem Militärgericht verurteilt. Nach seiner Rückkehr in die USA leiteten die Behörden dort ein Enteignungsverfahren gegen ihn und das Koraninstitut ein, wobei 1,4 Millionen Dollar an den Fiskus gingen, darunter auch der Gewinn aus dem Immobilienhandel mit Hilfe von Kadis Kredit. Ein amerikanischer Richter legte ein belastendes Dokument gegen Salah vor, das er auf dem Umweg über den israelischen Geheimdienst erhalten hatte. Danach räumte Salah im israelischen Verhör ein, er habe in Amerika 27 angehende Hamas-Kämpfer ausgebildet und dann zwei von ihnen auf seine Kosten nach Syrien zum Training mit Afghanistan-Veteranen gesandt.

In der Türkei investierte Kadi in den 1990er Jahren in die Firma BIM, eine Kette von Supermärkten. Er hatte gute Beziehungen zu einer Gruppe von Unternehmern im Umkreis von Ministerpräsident Recep Tayyip Erdogan. Der Regierungschef selbst erklärte im Juli 2006 gegenüber dem Lokalfernsehen: „Ich kenne Herrn Kadi gut. Ich vertraue ihm genau so wie ich mir selbst vertraue. Dass er Verbindungen zu einer Terrorgruppe hätte oder sie unterstützt, das halte ich für unmöglich." Einer der Eigentümer der BIM ist Cunayd Capsu, ein enger Berater von Erdogan. Im Oktober setzte die Türkei die lokalen Guthaben von Kadi fest, und später untersuchten die Behörden die Firmen mit den größten Kapitalanteilen von Kadi: Ella Film Productions und Caravan Exports. Ein Gericht hob die Kapitalblockade 2006 auf, doch wurde sie von einer höheren Instanz wieder in Kraft gesetzt. Ein Untersuchungsbericht aus dem türkischen Finanzministerium fand, dass Kadis türkische Firmen bis 2001 überaus große Summe verschoben hätten, einen Teil davon an NGOs und andere Einrichtungen, die auf der Uno-Terrorliste stehen.

Die Zusammenfassung des Uno-Sanktionskomitees wirft Yassin Kadi vor allem die Aktivitäten seiner Muwaffak-Stiftung vor. Diese operierte in den 1990er Jahren unter dem Dach des Maktab al-Khidamat (Büro für Dienstleistungen), des Vorläufers der Kaida in Peshawar. Als dieses 2001 in der Kaida aufging, schloss sich auch Muwaffak zusammen mit anderen NGOs der Terrorgruppe an. Kadi übertrug die Leitung der Europa-Niederlassungen von Muwaffak einem Mann namens Shafik Ben Mohammed al-Ayadi, der schon der Niederlassung in Bosnien vorstand. Ayadi war Kadi durch seinen Freund Wael Abdelfatah Julaidan empfohlen worden, der selbst als Kaida-Financier auf der Schwarzen Liste der Uno steht. Julaidan hatte zusammen mit Bin Laden in den 1980er Jahren in Afghanistan gekämpft. Ayadi operierte zu dcm Zeitpunkt, als Kadi ihn als Europa-Direktor anheuerte, im Auftrag von Bin Laden. Auch Ayadi hatte in den frühen 1990er Jahren in Afghanistan eine paramilitärische Ausbildung genossen. Dann begab er sich in den Sudan, um dort mit Bin Laden ein förmliches Abkommen über die Aufnahme und Ausbildung von Jihad-Freiwilligen aus Tunesien abzuschließen. Später vereinbarten sie mit Bin Laden, dass dessen Vertreter in Bosnien tunesische Militante aufnehmen sollten. Der Chef der ägyptischen Islamischen Gamaat, Talaat Fuad Kassem, sagte 1995, Muwaffak unterstütze eine muslimische Kampfbrigade in Bosnien mit Logistik und Geld. Die Stiftung war gemäß der Uno in die Förderung terroristischer Operationen dieser Kämpfer verwickelt, und sie hatte auch mit Waffenschmuggel von Albanien nach Bosnien und Herzegowina zu tun. Kadi war ebenfalls großer Aktionär einer Bank in Sarajevo und er besaß Anteile an mehreren Firmen in Albanien, die Geld an Extremisten weiterleiteten oder Jihad-Militante in führenden Stellungen beschäftigte, wo sie den Geldfluss kontrollieren konnten.

Doch all diese Anklagen wurden weder vor Gericht noch anderweitig mit Beweisen unterlegt. In der Schweiz schloss die Bundesanwaltschaft im Dezember 2007 eine sechsjährige Untersuchung gegen Kadi ohne Anklage ab.

Kadi strengte unzählige Verfahren an, von denen einige zwar einen Freispruch brachten, aber bisher doch seine Gelder nicht befreien konnten. Die betroffene Regierung berief sich dann jeweils auf ihre Verpflichtung gegenüber der Uno, um die Kapitalblockade aufrechtzuerhalten.

Was Kadi in aller Munde brachte, waren seine teilweise erfolgreichen Gerichtsverfahren gegen die Europäische Union. Kadi wurde zum letzten Mal am 30. September 2010 vor dem EU-Gericht in Luxemburg „freigesprochen", das heißt, das Gericht erklärte die Festsetzung seiner Guthaben in Europa nach Maßgabe der Uno-Resolution 1267 für illegal. Damit führte es die europäischen Behörden erneut an den Punkt des fundamentalen Widerspruchs: Einerseits sind sie verpflichtet, das eigene Gesetz zu respektieren und die Urteile des Gerichts zu befolgen. Doch andererseits haben sie auch das Völkerrecht umzusetzen, insbesondere die Sanktionsverfügungen des Sicherheitsrates. Die EU-Kommission und der Europäische Rat erhoben beide Einspruch beim EU-Gerichtshof gegen das Urteil. Kenner meinen, sie hätten gar keine andere Wahl, weil nämlich sonst das ganze Gebäude der gezielten Sanktionen – und somit der Autorität des Uno-Sicherheitsrates – in den Grundfesten erschüttert würde.

Kadis juristischer Krieg begann, nachdem er im Oktober 2001 vom US-Schatzamt und von der Uno auf die Schwarze Liste gesetzt worden war. Im Dezember verklagte Kadi, zusammen mit der in Schweden registrierten Al Barakaat International Foundation, die EU-Kommission. Er verlangte die Aufhebung der Kapitalblockade, die die EU in Umsetzung der 1267er Sanktionen verhängt hatte. Kadi machte geltend, die Blockade verstoße gegen seine Grundrechte, nämlich sein Anrecht auf rechtliches Gehör, auf Respektierung des Eigentums sowie auf gerichtliche Überprüfung einer behördlichen Maßnahme. Das EU-Gericht erster Instanz wies die Klage im September 2005 zurück. Es machte geltend, das Gericht könne die Rechtmäßigkeit der Verfügung der EU-Kommission nicht überprüfen, weil diese rein ausübend eine Bestimmung des Völkerrechts umgesetzt habe. Das EU-Gericht umging mithin die Herausforderung, über die Uno zu Gericht zu sitzen. Hingegen pochte es auf die uneingeschränkte Gültigkeit des „jus cogens", also der Grundrechte, die für alle Rechtssubjekte des Völkerrechts, die Uno eingeschlossen, unabdingbar sind. Und es machte sich anheischig, die Vereinbarkeit der Uno-Beschlüsse mit diesem zwingenden Völkerrecht zu kontrollieren. Im Fall Kadi al-Barakaat befand das Gericht allerdings, es sei kein jus cogens verletzt worden, weshalb die Klage abgewiesen wurde. Kadi und Barakaat legten im November 2005 Berufung beim EU-Gerichtshof ein. Sie argumentierten insbesondere, die EU-Kommission sei bei der Umsetzung von Verfügungen des Sicherheitsrates

111

gegen Individuen nicht davon entlastet, diesen die Gelegenheit zu einem Berufungsverfahren gewähren zu müssen. Der Gerichtshof gab im September 2008 Kadi und Barakaat Recht in einem Spruch, den die Bürgerrechtsaktivisten als bahnbrechend bezeichnen: Er stieß nämlich das Urteil der ersten Instanz um und befand, die EU müsse sehr wohl die Wahrung der Grundrechte in ihren Handlungen beurteilen, auch wenn diese durch Verfügungen des Sicherheitsrates bestimmt sind. Weiter urteilte es, die Verteidigungsrechte seien klar verletzt worden, insbesondere dasjenige auf rechtliches Gehör und das Recht auf wirksame gerichtliche Überprüfung. Der Generalanwalt – eine Art Rechtsberater – des Gerichtshofs, Miguel Poiares Maduro, hatte in seinem Gutachten diesen Weg vorgespurt. Er stützte sich wesentlich auf das Gründungsprinzip der EU, wonach die Gemeinschaft die Menschenrechte unbedingt beachten muss. Das Urteil der ersten Instanz sei zu kassieren, weil die Ansicht einer eingeschränkten Prüfungskompetenz gegenüber Verfügungen des Sicherheitsrates nicht haltbar sei. Er unterstrich, dass es EU-Gerichte sein müssten, die über die Auswirkungen von internationalen Verpflichtungen innerhalb des EU-Rechtssystems urteilen, und zwar gestützt auf die Bedingungen des EU-Gemeinschaftsrechts. Diesen Grundsatz – nämlich dass das EU-Recht und insbesondere die Respektierung der Grundrechte und des Rechtsstaats über die Übernahme internationaler Verpflichtungen bestimmt – nahm der Gerichtshof in seinem Urteil auf. Der Anwalt hatte spezifisch festgehalten: „Wenn es einen echten und wirksamen Mechanismus der gerichtlichen Kontrolle durch ein unabhängiges Gericht auf der Ebene der Vereinten Nationen gäbe, so hätte das vielleicht die EU ihrer Verpflichtung auf gerichtliche Prüfung von Umsetzungsmaßnahmen im EU-Rechtsrahmen enthoben." Damit legte er den Finger genau auf die wunde Stelle: dass der Uno-Sicherheitsrat keiner gerichtlichen Instanz unterworfen ist und dies aus dem Selbstverständnis der höchsten Warte des Regierungshandelns für die ganze Staatengemeinschaft auch auf keine Weise will. In seinem Urteil unterstrich der Gerichtshof, die Institutionen der EU seien zwingend an die Grundrechte gebunden, deshalb müssten sie für Personen auf der Sanktionsliste garantieren, dass diese ausreichend über die Gründe für ihren Listeneintrag informiert würden und diese Rechtfertigung vor einer unabhängigen Instanz anfechten könnten.

Die EU-Kommission versuchte den Richtspruch von dieser Bestimmung her aufzurollen. Sie stellte Kadi und Barakaat die Zusammenfassung der Uno-Begründung vom 1267er Sanktionskomitee zu und lud sie ein, darauf zu antworten, sodass ihr Standpunkt gebührend gewürdigt werde. Zugleich hielt die EU aber die Sanktionen gegen die beiden Parteien aufrecht mit der Begründung, sie habe nun dem rechtlichen Gehör Genüge getan. Kadi verlangte allerdings in seiner Antwort von der EU Beweise für die Vorhaltungen des Uno-Sanktionskomitees, und er führte seinerseits mögliche Beweise für seine Unschuld an. Die EU will diese geprüft haben, ging aber nicht darauf ein. Entsprechend reichten Kadi und Barakaat im Januar 2009 eine neue Klage beim EU-Gericht der ersten Instanz ein, um den bekräftigten Listeneintrag anzufechten. Das Uno-Sanktionskomitee strich später Barakaat von der Liste, doch für Kadi räumten Insider im New Yorker Glaspalast keine Chance auf Befreiung von der Zwangsmaßnahme ein. Er erhielt dann allerdings am 30. September 2010 in Luxemburg Recht, und das Gericht verlangte die Aufhebung der Kapitalsperre. Die Kammer fand das „umso mehr gerechtfertigt, als die Grundrechte von Kadi, der seit fast zehn Jahren einer Regelung unterliegt, durch die seine gesamten Mittel für unbestimmte Zeit eingefroren sind, durch die Zwangsmaßnahmen in erheblichem Maße und dauerhaft beeinträchtigt würden."

Die Richter machten in ihrem Spruch deutlich, dass sie sich allmählich auf den Sanktionsmechanismus eingeschossen haben. Sie präzisierten diesmal, dass die Prüfung der Sanktionsverfügung auch auf die Substanz der Anschuldigungen im Uno-Sanktionskomitee eingehen müsse. Mit anderen Worten wollten sie nun erstmals die Kernfrage beantwortet haben: Ist die Person, die auf die Terrorliste gesetzt wurde, tatsächlich ein Terrorist?

Es hieß in dem Urteil:
Diese Kontrolle muss sich indirekt auf die Tatsachenfeststellungen, die der Sanktionsausschuss selbst getroffen hat, und auf die Beweise beziehen, die diesen Tatsachenfeststellungen zugrunde liegen.

Mit einer scharfen Spitze gegen die EU-Kommission befindet das Gericht,
dass die Verteidigungsrechte von Herrn Kadi nur rein formal und dem Anschein nach „geachtet" worden sind. Die Kommission hat die Stellungnahme von Herrn Kadi nicht gebührend berücksichtigt, so dass er seine Auffassung nicht zweckdienlich geltend machen konnte. Außerdem hat das Verfahren, das die Kommission nach dem Ersuchen von Herrn Kadi durchgeführt hat, ihm nicht den geringsten Zugang zu den ihm zur Last gelegten Beweisen geboten. In Wirklichkeit ist ihm dieser Zugang trotz seines ausdrücklichen Ersuchens verweigert worden, ohne seine Interessen gegen das Erfordernis abzuwägen, die Vertraulichkeit der in Rede stehenden Informationen zu schützen. (…) Unter diesen Umständen reichen die wenigen Informationen und die vagen Behauptungen in der Zusammenfassung der Gründe offenkundig

nicht aus, um Herrn Kadi die Möglichkeit zu geben, die gegen ihn erhobenen Beschuldigungen in Bezug auf seine angebliche Teilnahme an terroristischen Aktivitäten wirksam zu widerlegen. Außerdem hat die Kommission keine ernsthaften Bemühungen unternommen, um die Entlastungsbeweise zu entkräften, die Herr Kadi in den wenigen Fällen vorgebracht hat, in denen die gegen ihn erhobenen Beschuldigungen so präzise waren, dass er verstehen konnte, was man ihm vorwarf.

Um das Maß voll zu machen, fügten die Richter in obiter dicta, in nicht bindenden Bemerkungen noch hinzu, der neu geschaffene Mechanismus der Ombudsperson an der Uno genüge der Anforderung einer wirksamen Prüfung durch ein unabhängiges Gericht keineswegs.

Mit diesem jüngsten Urteil rückten die europäischen Richter in die Tabuzone des Uno-Sicherheitsrates vor. Die Weltorganisation hatte bis dahin das Ringen nur im Bereich der Verfahrensmängel abwickeln können, und mit der Ernennung einer Ombudsperson glaubte sie, die Kritiken abgewendet zu haben. Damit wollte der Sicherheitsrat den Entscheid über die Proskription eines Verdächtigen im politischen Bereich behalten, um gestützt auf die Ratschläge der Geheimdienste rasch und diskret handeln zu können. Doch nun verlangt die Justiz unmissverständlich ein ordentliches Gerichtsverfahren für jeden einzelnen Fall auf der Liste, und zwar unter Vorlage handfester Beweise. Das bedeutet, dass das geheime belastende Material der Nachrichtendienste auf den Tisch kommen müsste, und dass der Entscheid nicht mehr in einem kleinen politischen Gremium gefällt werden kann, sondern in einer länger dauernden Rechtsprozedur mit mehreren Instanzen.

Ein abschließendes Urteil des EU-Gerichtshofes erwartet man erst etwa im Jahr 2012. Damit war für den EU-Sanktionsmechanismus vorerst wieder etwas Zeit gewonnen. Das Gleiche galt auch für die Uno, die ja in Luxemburg implizit immer mit verurteilt wurde. Doch so wie das Urteil der ersten Instanz abgefasst war, schien es wenig Raum für die Erwartung eines gegenteiligen Entscheides in höherer Instanz zu lassen. So dürfte eine grundlegende Erschütterung des ganzen Uno-Sanktionsregimes nur noch eine Frage der Zeit sein.

Für Yassin Kadi selber sah die Sache allerdings weniger günstig aus. Denn wenn die Amerikaner und ihre Geheimdienste sich selbst einigermaßen ernst nehmen, so müssten sie ihre zähen Vorwürfe der letzten zehn Jahre gegen Kadi auch vor Gericht irgendwann untermauern. Nach den offiziellen Auskünften liegt die Schwierigkeit ja im Schutze der Geheimdienstarbeit und der verdeckten Informanten, nicht in der Substanz der Anklagen. Würde dann also Yassin

Kadi in aller Form zum Terroristen oder Terrorfinancier gestempelt? Er strengte in den Jahren seit 2001 Prozesse in zahlreichen Ländern an, sie reichten bis nach Albanien und in die Türkei. Einen bedeutenden Sieg errang er am 13. September 2010 vor dem Distriktsgericht Süd-New York. Der Richter wies sämtliche Klagen gegen Kadi zurück, die Angehörige der Opfer von 9/11 aufgrund des Eintrags auf der 1267er Kaida-Liste angestrengt hatten. Die Kläger hatten von Kadi und einer Reihe anderer mutmaßlicher Kaida-Unterstützer Wiedergutmachung in der Höhe von drei Milliarden Dollar verlangt. Der Richter wies jeglichen vernünftigen Zusammenhang zwischen Kadi und den Mega-Terroranschlägen von der Hand. Aber das klärt das undurchschaubare Netzwerk der Kadi-Firmen an den muslimischen Konfliktschauplätzen noch nicht auf. Kadi selbst erklärte nach dem Urteil: „Ich bin ein unschuldiger Mann. Und jedes Mal wenn ich eine faire Gelegenheit erhielt, konnte ich die Anschuldigungen gegen mich entkräften. In all meinen Aktivitäten, seien sie persönlicher, wohltätiger oder geschäftlicher Natur, habe ich niemals Usama Bin Laden oder die Kaida unterstützt, und ich hatte auch nie diese Absicht. Ich verurteile die Operationen der Kaida vom 11. September und auch danach. Ich und andere, wir sind die Opfer eines finanziellen Guantanamo, das niemals mehr enden will, seit sich die ursprünglich vorübergehenden Maßnahmen zu permanenten entwickelt haben."

Doch ist es überhaupt noch möglich, nach einem derart langjährigen Prozess der vagen, aber düsteren Anschuldigungen und nebligen Hinweise die eigene Unschuld lupenrein zu beweisen?

Europas Rezept: Terrorbekämpfung auch mit Soft Power

In diesem Kapitel gibt sich der EU-Terrorzar Gilles de Kerchove als Bürgerrechtskämpfer, er vertraut aber zugleich auf das präventive Eingreifen der Geheimdienste. Und er ruft nach einer politischen Debatte darüber, wie weit die Sicherheitskräfte gehen dürfen.

„Ich habe überhaupt keine Kompetenz für praktische Bekämpfungsmaßnahmen", sagt der Koordinator für die Terrorbekämpfung der Europäischen Union, Gilles de Kerchove. Merkwürdiges Konzept für einen, der als Einpeitscher die 27 so verschiedenartigen Mitglieder der EU auf einen gemeinsamen Kurs bringen und im Krieg gegen die Jihad-Extremisten vorantreiben soll. Aber so ist es. Es sind die 27 Regierungen, die sich ihre nationale Sicherheit und deren Werkzeuge als Herzstück der Souveränität vorbehalten. Geheimdienst, Sicherheitskräfte, Polizei und Armee unterstehen meist direkt dem jeweiligen Regierungschef. So ist der EU-Terrorkoordinator zwar der Leiter einer Nervenzentrale und ein Vielflieger im Kontakt mit allen Mitgliedern, aber eben ein machtloser Bürokrat.

Umgekehrt ist er alles andere als eine graue Maus auf den Filzteppichen der EU. Nach den unzähligen, fast meterhohen Papierstapeln in seinem Büro in Brüssel zu schließen, zieht es ihn nicht zum Genuss des amtlichen Privilegienspecks, sondern zur vertieften Auseinandersetzung mit Gedrucktem. De Kerchove ist ein belgischer Staatsrechtsprofessor, der Lehraufträge an verschiedenen Universitäten des Landes innehatte. Die markanteste unter den zahlreichen staatlichen Verwaltungsaufgaben, die er auch versah, war als Stellvertretender Sekretär der Konferenz zur Redaktion der Grundrechtscharta der Europäischen Union. Ab 1989 diente er in der belgischen Regierung als Kabinettschef zweier Justizminister, dann des Verteidigungsministers, nachher wechselte er in die Direktionsetage der EU-Justizverwaltung. De Kerchove ist mithin bestens gerüstet für eine Diskussion über die Nahtstellen zwischen Polizeiarbeit, Verbrechensbekämpfung und dem Schutz der Bürgerrechte.

Er verteidigt zur Lahmlegung der Terroristen bewusst ein präventives Werkzeug, womit man ihre Finanzquellen möglichst vor der Tat austrocknet und auch ihren Mitläufern das Reisen verbietet. Das ist etwas anderes als die gerichtliche Ahndung von Verbrechen, wobei ein ordentlicher Prozess geführt würde. Um rasch wirksam zu werden, müssen die Präventivschritte reine Verwaltungsmaßnahmen bleiben, die die gerichtlichen Wege einer neutralen Beurteilung und des Rekurses kurzschließen. „Natürlich müssen wir möglichst Willkür verhindern und den Rechtsweg in die Kampfmaßnahmen einbringen", räumt de Kerchove ein, „doch wenn das Ganze völlig verrechtlicht wird, dann wird es zu einem stumpfen Instrument." Ob der Glaube an die unfehlbare Gerechtigkeit der Repressionsapparate, der für ein solches Vorgehen Voraussetzung ist, mit dem Grunde seines Herzens verwachsen ist oder nur im Netz seiner Aufgaben als Einpeitscher der Terrorjäger, das ist in der Diskussion nicht aus ihm herauszuholen.

„Die EU kann weder selbst einen eigenen Geheimdienst aufbauen noch Spionage betreiben", wirft de Kerchove ein, um seinen Aktionsrahmen abzustecken. „Die aktive Terrorbekämpfung obliegt den Mitgliedsstaaten. Die Einträge auf der Schwarzen Liste besorgen die Polizeiapparate und Geheimdienste der Mitglieder. Aufgrund des Lissabonner Vertrags hat die Union eine wirksamere Rolle, vor allem als Gesetzgeberin. Das stärkt auch den Terrorkoordinator als Umsetzer dieser Regeln." Die EU-Kommission hat zum Beispiel festgelegt, welche Straftaten von den Mitgliedern als terroristische Handlungen verfolgt werden müssen. Dazu zählen auch die öffentliche Aufforderung zur Begehung von terroristischen Akten, die Anwerbung für terroristische Unternehmen und die Ausbildung dazu. Das ist die Antwort auf die Tatsache, dass nach den Beobachtungen der Europol weiterhin eine Anzahl militanter Leute aus Europa in Konfliktgebiete reisen und sich dort in militärischen Ausbildungslagern schulen lassen, bevor sie mit terroristischem Rüstzeug nach Europa zurückkehren.

De Kerchove sagt: „Ich versuche, die Bedürfnisse der Mitgliedsstaaten und ihrer Behörden aufzunehmen. Und ich muss diese anhalten, die Antiterrorstrategie der EU von 2005 so dynamisch wie möglich umzusetzen. Darin bin ich sehr aktiv, aber das bleibt auf der Ebene der Politik. Ich bin kein Mann der Aktion." Die EU-Staaten sollen nach diesem Programm von 2005 gezielt gegen die Netzwerke und Personen vorgehen, die angehende Gewalttäter anwerben. Weiter haben sie die Stimmen der Mäßigung zu fördern, um die Hetze der Extremisten mit Empfehlungen der Demokratie und Gerechtigkeit zu übertönen. Einzelne Länder haben besondere Programme entwickelt. So arbeitet Großbritannien an den Medien und der strategischen Kommunikation, Spanien bildet Imame (Vorbeter) lokaler Moscheen in den europäischen Grundwerten aus, Dänemark entwickelt Ansätze gegen die Radikalisierung von Randgruppen und Deutschland untersucht den Missbrauch des Internets für terroristische Zwecke. Im Jahr 2008 schuf die EU-Kommission das Europäische Netz der Experten für Radikalisierung. In den Seminaren dieses Netzwerks geht es um die Untersuchung von europäischen Brutstätten für angehende Terroristen, und die Zivilgesellschaft wird in die Bemühungen von Stadt- und Gemeindebehörden einbezogen, um der Radikalisierungstendenz entgegenzuwirken.

Der EU-Koordinator de Kerchove berichtet dem Europarat alle sechs Monate über diese Fortschritte. „Ich besuche unterdessen laufend die Mitglieder", sagt er. „Das ist eine große Baustelle, das geht von der Terrorverhütung bis zum Zivilschutz im Falle eines Anschlags. Und sie umfasst die Zusammenarbeit von Polizei, Zollbehörden, Justiz und Strafvollzug bei der Verfolgung der Terroristen, den Schutz wichtiger Infrastrukturen, etwa des Verkehrs, der Recherche im Sicherheitsbereich, des Cyber-Raums, und schließlich die Förderung von Aufbauprogrammen in kritischen Ländern wie Jemen, Somalia, Pakistan, Bangladesh oder im Sahel-Raum. Aber die Garantierung der alltäglichen Sicherheit, das ist nicht meine Aufgabe. Ich erarbeite gemeinsame Positionen, die allen Mitgliedern entsprechen und ein integriertes Vorgehen untermauern. Doch es liegt nicht an mir zu sagen, Herr Dupond oder Durant gehöre auf die Schwarze Liste."

De Kerchove erläutert das doppelte System der Terrorlisten in der EU. Die Union übernimmt auf der einen Seite die 1267er Liste des Uno-Sicherheitsrates für die Taliban und die Kaida. Auf der anderen Seite stellt sie eine eigene Liste für andere Terrorgruppen zusammen, die nur einige Dutzend Organisationen und Personen umfasst. Diese so genannte autonome Liste der EU umfasste mitunter die baskische ETA, die griechischen Terroristen, die irische IRA oder aber andere internationale Gruppen wie den peruanischen Sendero Luminoso; in der letzten Version vom Juni 2010 dominierten eher die Hamas und palästinensische Randgruppen sowie kurdische und lateinamerikanische Kampfbrigaden. Die Rechtsordnung der EU erlaubte aber jahrelang keine direkten Sanktionen gegen europäische Gruppierungen aufgrund der autonomen EU-Liste. Die einzige Folge war eine „verstärkte polizeiliche und gerichtliche Zusammenarbeit". De Kerchove räumt ein, dass dies „in Tat und Wahrheit ziemlich wenig bedeutete". Für äußere Gruppierungen hingegen folgte auch das Einfrieren ihrer Guthaben im EU-Bereich. Die Kapitalsperre auch gegen europäische Gruppierungen ist mit dem Vertrag von Lissabon hinzugekommen. Bei den Listen des Uno-Sicherheitsrates haben die EU-Mitglieder eine einheitliche und kollektive Umsetzung der Sanktionen durch die Union beschlossen. Das Einfrieren der Guthaben und die Reisesperre gegen die Terrorverdächtigen werden im Verein der 27 Mitglieder mittels gemeinschaftlicher Mechanismen vollzogen; doch es sind die Einzelstaaten, die die Verantwortung dafür tragen. Einzelne Mitglieder hatten im Moment des Entscheides noch gar nicht die gesetzlichen Grundlagen dafür geschaffen, doch dieser EU-Beschluss schuf ein einheitliches Regelwerk für alle.

De Kerchove unterstreicht, dass kollektives Handeln auch dem europäischen Binnenmarkt mit seinem integrierten Bankensystem und dem europäischen Finanzraum entspricht. „Es ist viel sinnvoller, eine einzige Entscheidung für 27 zu treffen, als 27 separate Entscheidungen. Das zweite hätte auch zu Problemen des Zeitpunktes geführt: Bankguthaben können innert Sekundenbruchteilen von einem Konto auf ein anderes in einem anderen Land abgezogen werden. Wenn beispielsweise Belgien auch nur mit zwei Sekunden Rückstand zu Frankreich fragliche Gelder festsetzen würde, so könnten diese unterdessen bereits auf die Kaiman-Inseln transferiert worden sein. Nach Maßgabe des gemeinschaftlichen Beschlusses werden sämtliche Banken in Europa zum gleichen Zeitpunkt alarmiert, das ist viel wirksamer."

So heißt es in dem Bericht der EU-Kommission vom Juli 2010 an den Rat und das Parlament stolz:

Die Achtung der Grundrechte und des Prinzips der Rechtsstaatlichkeit ist ein wesentliches Merkmal der Antiterrorstrategie der EU. Es dürfen keine Maßnahmen getroffen werden, die die Grundrechte in irgendeiner Weise schmälern. Darin hat die EU Vorbildfunktion, wobei die EU-Charta der Grundrechte als Orientierungspunkt für die gesamte Politik der Union dient. Diese Achtung ist nicht nur ein rechtliches Erfordernis, sondern auch eine Grundvoraussetzung, um das Vertrauen der verschiedenen staatlichen Behörden untereinander sowie generell in der Öffentlichkeit zu stärken.

Der Kontrast zum Vorgehen der USA und der Vereinten Nationen wird aus diplomatischen Rücksichten nicht erwähnt, doch ist er für jeden einigermaßen Eingeweihten klar ersichtlich. Die Europäer haben vom ersten Tag an eine viel klarere, enger gefasste Definition für die Zielgruppe ihrer Zwangsmaßnahmen gewählt. Hier muss jemand an terroristischen Handlungen „beteiligt" gewesen sein, ein vages „assoziiert" oder „verbunden … mit" wie bei den Uno-Resolutionen genügt nicht. Wer jedoch in einer europäischen Behörde als Terrorjäger wirkt, kommt nicht umhin, einen komplementären Charakter der beiden Systeme anzuerkennen. Und in den gezielten Sanktionen der Uno haben sich die beiden Tendenzen in den letzten Jahren gegenseitig beeinflusst. „Die Listen-Mechanismen der Uno und der EU wurden durch eine Reihe von Betroffenen angefochten", sagt de Kerchove, „teils vor dem Gericht der ersten Instanz, teils vor dem Gerichtshof in Luxemburg. In der Folge von Urteilen in Luxemburg, wonach die Grundrechte im Listenverfahren zu wenig respektiert würden, haben wir Europäer Druck auf den Sicherheitsrat in New York ausgeübt. Das führte zu zwei Entschließungen des Rates zur Verbesserung der Prozedur in den Jahren 2008 und 2009. Diese brachten einen besseren Schutz der betroffenen Personen, aber wir in Europa denken, dass man darin noch weitergehen könnte." So entstand das heutige hybride System einer präventiven Sanktion gegen Individuen und Gruppen, aber mit der Berufungsmöglichkeit einer Uno-Ombudsperson.

Auch die Europäische Union hat in der Folge von Niederlagen vor dem EU-Gerichtshof ihr internes Listenverfahren korrigiert. De Kerchove meint emphatisch: „In den Fällen Kadi und Volksmujahedin befand der Gerichtshof dann in den Jahren 2008 und 2009, dass wir den Rechtsstandards genügen." Die iranischen Volksmujahedin waren 2002 die ersten, die einen Listeneintrag vor einem EU-Gericht anfochten. Die Kammer urteilte 2006, dass der Eintrag in der Tat illegal sei, weil die EU-Kommission der Organisation anfänglich keine Begründung für die Maßnahme mitgeteilt hatte. Der Streit betraf einen Listeneintrag nach Uno-Resolution 1373, nicht die auf Taliban und Kaida beschränkte 1267, er hatte indes eine nachhaltige Wirkung auf alle gezielten EU-Sanktionen. Die Kommission passte ihr Verfahren den Kritiken des Gerichtes an. Dass sie daraufhin noch zwei Mal die Volksmujahedin auf die Schwarze Liste setzte und wieder zwei Mal vor Gericht unterlag, änderte nichts an der Gültigkeit des korrigierten Verfahrens. Die beiden folgenden Gerichtsentscheide stießen sich an der Substanz der Begründung, nicht an der Vorgehensweise. In Sachen Substanz beschritt die Kammer vor allem im Dezember 2008 neuen Grund. Die Richter hielten nämlich klar fest, dass die EU-Kommission sich nicht auf geheimes Belastungsmaterial für einen Listeneintrag stützen dürfe, wenn sie dieses nachher nicht für eine gerichtliche Überprüfung zur Verfügung stelle. Das würde einen Verstoß gegen die Verteidigungsrechte des Betroffenen darstellen. Damit wurden die Volksmujahedin endgültig von den EU-Sanktionen befreit. Die Geheimdienstunterlagen, die als vertrauliche – und auch in den veröffentlichten „Zusammenfassungen" des Uno-Ausschusses nicht preisgegebene – Grundlage für alle Einträge des New Yorker Sanktionskomitees dienen, waren damit auf der Ebene der EU ausgeschlossen. Aber die Grundfrage, ob die Betroffenen sich tatsächlich terroristische Umtriebe zuschulden kommen ließen, war auch damit noch nicht beurteilt.

Der Terrorzar de Kerchove kann aber auf dieser Basis ein rechtlich einwandfreies EU-Verfahren erläutern: „Wir gehen für die autonome europäische Terrorliste nun so vor: Als Erstes verfügen wir das Einfrieren der Guthaben. Wir können ja nicht zuerst die Betroffenen über unsere Absicht informieren – falls wir überhaupt wissen, wo sie zu finden sind. Denn wenn es wirklich Terroristen sind, so würden sie ja sofort ihr Geld abziehen. Also wird zunächst einmal eingefroren. Dann informieren wir die betroffene Organisation oder

Person über die Maßnahme, und dass sie diese anfechten und ihre Argumente vorlegen kann. Das bietet die Gelegenheit zu einer Auseinandersetzung zwischen dem EU-Rat und dem Betroffenen, worauf dann der Rat seine Verfügung entweder aufhebt oder bestätigt. Im zweiten Fall informieren wir die Betroffenen schriftlich. Doch weil die Adresse von Terroristen selten bekannt ist, veröffentlichen wir den Beschluss im Amtsblatt. Dabei wird klargemacht, dass die Verfügung vor dem EU-Gericht der Ersten Instanz angefochten werden kann. Dann kann das Gericht darüber befinden, ob die Elemente in unserem Dossier einen Eintrag in die Terrorliste rechtfertigen oder nicht."

Doch auch de Kerchove weiß in dem Dilemma um den Schutz geheimdienstlicher Arbeitsweisen noch nicht weiter: „Bei der Festsetzung von Geldern in Ausführung der Uno-Sanktionen haben wir allerdings noch einen Rekurs hängig im ‚Fall Kadi 2'. Dabei sollte sich der EU-Gerichtshof dazu aussprechen, ob aus dem früheren Fall Kadi ein Anspruch auf die Einsicht in das Beweismaterial erwächst. Das Gericht muss entscheiden, ob es das ganze Dossier anfordern will oder ob es sich mit der Begründung begnügt, die der EU-Rat beim Fällen seiner Entscheidung veröffentlicht. Falls das Gericht auf Einsicht in die Beweise beharrt, so stellen sich technische Probleme: Wir müssen die geheimdienstlichen Quellen schützen, und das europäische Gericht hat keine eigenen Sicherheitsprozeduren für die Behandlung von Geheimdienstmaterial, sodass wir etwas Entsprechendes – etwa wie in Amerika – einführen müssten. Das Dossier ist überdies in New York hängig, damit der Urheberstaat der Sanktion gegen Yassin Kadi (also Amerika, d. A.) Stellung nehmen kann. Wenn die Beweise auf einen infiltrierten Geheimagenten in der Kaida zurückgehen, so werden sie diesen nicht durch die Preisgabe seiner Informationen verbrennen. Das wäre sein Todesurteil."

Die wachsende Befrachtung des Listenverfahrens mit gerichtlichen Rekursen gibt de Kerchove zu denken. Er pocht zwar laufend auf die Unabdingbarkeit der Grundwerte und einer fairen Verfahrensweise, aber zugleich sieht er die Wirksamkeit der Listen in Frage gestellt: „Das Ziel des Mechanismus ist doch, Druck auf gewisse Organisationen auszuüben, damit sie ihr Verhalten ändern und auf den Terror verzichten. Die ursprüngliche Logik der Sache war eine reine Verwaltungsmaßnahme, nicht eine gerichtliche, und die bot eine große Flexibilität." Er meint damit, dass es anfänglich viel einfacher war, eine Person oder Einrichtung auf die Schwarze Liste zu bringen und sie gegebenenfalls zur Belohnung für eine Bekehrung auch wieder zu streichen. „Die Frage ist doch: Wollen wir ein wirksames Instrument erhalten oder nicht – natürlich unter Respektierung des Rechtsstaats." Doch sieht de Kerchove längst ganz andere Faktoren im Spiel: „Eine Anzahl von spezialisierten Anwälten hat hier einen großen Aufruhr veranstaltet, um sich ein Mahnmal zu errichten." Er schätzt, dass zum Beispiel Yassin Kadi sein ganzes Geld, das er in seinen zahlreichen Prozessen freikämpfen möchte, längst in der Form von Anwaltshonoraren verloren hat. Im EU-Gerichtshof sieht der Terrorkoordinator die Diskussion um den Raum für solche juristischen Spektakel laufen. Die Frage ist: „Soll es im Gericht eine marginale oder eine substanzielle Aufsicht geben? Im ersten Fall begnügen sich die Richter mit der veröffentlichten Begründung des EU-Rates für ihre Beurteilung, ob die Maßnahme vernünftig scheint. Und wenn gar keine Rechtfertigung ersichtlich ist, so wird die Sanktion verworfen. So verfahren auch die Verwaltungsgerichte in Frankreich und Belgien. Bei einer substanziellen Beurteilung müsste das Gericht hingegen die ganzen Unterlagen mit allem Beweismaterial prüfen. Aber hier stehen wir wieder am Scheideweg: Wenn Sie auf einem gerichtlichen Beweisverfahren beharren, so brauchen Sie gar keine Terrorlisten, keine Administrativmaßnahmen mehr. Sie verhaften die Verdächtigen und verurteilen sie in hergebrachter Weise. Präventiv können Sie dann allerdings nicht einschreiten. Sie nehmen die Verdächtigen fest, und ihre Guthaben konfiszieren Sie. Dann brauchen Sie keine anderen Mittel mehr, Sie gehen vor Gericht mit Berufungsinstanz und allem. Nehmen Sie Malika al-Aroud, die Witwe eines der Mörder von Ahmed Shah Massud in Afghanistan im September 2001: Sie wurde durch einen ganz gewöhnlichen belgischen Gerichtshof für ein terroristisches Verbrechen verurteilt. Die Leute hatten noch verschiedene Anschläge in europäischen Ländern geplant."

Dann seufzt de Kerchove: „Diese Debatte um den Respekt des Rechtsstaats lässt sich endlos führen, unter Studenten in den Seminaren und unter Anwälten, die unglaublich viel Zeit dafür haben. Aber sind die Leute, die auf der Liste stehen, wirklich einer derart breiten Debatte würdig? Sind das derart charmante Menschen? Man müsste einmal genau hinsehen, ob Herr Kadi wirklich ein Mann mit reiner Weste ist. Und dann sagen Sie mir, ob Sie auf unserer Liste einen ‚Fall Dreyfus' finden! Im Nahen Osten gibt es ziemlich reiche Leute, die mit ihrem Geld Hass, Mord und Terror finanzieren. Da darf man nicht naiv sein. Und mit einem Haufen Geld können sie sich die besten Anwälte der Welt leisten."

Die Diskussion würde ohnehin schlagartig wieder aufhören, wenn ein Terrorschock eine europäische Hauptstadt betrifft, meint de Kerchove. „Nach einem großen Attentat geht man unweigerlich viel weiter als sonst. Stellen Sie sich bloß vor, morgen würde der Bundestag in Berlin in die Luft fliegen, oder der Frankfurter Flughafen, oder ein Theater im Zentrum von Brüssel, und das

123

wäre ein Kaida-Anschlag mit 200 Toten. Man würde ohne weiteres drastisch durchgreifen, in einer Art, wie es sonst nicht möglich wäre. Auch rund um den 11. September haben wir Prozeduren mit eindeutigen Mängeln eingerichtet. Da war, etwas im Vorfeld, die Uno-Resolution 1267 in New York, und später in der EU der Gemeinsame Standpunkt 931. Deshalb haben wir nachher vor Gericht mehrfach verloren, auch vor nationalen Kammern. Ich denke, damals unter dem Schock des 11. Septembers wollte man vor allen Dingen starke und wirksame Mechanismen einrichten. Die Herausforderung meines Auftrags ist es nun, in unaufgeregter Weise ernsthaft, solide und ausgewogen eine Aktion zur Verhütung und Abwehr des Terrors zu betreiben."

De Kerchove wünscht sich, dass die Auseinandersetzung um die Terrorbekämpfung aus den Exekutiven in die Volksvertretungen verlegt wird. Denn nur durch einen politischen Beschluss der Abgeordneten lässt sich bestimmen, wie viele Einschränkungen der Freiheit eine Gesellschaft im Dienste erhöhter Sicherheit hinnehmen will. „Vielleicht sollten wir den gleichen Weg beschreiten wie die Amerikaner. Die haben in ihrem Patriot Act eine so genannte Sunset Clause, das heißt, sie verlangen, dass die Regierung sich nach einer Anzahl von Jahren im Parlament rechtfertigt und erklärt, weshalb sie eine Verlängerung der Vorkehrungen fordert. Wir hätten zum Beispiel die Maßnahmen auf drei Jahre beschränken können. Dann hätte man eine Parlamentskommission gebildet, um die Sache zu überprüfen. Ich denke ohnehin, dass die Debatte in den Parlamenten stattfinden sollte. Es liegt an den Abgeordneten, über solche Dinge zu beschließen, nicht an den Regierungen. Es handelt sich um einen gesellschaftlichen Grundentscheid: Wollen wir etwas mehr Freiheit und dafür etwas mehr Risiko, oder umgekehrt, mehr Sicherheit, aber mehr Einschränkungen? Es ist durchaus möglich, dass eine Gesellschaft beschließt, dass sie dynamisch und genügend widerstandsfähig ist, so kann sie auf größere Sicherheitsvorkehrungen verzichten. Sie lebt in absoluter Freiheit, es gibt keine Lauschangriffe der Geheimdienste, keine Einsicht in die Passagierlisten der Fluggesellschaften, keinen Zugang zu den Bankdaten. Wenn sie einem Anschlag zum Opfer fällt, so wird man eben sagen, wir halten an unseren Werten fest und machen unbeirrt weiter. Aber das ist wie an der Börse, andere mögen das Risiko nicht und ertragen dafür die staatlichen Eingriffe. Deshalb verlange ich in meinen Berichten immer wieder eine vertiefte Auseinandersetzung im Europäischen Parlament zum Thema, mit welchen Methoden die Geheimdienste Informationen sammeln dürfen. Dabei würden dann den Diensten klare Grenzen gesetzt, wie viel die Gesellschaft hinzunehmen bereit ist. In Europa haben wir eher Gesellschaften von mittlerem und höherem Alter, die akzeptieren wohl mehr Restriktionen, weil sie Sicherheit wollen. Aber in Asien zum Beispiel finden sich junge Bevölkerungen, die ganz anders denken."

Über die Arbeit im Brüsseler Sanktionsausschuss spricht de Kerchove fast wie von einer großen Versicherung oder Güterverwaltung. „Da sitzen keine Männer mit Kapuzen, die Geheimnisse krämern", scherzt er. „Im EU-Komitee für die Terrorlisten hat jeweils der Staat den Vorsitz, der auch den EU-Rat präsidiert. Am Tisch sitzen die Vertreter der 27 Mitgliedsstaaten, meist Leute aus den Rechtsdiensten. Ich selber nehme nur selten daran teil. Aber Vertreter aus unserem EU-Lagezentrum sind präsent, für den Fall, dass fundierte Auskünfte über irgendeine Organisation oder Person erforderlich sind."

Und wie kommt einer nun auf die schicksalhafte Liste, von der er vielleicht für viele Jahre nicht mehr wegkommt? „Ein Begehren für einen Listeneintrag kann vom Vorsitzenden des Komitees oder von irgendeinem Mitglied herrühren. Der Präsident hat vor allem Ersuchen von Drittstaaten außerhalb der Union einzubringen. Solche Begehren müssen ‚genährt' werden, das heißt sie müssen mit Verdachtsgründen aus einem Geheimdienstdossier belegt sein. Unsere Gemeinsame Position 931 gibt vor, dass hier irgendwelche Gerüchte nicht ausreichen. Es heißt klar, ein Beginn zu einer polizeilichen Ermittlung müsse vorliegen, aber ohne dass schon ein zureichender Beweis erbracht wäre. Die anderen Staaten entscheiden nicht in der gleichen Sitzung, sondern sie prüfen zu Hause mit ihren eigenen Nachrichtendiensten das Dossier, und diese beschaffen sich ihrerseits ein Maximum an Informationen von befreundeten Staaten. Nach einer bestimmten Zeitspanne tritt man wieder zusammen, um zu sehen, ob sich ein Konsens zu dem Fall abzeichnet oder nicht." Und hier sucht de Kerchove die Einwände gegen die Willkür der geheimen Staatsmacht zu zerstreuen. Er unterstreicht, dass die europäischen Länder keine Diktaturen, sondern Rechtsstaaten sind, wo die Amtsführung mehrfacher Kontrolle durch die Justiz, die Volksvertreter und die Presse unterworfen ist. Allerdings sagt er nichts über das Grundgesetz jeder politischen Verhandlung: Der eine muss seine Forderungen im Tausch für Anliegen des anderen durchsetzen, auch eine gerechte Sache muss irgendwann hinter die Rücksicht auf künftige Verhandlungspositionen zurücktreten, und der Kompromiss am Ende liegt nicht unbedingt im Interesse der Opfer. „Glauben Sie mir, bis unter den 27 Mitgliedsstaaten am Tisch Einstimmigkeit errungen ist …" stöhnt de Kerchove. „Da sind Staaten, die außerordentlich hohe Anforderungen an die Evidenz stellen, bis sie sich überzeugt geben. Wenn sie nicht befriedigt sind, legen sie einen Vorbehalt ein, und das kann die Prozedur um Jahre verzögern. Wir haben eine ganze Gruppe von hängigen Fällen, für die nie der nötige Konsens zusammenkam, und das geht weiter so, bis sie sich irgendwann erübrigen. Wenn das Komitee per Konsens einen Entscheid fällt, so muss dieser im EU-Rat noch gutgeheißen werden. Allerdings hat dieser bisher noch keine solche Verfügung abgelehnt. Das sind Beamte, die Anweisungen ihrer Regierung befolgen müssen. Wenn ein Land zum Beispiel Zweifel an einem Entscheid über einen srilankischen Fall hegt, so wird es von der eigenen Botschaft in jenem Land einen Bericht einholen. Es wird Informationen beim Nachrichtendienst verlangen. Man mag die Franzosen oder die Briten zu Rate ziehen, um sich eine vertiefte Meinung zu bilden. Da gibt es oft eine heftige Debatte. Das Gleiche gilt für die Überprüfung der Einträge. Periodisch müssen wir nachsehen, ob die ausreichenden Verdachtselemente für eine spezifische Sanktion noch gegeben sind oder ob wir den Namen streichen sollten. Wir haben uns möglichst weit an eine gerichtsfähige Prozedur angenähert, aber ein Unterschied bleibt zu unserer Methode der verwaltungstechnischen Festsetzung von Guthaben. Unsere rechtlichen Garantien werden auch vom Gerichtshof für Menschenrechte in Straßburg überwacht. Und das sind weltweit die besten Garantien, die man haben kann."

„Da ist noch etwas", fügt der Koordinator hinzu: „Weder in New York noch in Brüssel gab es in den letzten Jahren viele neue Begehren für Listeneinträge. Meine Meinung dazu ist, dass man vor lauter Verrechtlichung der Prozedur im Begriff ist, das Instrument abzustumpfen. Die Staaten sagen sich: Wenn man schon für die Terrorlisten quasi gerichtlich vorgehen muss, dann greifen wir lieber direkt zur traditionellen Justiz. Ich habe es immer gesagt: Das Verfahren muss flexibler sein. Wenn es sich nicht immer neu an die Lage anpasst, dann erfüllen die Listen ihren Zweck nicht mehr. Auch die relativ bescheidenen Summen, die festgesetzt sind, deuten eine Schwächung des Instruments an. Aber hier geht es über die Kriegskasse der Terroristen hinaus auch um ihre Finanznetzwerke. Wenn Sie ein Bankkonto kennen, dann sehen Sie auch, woher und wohin das Geld geflossen ist. Gelder können etwa auch für Waffenkäufe dienen. So haben die Nachrichtendienste herausgefunden, dass es Verbindungen zwischen den FARC und der baskischen ETA gab."

Die praktische Erfahrung mit der Anfechtung von allen Seiten hat de Kerchove allerdings zum Realisten gemacht. „Natürlich könnte man die Vorkehrungen immer noch weiter treiben … Und es sind sowohl rechtliche als auch politische Gesichtspunkte ausschlaggebend. Es gibt mitunter Gruppierungen, die wir vom rechtlichen Standpunkt her mit gutem Grund auf die Liste setzen sollten, aber aus politischen Rücksichten unterlassen wir es doch." Wahrscheinlich in Anspielung auf die FARC-Guerilla in Kolumbien erzählt de Kerchove: „Vor zwei Jahren haben wir eine gewisse Gruppe in Lateinamerika verschont, obwohl wir solide Anklagemomente gegen sie hatten; wir wollten damit einige Mitgliedsstaaten unterstützen, die geheime Verhandlungen mit der Organisation führten, um sie wieder in den demokratischen Prozess zurückzubringen. Da wäre eine Sanktion kontraproduktiv ausgefallen. Ähnlich ist es bei den Taliban, die heute auf der Schwarzen Liste der Uno stehen. Eine Fraktion unter den Taliban hat angeboten, zu Präsident Karzai überzulaufen, wenn sie von der Liste gestrichen werden. Deshalb nutzen wir das Versprechen einer Rehabilitation als Lockmittel."

Die EU spielt hier ein Register von Soft Power aus, um ihre eigene, allzu oft nur vom Scheckbuch beherrschte Regionalpolitik zu untermalen. „Ein anderer Fall ist der libanesische Hizbullah, der im Kontrast zur palästinensischen Hamas nicht auf der EU-Liste steht. Der Konsens der Mitglieder kommt für den Hizbullah nicht zustande, mehrere Mitglieder halten fest, dass ein Arm der Partei am demokratischen Spiel Libanons teilnimmt und gewählte Abgeordnete stellt, während ein anderer Arm den bewaffneten Kampf betreibt. Das ist alles nicht so geradlinig, und die Komplexität dient der Zielsetzung der Terrorlisten. Am Anfang steht weiterhin das Bestreben, Druck auf Organisationen auszuüben, um sie zu einem Wandel zu bewegen. Das entspricht der Hebelwirkung der Sanktionen gegen einen ganzen Staat, etwa als wir Ghadhafis Libyen als Drahtzieherin des Lockerbie-Anschlags zum Einlenken zwingen wollten. Wir hatten keine Beweise für die Urheberschaft, aber wir verfügten über geheimdienstliche Hinweise. Alle Mitglieder waren damit einverstanden, die Libyer unter Druck zu setzen. So verhängten wir die Sanktionen. Und das Instrument hat sich als wirksam erwiesen: Nach einiger Zeit war Ghadhafi nicht nur bereit, die Opfer zu entschädigen, sondern er sucht nun auch, sich wieder in die internationale Gemeinschaft einzureihen. Er hat sein Verhalten geändert und er ist nicht mehr der große Terrorsponsor wie vor zehn bis 15 Jahren. Oder damals gegen Serbien unter Milosevic: Wir versagten dem Regime das Reisen in Europa und den Zugriff auf ihre Bankkonten. Das tut seine Wirkung, denn viele dieser Staaten haben ihre Guthaben auf europäischen Banken. Heute nutzen wir das Instrument gegen die Iraner. Wenn sie ihr Verhalten in der gewünschten Weise ändern, dann streichen wir die Sanktion."

Hier zeigt sich die enge Verwandtschaft zwischen Zwangsmaßnahmen gegen Staaten, gegen die Nomenklatura eines Regimes und schließlich gegen einzelne Gruppierungen und Individuen.

Gilles de Kerchove gibt sich ganz als Anwalt der gezielten Sanktionen, an der Uno so gut wie in der EU. „Was hätten wir sonst gegen Iran in der Hand? Nachher kommt nur noch die Drohung eines israelischen Angriffs, und den sollten wir um jeden Preis vermeiden. Das System ist nicht tot, ganz im Gegenteil. Die EU und die Vereinten Nationen halten an dem Instrument der Listen fest. Ich meine nur, wir müssen die Entwicklungen laufend überwachen. Wenn das EU-Gericht wegen eines Verfahrensmangels unser ganzes Verfahren für illegal erklärt hat bis zum Jahre 2007, dann bedeutet das nicht, dass die Betroffenen auf der Schwarzen Liste alles nette Burschen sind. Das heißt lediglich, dass wir die Prozedur viel früher hätten verbessern sollen. Doch da wir jetzt alle sechs Monate die Namen überprüfen, sind alle heutigen Einträge ausreichend begründet. Da gibt es kein Problem mehr. Illegalitäten, die nicht berichtet wurden – das ist bedauerlich, aber wir können die Vergangenheit nicht zurückholen. Solange die Fälle nicht einzeln durch das Gericht beurteilt sind, können wir nichts machen. All das heißt nicht, dass wir die Leute nicht mit guten Gründen auf die Liste gesetzt hätten, sondern nur, dass wir falsch vorgegangen sind. Die Gerichtshöfe von Luxemburg und Straßburg haben ihre Rolle gespielt, und die öffentlichen Gewalten sind bekanntlich nicht ohne Makel. Aber das System hat wirksame Schutzmechanismen, denn am Ende gab es korrigierende Eingriffe. Wenn jemand wirklich zu Unrecht auf der Liste gelandet ist, dann kann er immer noch Entschädigung verlangen."

Dick Marty, der Bahnbrecher

Hier erfährt man, dass es manchmal einen besonders mutigen Mahner braucht, um Missbräuche von schwer fassbarem Ausmaß glaubhaft zu machen. Doch auch solides Engagement und die Kraft der Gesetzgeber werden mitunter mit der Logik der Macht nicht fertig.

Wenn man ihn in wenigen Worten beschreiben müsste, so ist er ein Mann voller Zurückhaltung, aber mit Konsistenz und aufrechtem Bürgersinn. Dieser diskrete Schweizer Abgeordnete namens Dick Marty gleicht auf den ersten Blick nicht einem Kämpfer, der sich ganz allein mit den mächtigsten Machtpolitikern und Geheimdiensten der Welt eingelassen hat. Vielleicht vermochte er deshalb im Antiterrorkrieg weltweit die erste Bresche in das Repressionsmonopol der Regierungen zu schlagen. Man nannte ihn auch schon einen Kämpfer für die Wahrheit. Wahrheit hält er hoch als Grundrecht, als Voraussetzung für Demokratie. Die Aufklärung von Taten ist ihm im Grunde wichtiger als die Bestrafung der Urheber. Denn die Wahrheit fördert das Zusammenleben einer Gesellschaft. „Mit Lügen", sagt er, „stiftet man nur Misstrauen."

Dick Marty ist Ständerat, Mitglied der Oberen Kammer des Schweizer Abgeordnetenhauses, und er vertritt auch sein Land im Straßburger Europarat. Als erfahrener Politiker kennt er die Ränkespiele der Machthaber, die hin- und hergeworfen sind zwischen den Gelüsten einer möglichst ungebundenen Regierungsgewalt und den Zwängen einer parlamentarischen Rechtsordnung. Als ehemaliger Staatsanwalt im Kanton Tessin ist ihm die Knochenarbeit zäher gerichtlicher Ermittlungen vertraut. Er lässt sich nicht von wohlgetarnten Winkelzügen täuschen, wie sehr sie auch vorgeben, dem tieferen Interesse des Staates und der ganzen Gesellschaft zu dienen. Und das Wichtigste: Marty hat in all den Jahren bürokratischer Zwänge und parlamentarischer Geplänkel seinen Bürgersinn, ein solides Empfinden für Recht und Unrecht nicht verloren. Deshalb hat er sich aufgelehnt und die Möglichkeiten seiner besonderen Position genutzt, um der flagranten Willkür der Mächtigen in Washington, New York und in europäischen Hauptstädten Grenzen zu setzen.

„Es fing auf ganz seltsame Weise an", erzählt Marty. „Ich erhielt im Jahr 2005 einen Brief von einem Arzt, mit dem ich schon öfters über ethische Fragen diskutiert hatte. Der Arzt schrieb, er habe einen Patienten. Es handele sich um einen untadeligen Geschäftsmann und Muslim namens Yussef Nada, mit dem er seit vielen Jahren vertraut war. Dieser werde angeklagt, die Anschläge vom 11. September mitfinanziert zu haben. Seine Guthaben seien alle festgesetzt und er könne nicht mehr aus Campione, seiner kleinen italienischen Enklave in der Südschweiz, ausreisen. Selbst für den Besuch des Arztes in Lugano brauche er eine Sonderbewilligung. Meine erste Reaktion war Skepsis. Dass ein unbescholtener Bürger auf diese Weise drangsaliert werde, das konnte nicht stimmen. Doch der Arzt beharrte darauf, er kenne Nada seit 20 Jahren und er lege die Hand für ihn in Feuer." Nada leitete die Bank al-Takwa, der das amerikanische Finanzministerium vorwarf, Terroristen mit Geld zu versorgen. Marty akzeptierte nach einigem Nachdenken, sich mit Nada zu treffen. Dieser war damals schon ein älterer Herr, der ein ganzes Gestrüpp von rechtlichen Schikanen beschrieb, in dem er festsaß. Zu der Zeit lief gegen ihn eine Strafuntersuchung in der Schweiz und auch in Italien, und Marty studierte die entsprechenden Akten.

Der Ständerat sagt: „Der ehemalige Staatsanwalt in mir wunderte sich darüber, wie diese Untersuchung nun schon drei Jahre lief, ohne dass irgendein konkretes Resultat herausgekommen wäre. Ich drängte Nadas Anwalt, beim Gericht in Bellinzona einen Rekurs einzulegen. So könnte er entweder die Einstellung des Verfahrens oder dann die öffentliche Erhebung einer klaren Anklage verlangen." Es erwies sich, dass Nada selbst sich gegen eine gerichtliche Demarche sperrte. Er wollte nicht den Anschein erwecken, er misstraue den Schweizer Behörden. Als er schließlich doch rekurrierte, gab der Staatsanwalt des Kantons Tessin den Bundesbehörden eine kurze Frist für eine Klärung der Tatsachen. Marty amüsiert sich heute noch: „Das Tessiner Gericht forderte für seine eigenen Untersuchungen die Akten der Bundesanwaltschaft an. Was dann in Bellinzona eintraf, war ein derart dünnes Dossier, dass der Staatsanwalt in Bern reklamierte, da müsse ein Teil der Unterlagen verloren gegangen oder nicht übergeben worden sein ..."

Dick Marty reichte indessen eine parlamentarische Anfrage an die Bundesbehörden ein. Er verlangte Aufklärung über die ganze Prozedur in zehn Punkten. Doch bald darauf stellte die Bundesanwaltschaft ihr Verfahren ein. Die Justiz in Mailand tat das Gleiche. Es ließ sich keinerlei substantielle Anklage gegen Yussef Nada vorbringen. Das hieß allerdings nicht, dass der Mann auch von der Sanktionsliste des Uno-Sicherheitsrates gestrichen worden wäre. Marty führte dies auf den Widerstand Washingtons zurück. Er stieß sich an den prozeduralen Winkelzügen der Amerikaner: „Ich dachte, es laufe eine gerichtliche Untersuchung in Amerika. Aber als ich bei Nadas Anwalt nachfragte, da meinte der, die Amerikaner hätten die Schweizer und die Italiener dazu bewogen, ein Verfahren zu eröffnen. Was sollte das? Wenn die Amerikaner jemanden verdächtigten, er habe auch nur das Geringste mit dem Attentat vom World Trade Center zu tun, so würden sie doch als Erstes einen Haftbefehl erlassen und die Auslieferung verlangen!" Dafür hätte es auch gar kein formales Hindernis gegeben: Yussef Nada ist sowohl Ägypter als auch Italiener. Beide Staaten sehen die Auslieferung von verdächtigen Staatsbürgern an die USA vor. Marty glaubt an eine List Washingtons: „Die Amerikaner hätten ohne Weiteres die Überstellung erwirken können. Aber sie verlangten gar keine, weil sie sich sagten: Wenn die Schweizer eine Untersuchung machen, so kommen sie sehr viel leichter an die geheimen Bankdokumente von Nada heran. Und ich weiß genau, dass amerikanische Agenten inoffiziell nach Bern gekommen sind, um das Dossier Nada zu konsultieren – unter Umgehung eines förmlichen Rechtshilfeverfahrens. Nada hat übrigens auch Besuch von amerikanischen Agenten bei sich zu Hause bekommen. So wusste er, dass die bestens auf dem Laufenden waren."

Der kleine Staatsanwalt aus dem Tessin ist spätestens seit 2005 ziemlich weiterum bekannt. Lobbygruppen der amerikanischen Neocons legten Karteikarten über ihn an, europäische Medien sandten Reporter, um ihn im Europarat und im Schweizer Ständerat aufzusuchen. Typischerweise stellt er niemals seine Familie oder sein Privatleben ins Rampenlicht, sondern er vermittelt Ziele und Inhalte seiner Arbeit. Einzig beim Anklicken seiner Webseite zwingt er einen zum Innehalten – mit einem zauberhaften Panoramafoto der Tessiner Alpengipfel. Dann kommt nochmals ein Moment der Besinnung: Obwohl Marty fließend Französisch, Deutsch und Englisch spricht, führt er seine Blogs ausschließlich in der italienischen Muttersprache. Der Rest der Webseite ist ein Schatzhaus voller politischer Trouvaillen, solider Untersuchungsberichte, Analysen und Presseausschnitten in allen Sprachen.

Martys Aufstieg am Himmel der Politstars kam mit der Untersuchung über die europäischen Geheimgefängnisse und Flugtransporte für Kaida-Häftlinge in den Händen der CIA. „Anfang November 2005", erzählt Marty, „publizierte die Washington Post einen Bericht, dass die CIA Gefängnisse in osteuropäischen Demokratien betreibe. Am gleichen Tag brachte auch die Nichtregierungsorganisation Human Rights Watch die Sache heraus, und sie nannte spezifisch Rumänien und Polen."

Der Zufall wollte es, dass zur gleichen Zeit eine Session des Europaratsausschusses für Rechtsfragen und Menschenrechte in Paris stattfand. Alle waren aufgebracht über diese Geheimgefängnisse, weil solche verdeckten Haftanstalten eindeutig einen Verstoß gegen die Europäische Menschenrechtskonvention darstellten. Es erhob sich der Ruf nach einem Bericht, und weil die Sache für besonders heikel befunden wurde, fiel die Aufgabe an den Präsidenten der

Kommission. Marty hatte eben diesen Vorsitz übernommen, und er war zunächst überrumpelt: „Ich begriff am Anfang nicht so recht. Doch als in Bukarest das Ständige Komitee des Rates den Entscheid für einen Untersuchungsbericht bestätigte, da erwartete mich am Ausgang des Sitzungssaals eine ganze Meute von Journalisten und Kameraleuten. Da merkte ich, dass ich mich in eine verflixte …… gesetzt hatte. Bald gewann ich den Eindruck, die hätten mit Absicht mich ausgewählt, einen neutralen Schweizer und ehemaligen Staatsanwalt, in der Zuversicht, ich würde überhaupt nichts herausfinden. Dann hätten sie sagen können, wenn sogar der nichts findet, dann kann da wirklich nichts gewesen sein. So kam ich zur Überzeugung, ich sei einer Manipulation zum Opfer gefallen, und das brachte mich erst richtig auf Trab."

Der Abgeordnete Marty bekam nun allerdings eine kalte Dusche der Bürokratie. Als Ermittlungsgehilfen wurde ihm lediglich ein junger schottischer Assistent zugewiesen, von seinen früheren Amtsbefugnissen wie Hausdurchsuchungen und Telefonabhörungen in der Staatsanwaltschaft konnte er nur noch träumen. Er packte die Untersuchung trotzdem herzhaft an. Er verfiel unter anderem auf den Schlich, alle Fluglogs der europäischen Luftverkehrssicherung anzufordern. Aus der Presse kannte er schon die Immatrikulation einzelner, durch die CIA genutzter Flugzeuge, etwa der Maschine der Baseballmannschaft Red Sox, die in den Ruhezeiten vom Geheimdienst angemietet wurde. So rekonstruierte Marty alle Flugbewegungen dieser Maschinen kreuz und quer durch den Kontinent. Den ersten, noch lückenhaften Bericht legte er im Juni 2006 vor. Ein Jahr später folgte ein viel umfangreicherer zweiter. „Ich hatte nun Zugang zu hohen, gut eingeweihten Quellen gefunden. In der CIA gab es Leute, die unzufrieden waren mit dem Gang der Dinge. Die sagten, wir sind ein Nachrichtendienst, nicht irgendwelche Gefängniswärter und Folterknechte. Als alter Staatsanwalt begnügte ich mich nie mit einem einzigen Gewährsmann. Wir hatten mitunter bis zu 30 verschiedene Quellen." Mit einem Augenzwinkern verrät Marty etwas von seiner Befragungstaktik. Er nennt das „perfektionierte Methoden": Man muss immer ein Bruchstück der Wahrheit kennen. So kann man den Eindruck erwecken, als wüsste man viel mehr als es eigentlich der Fall ist. So bringt man die Leute zum Reden.

„Wir konnten ziemlich viele Elemente der geheimen Strategie des amerikanischen Antiterrorkrieges aufdecken", meint Marty. „Wir stießen auf die so genannten High Value Targets, das waren die mutmaßlich führenden Kaida-Mitglieder, die dann je nachdem zu High Value Detainees (hochwertigen Häftlingen) wurden." Diese ausgesuchten Gefangenen sollten der CIA wichtige Aufschlüsse über die Pläne und die innere Organisation der Kaida eröffnen.

Entsprechend versteckte der Geheimdienst sie vor allen anderen Regierungsapparaten. Um ihnen ihre Geheimnisse zu entlocken, unterwarf er sie den Verhörmethoden der „Enhanced Interrogation": Folterung durch stundenlanges Ausharren in der Kälte oder Hitze, tagelangen Schlafentzug oder „Waterboarding", ein simuliertes Ertrinken.

All die Geheimhaltung stimulierte erst recht den Spürsinn des ehemaligen Untersuchungsrichters. „Wir waren die Ersten", sagt er, „die die Nato mit dem verdeckten Antiterrorkrieg in Verbindung brachten. Eine Woche nach den Angriffen vom 11. September 2001 gab es ein Treffen im Weißen Haus, um die Strategie gegen die Kaida festzulegen. Am 2. Oktober folgte eine Sitzung des Nato-Rates in Brüssel. Die USA pochten auf den entsprechenden Artikel des Nato-Paktes: Wenn ein Mitglied angegriffen wird, müssen die anderen ihm Hilfe leisten."

Die Neue Zürcher Zeitung berichtete am 2. Oktober 2001 aus Brüssel:

Nach einem Informationstreffen mit dem Antiterrorkoordinator der amerikanischen Regierung hat der Nato-Rat Artikel 5 des Bündnisses aktiviert und die Beistandspflicht erklärt. Bereits am 12. September hatte der Nato-Rat Artikel 5 angerufen, dessen Aktivierung aber noch an die Bedingung geknüpft, dass es sich bei den Terroranschlägen tatsächlich um einen Angriff auf die USA aus dem Ausland handle. Drei Wochen später gab nun der Rat diesen Vorbehalt auf, erklärte im Sinne von Artikel 5 den Terrorangriff auf die USA als einen Angriff auf das Bündnis insgesamt und aktivierte damit die Beistandspflicht der 18 Nato-Partner der USA. Die für die USA politisch bedeutsame Feststellung des Bündnisfalls, so wurde am Hauptquartier des Bündnisses betont, löse allerdings nicht automatisch eine kollektive Militäroperation der Allianz aus. Artikel 5 verlangt zwar von allen Mitgliedsstaaten Hilfeleistung, er überlässt ihnen aber die Wahl jener Maßnahmen, die sie für erforderlich halten. Die Beistandspflicht erfordert nicht zwingend den Griff zu den Waffen. Sie kann anstatt der Beteiligung an einer Militäraktion auch bloß die Gewährung von Überflugs- und Durchfahrtsrechten, die nachrichtendienstliche Zusammenarbeit und/oder diplomatische sowie wirtschaftliche Unterstützung umfassen. Mutmaßungen, wer wann und was als Bündnispartner bei einer allfälligen Vergeltungsaktion einbringen wird, sind verfrüht, weil die Amerikaner den Allianzpartnern noch keine konkreten Anträge für Hilfeleistungen gestellt haben. Washington ist noch in der Vorbereitungsphase und es wird vielleicht später mit konkreten Wünschen an die Alliierten herantreten.

Marty fügt hinzu: „In einem Geheimabkommen wurde später festgehalten, dass die CIA die Führung im Kampf gegen die Kaida hat. Die Nato-Mitglieder, auch die Beitrittskandidaten und gewisse Länder aus dem weiteren Kreise der Partnership for Peace, wurden angehalten, bei der logistischen Unterstützung mitzumachen. Sie sollten vor allem die Immunität der CIA-Agenten garantieren. Information darüber war hochgeheim. Einzig die militärischen Geheimdienste wurden einbezogen, nicht die zivilen. Und allein die Regierungschefs und/oder der Innen- oder Verteidigungsminister wurden eingeweiht."

Die Vertuschungsmanöver der Politiker und Militärs verletzten Martys Glauben an die Redlichkeit und versetzten ihn in Rage. „Zu meiner größten Genugtuung musste sich schließlich sogar Tony Blair in seinen schiefen Aussagen zurechtweisen lassen", frohlockt er. „In meinem Bericht halte ich fest, dass wahrscheinlich auch die britische Insel Diego Garcia für Gefangenentransporte genutzt wurde. Blair äußerte sich dann im Unterhaus mit großer Herablassung und meinte, dieser Bericht sei in keiner Weise zuverlässig. Einige Monate später, als Blair schon nicht mehr im Amt war, kamen in Amerika die Namen zweier Häftlinge heraus, die tatsächlich auf Diego Garcia gewesen waren. Nachher musste ein Minister der Nachfolgeregierung Brown sich im Parlament dafür entschuldigen, dass zuvor ‚nicht wahrheitsgetreue Informationen' abgegeben wurden. Das Kabinett hätte nicht alle Einzelheiten gekannt. Einen Tag später titelte der Guardian: ‚Sorry is not enough'."

Dick Marty beklagt sich, seine Arbeit im Europarat werde in Bern und zu Hause im Tessin weniger anerkannt als im Rest der Welt. Die meisten der Kollegen im Bundeshaus verstünden nicht, was er in Straßburg mache. Nach ihm sind die Leute zurzeit kaum für Menschenrechte und den Schutz von Minderheiten zu begeistern. Und die Schweizer Politik beschäftigt sich nur mit Alltäglichem und hat jede langfristige Vision verloren. Marty ist nichtsdestotrotz gut verwurzelt in der Schweiz. Er ist Tessiner von Geburt, hat in Neuenburg Recht studiert, von 1975 bis 1989 diente er im Heimatkanton als Staatsanwalt. Er ist verheiratet und hat drei Kinder. Seine zum Teil kühnen Infiltrationsaktionen im Kampf gegen den Drogenhandel und das organisierte Verbrechen wurden bis nach Amerika mit Wohlgefallen beobachtet. 1989 wurde er in die Kantonsregierung gewählt, bis er 1995 für die Freisinnig-Demokratische Partei in den Ständerat kam. 1998 folgte auch die Entsendung in den Europarat. Er präsidiert dort die Kommission für Monitoring und die Subkommission für Kriminalität und Terrorismus, weiter sitzt er im Ausschuss für Recht und Menschenrechte und in einigen anderen Kommissionen. Zudem dient er als Berichterstatter für den Kaukasus.

Marty zitiert gern einen Sinnspruch von Paul Valéry: „La politique, c'est l'art d'empêcher les gens de regarder ce qui les regarde." (Politik ist die Kunst, die Leute von dem abzulenken, was sie wirklich angeht.) Über Schweizer Politik findet er mitunter noch bitterere Worte. Nach der Volksabstimmung zum Verbot des Baus von Minaretten vom Herbst 2009 hält er den Kollegen auf der politischen Bühne gnadenlos den Spiegel vor. Dieser Entscheid ist für ihn ein Produkt der Demagogie und ein klarer Verstoß gegen die Religionsfreiheit, mithin gegen demokratische Leitprinzipien. Er meint, das Land bräuchte ein Verfassungsgericht, weil seine Regierung, der Bundesrat, nicht den Mut habe, die Rechtsgrundlagen der Demokratie durchzusetzen. Er rät dazu, den neuen Verfassungszusatz nochmals auf die Vereinbarkeit mit dem ganzen Grundgesetz zu überprüfen. Und wenn man ihn nicht rechtlich einfrieren oder abschaffen könne, so würde die Schweiz gut daran tun, ihren Austritt aus dem Europarat zu erklären. Denn die Respektierung der Europäischen Menschenrechtskonvention und die Umsetzung des Minarettverbots sind nach Marty nicht miteinander zu vereinbaren.

Dick Marty hat auch auf den Kampf gegen die Terrorlisten einige Energie verwendet. Er sieht sie als einen von vielen Auswüchsen des Antiterrorkrieges, und nicht unbedingt den schlimmsten. Im Haftlager Guantanamo sitzt nach Marty seit über acht Jahren eine ganze Reihe von Leuten, von denen die Amerikaner genau wissen, dass sie nichts verbrochen haben. Aber die in Washington wüssten ganz einfach nicht, wohin sie sie abschieben sollten. Als Beispiel nennt er die zwei chinesischen Uiguren, die im März 2010 in der Schweiz Gastrecht erlangt haben. Die Schwarzen Listen erachtet er als eine der milderen Kampfmaßnahmen: „Ich bin nicht aus Prinzip gegen das Listing", sagt Marty, doch man müsse eben die Rechtsgarantien respektieren. „Ich bin der Erste, der sagt, man muss das Verbrechen entschieden bekämpfen. Das habe ich als Staatsanwalt selber in meinem bescheidenen Rahmen gemacht. Man kann das mit legalen Mitteln betreiben. Ein Eintrag in eine Terrorliste soll nur in einer Ausnahmesituation und lediglich für eine begrenzte Zeitspanne erlaubt sein. Doch Herr Nada war acht Jahre lang auf der Liste. Für ihn war das eine Art ziviler Tod, er war völlig geächtet." Der Jurist in Marty legt den Finger auf alle Einzelheiten: Wer auf der Liste steht, der kann sein Haus nicht verkaufen, kann keine Kreditkarte haben, keine Grenze überqueren, er findet keine Arbeit mehr, weil sein Name in einem öffentlich zugänglichen Schandregister steht. Den Gipfel amtlicher Willkür sieht Marty im Abschluss der Aktion: „Im März 2010 hat die Uno Yussef Nada unversehens gestrichen – ohne jede Erklärung, ohne ein Wort der Entschuldigung, ohne Entschädigung, gar nichts. Mich packte da eine radikale Auflehnung. Das kann doch nicht sein, dass Rechtsstaaten noch im 21. Jahrhundert so vorgehen."

Nach der ersten Intervention im Schweizer Parlament begann Marty auch am Uno-Sitz in New York nachzuforschen, wie diese Listen im zuständigen Ausschuss des Sicherheitsrates zustandekommen. Die interessierten Staaten gaben damals noch überhaupt keine Einzelheiten über die Fälle preis. Anfangs existierte jeweils nur eine sehr summarische Begründung, später mussten die Antragsteller mit etwas mehr herausrücken. Ausrede war in jedem Fall die Staatssicherheit. Doch Marty wandte sich an Insider, die ihm unter dem Siegel der Verschwiegenheit genauere Auskunft gaben: „Das perverse Prinzip bei den Verhandlungen unter den Delegierten im Ausschuss ist folgendes: Du beförderst meine Begehren und stellst keine unnötigen Fragen, so unterstütze ich dich auch in deinen. Und da ist noch ein Zweites an der Liste, was mich schockiert: Die Sanktionen treffen überhaupt nur Muslime. Gegen die Muslime, da findet sich immer leicht eine Einigung."

So gelangte Dick Marty, der Kämpfer für die Wahrheit, zu dem aufrüttelnden Befund der reinen Machtwillkür. „Ausgerechnet ein hohes Organ der Uno, die doch die höchsten Prinzipien wie Demokratie, Rechtsstaat und Gerechtigkeit fördern sollte, tut hier genau das Gegenteil. Jahrelang setzte der Sanktionsausschuss ohne jegliche Umstände Leute für unbegrenzte Zeit auf die Schwarze Liste. Es gab für viele Jahre keinerlei Recht auf Anhörung der Betroffenen, und kein Recht auf Wiedererwägung oder Rekurs. Alle, denen ich das erklärte, waren mit meinem Befund einverstanden. Sogar die Schweizer Außenministerin Micheline Calmy-Rey gab mir 2005 praktisch Recht. Aber sie wiegelte aus politischen Gründen ab, die eidgenössische Diplomatie unternehme in New York schon das Nötige, um die Dinge zu korrigieren."

Die Schweiz setzte sich an der Uno seit 2005 für die Einführung rechtlicher Rekursmöglichkeiten ein. Im Sommer 2008 machte sie dann zusammen mit einer Gruppe gleich gesinnter Länder konkrete Vorschläge für den rechtlichen Schutz von Betroffenen. Zu der Gruppe zählten auch Costa Rica, Dänemark, Deutschland, Liechtenstein, die Niederlande, Schweden, Belgien, Finnland und Norwegen. Die Staaten forderten in der Weltorganisation die Schaffung einer unabhängigen Beschwerdeinstanz, an die sich Personen und Unternehmen auf der Schwarzen Liste wenden könnten. Weiter wurde eine unabhängige Überprüfung der Listen gefordert. 2008 beschloss der Rat, dass die Terrorlisten regelmäßig überprüft werden müssen. Und im Dezember 2009 hieß der Sicherheitsrat schließlich die Einsetzung eines Ombudsmannes gut.

Im Jahre 2008 brachte Marty die Sache im Europarat vor. „Ich wollte Yussef Nada als Zeugen einladen. Aber weil er infolge der Sanktionen gar nicht anreisen konnte, spielten wir ihn per Video-Link ein. So konnte er trotzdem zur Kommission sprechen, und wir hörten das Zeugnis eines direkt Betroffenen." Die Intervention schlug ein wie eine Bombe. Martys Vorlage wurde fast einstimmig angenommen. Und die Debatte enthüllte einiges. So erklärten die Briten, sie hätten die Intervention zuerst völlig abgelehnt, weil sie sie für übertrieben hielten. Doch nachdem sie in London die wahren Hintergründe aufgeklärt hatten, gaben sie Marty nun völlig Recht.

Mit der Zeit gerieten die Dinge in Bewegung. Die Gerichtshöfe der EU behandelten Fälle von Opfern der Schwarzen Liste, die sich wehrten, etwa den prominenten Fall Kadi. Die Richter wiesen die EU-Kommission an, Kadi zu rehabilitieren, weil ihm kein Recht auf faires Gehör gewährt wurde. Doch die EU-Kommission setzte ihn erneut auf die Liste. Die Regierungen wehrten sich weiter gegen die Justiz und erhielten die Sanktionen aufrecht.

„Ich sagte mir, ich muss in der Schweiz unbedingt noch mehr unternehmen. So reichte ich im Juni 2009 eine Motion im Parlament ein", meint Marty. Er verlangte, dass die Schweiz die Umsetzung der Uno-Sanktionen der eigenen Justiz unterwerfe. So solle das Land die Zwangsmaßnahmen dann aussetzen, wenn Verfehlungen einer betroffenen Person nicht binnen drei Jahren von einem ordentlichen Gerichtshof geprüft und bestätigt würden. „Als ich den Vorschlag im Ständerat erklärte, warf Außenministerin Calmy-Rey ein, das Völkerrecht gehe dem nationalen Recht auf jeden Fall vor, wir könnten nicht so vorgehen. Doch ich beharrte darauf, dass wir nicht die Grundlagen unserer Rechtsordnung, nämlich die Garantien für ein angemessenes Gerichtsverfahren, einem Uno-Ausschuss zuliebe aufopfern könnten. Im Ständerat wurde meine Eingabe einstimmig angenommen. Das Außenministerium glaubte dann, das sei nur eine isolierte Willenskundgebung, und im Nationalrat würde die Vorlage scheitern. Die Ratskommission lud mich ein für ein Zeugnis. Dafür organisierten sie sogar eine Sondersitzung. Meine Aussage war offensichtlich entscheidend für die Annahme der Vorlage, und zwar kam sie mit 79 gegen nur 31 Stimmen durch. Ich hätte mir nicht eine so große Mehrheit vorgestellt. So wurde das in der Schweizer Volksvertretung glanzvoll gutgeheißen. Und der Europarat würdigte es sehr positiv, dass sich unsere Parlamentarier gegen Übergriffe der Exekutive auflehnten. Daraufhin habe ich meine Kollegen in Straßburg aufgefordert, in ihren nationalen Kammern ebenfalls etwas zu unternehmen." Daraus ist aber bislang wenig geworden.

Marty konstatiert befriedigt, dass die Leute, die den Rechtsstaat verteidigen, ihre Maschinerie nun allmählich in Gang gebracht haben, vor allem in Europa. Doch misstraut er den Regierungen weiterhin, die immer noch versuchen, die Justiz und die Legislative von ihren Antiterrormaßnahmen auszuschließen. Der Schweizer Bundesrat respektiert nach Martys Überzeugung die neue Regelung einzig insofern, als mittlerweile ohnehin keiner mehr im Lande auf den Schwarzen Listen der Uno steht. Einige wurden gestrichen, die anderen sind ganz einfach gestorben. Ein Beamter in Bern sagt, die Regierung verstehe ihre Verpflichtung aufgrund von Martys Eingabe: Sie müsse die gesetzlichen Mittel zur gerichtlichen Überprüfung der Uno-Zwangsmaßnahmen in der Schweiz schaffen. Doch erspare sie sich derzeit die Mühe, weil es sich ja um eine Trockenübung handeln würde. Man werde die Sache wieder aufgreifen, wenn neue Schweizer Fälle auf der Uno-Sanktionsliste auftauchten. Der Abgeordnete Marty hat zwar die Mauer des Schweigens durchbrochen und den doppelten Missbrauch an der Uno bloßgestellt: die Einrichtung einer Sanktion im Verstoß gegen die Uno-Charta und deren jahrelangen, völlig arbiträren Gebrauch. Doch obwohl er die Volksvertreter zu einem Akt der Gesetzgebung gegen den Auswuchs auf seine Seite gebracht hat, ist der fundamentale Widerspruch zwischen den Erfordernissen einer wirksamen Terrorbekämpfung und den Garantien gegen deren Fehlgriffe nicht überwunden. Und das Schweizer Bundesgericht hat den völkerrechtlichen Zwangsmaßnahmen klar den Vorrang vor nationalen Gesetzesverpflichtungen eingeräumt. Marty meint, wenn neue Sanktionen gegen Schweizer auftauchten, dann müsste der ganze Kampf wieder von vorne beginnen.

Geheimdienstarbeit oder faires Verfahren?

Gespräch mit Richard Barrett,
Koordinator der Uno-Monitoring Committee

Der Brite Richard Barrett ist der „Mister Terrorism" der Vereinten Nationen. Anders als die diplomatischen Attachés der einflussreichen Mitgliedsstaaten im Sicherheitsrat, die mitunter eine Nabelschnur zu den Geheimdiensten ihres eigenen Landes haben, arbeitet Barret vorrangig für die Uno. Und er verficht die Interessen ihrer Institutionen, die des Sicherheitsrates und seiner Machtstellung zuallererst.

Barrett ist selbst ehemaliger Geheimdienstler. Er hatte verschiedene Posten in britischen Nachrichtendiensten und beim Foreign Office, unter anderem in Kanada, Jordanien, der Türkei und bei der Uno in New York.

Ursprünglich studierte er in Oxford Geschichte und italienische Literatur.

Seit der Schaffung des Monitoring Teams im Jahre 2004 ist er dessen Koordinator. Der genaue Name lautet: Analytical Support and Sanctions Implementation Monitoring Team.

Die Aufgabe dieses Ausschusses war es in erster Linie, die Wirksamkeit der Kaida-Sanktionen zu erhöhen. So holte das Team regelmäßige Berichte von den betreffenden Mitgliedsstaaten ein, wie diese die Auflagen des Sicherheitsrates umsetzten, ob und wie sie der Guthaben der Terrorverdächtigen habhaft werden konnten. Weiter ging es darum, den Wissensstand des Sicherheitsrates in Sachen Kaida und Taliban zu verbessern.

Aus dieser Position ergab sich auch eine kritische Diskussion der Einträge auf der Schwarzen Liste. Barrett erwies sich als scharfsinniger und fähiger Analytiker. Und entsprechend setzte ihn die Uno auch in anderen Gremien für die Terrorbekämpfung ein. So wurde er vom Generalsekretär in die Taskforce berufen, die seit 2006 die Umsetzung der globalen Strategie der Terrorbekämpfung, ein Werk der Uno-Generalversammlung, überwacht.

Er präsidiert auch zwei Studienausschüsse:
Der eine befasst sich mit den Voraussetzungen und Beweggründen, die junge Leute in den Terrorismus treiben, der andere mit der Nutzung des Internets durch Terrorgruppen.

Man nennt Sie im Monitoring Team den Fachmann mit Geheimdienst-Hintergrund. Spiegelt nach Ihrem Urteil die 1267er Terrorliste tatsächlich die heutige terroristische Bedrohung?

Ich kann nur sagen: Je relevanter und je mehr up to date das Sanktionsregime ist, je besser es auf die Kommentare und Beiträge der Mitgliedsstaaten reagiert, desto wirksamer wird es. In den meisten Ländern, fast in allen, sind es die Geheimdienste, die den Terrorismus bekämpfen. Deshalb sind sie unsere natürlichen Partner im Sanktionskomitee. Diese Leute sind auf operationelle Resultate aus, von diplomatischen Höflichkeiten oder leerem Gerede halten sie nichts. Sie konzentrieren sich auf Aktivitäten, die ihrer nationalen oder regionalen Sicherheit dienen. Wenn wir von der Uno zu ihnen kommen, dann ist ihre erste Reaktion: Weshalb um aller guten Dinge willen sollten wir, die Meister der Geheimhaltung, das Gespräch mit der Uno aufnehmen, einer der offensten und von Natur aus transparentesten Organisationen der Welt? Welchen Vorteil bringt uns das? Für uns im Komitee bedeutet das, dass unser Sanktionsregime den nationalen Geheimdienstapparaten wirklich dienen muss, wenn wir auf ihre Zusammenarbeit zählen wollen. Andernfalls geraten wir in einen Teufelskreis: Die Sanktionen nützen nichts, die Geheimdienste wenden sich davon ab und es wird dadurch noch wirkungsloser. Wir können nicht einfach stillstehen: Wenn wir nicht vorankommen, so werden wir unweigerlich schwächer.

Die Smart Sanctions sind aber heftiger Kritik ausgesetzt, etwa vom Uno-Sonderberichterstatter für Menschenrechte, Martin Scheinin. Er urteilt, sie seien nicht besonders wirksam, und überdies verletzten sie die Persönlichkeitsrechte.

Das Regime wurde eingerichtet, um Terrorakte zu verhindern, um Bedrohungen gegen den Weltfrieden und die internationale Sicherheit abzuwenden. Deshalb ist ja auch der Uno-Sicherheitsrat damit befasst. Der Sinn des Systems war nicht, einfach eine Menge Leute auf Listen zu setzen, um ihnen das Leben zu vermiesen, sondern um präventiv gegen Terrorismus vorzugehen. Neuerdings hat sich die Debatte aus ganz verständlichen Gründen vor allem darum gedreht, was mit den betroffenen Leuten auf den Listen geschieht, anstatt sich um die Wirksamkeit gegen den Terrorismus zu kümmern. Aber diese Aspekte müssen beide gebührend in Betracht gezogen werden. Natürlich haben die Gerichte und die öffentliche Meinung eine Rolle zu spielen. Wenn es keinen rechtlichen Rahmen für die Durchsetzung der

Sanktionen in den Mitgliedsstaaten gibt – und ich rede hier einzig von der Umsetzung, nicht von der Legitimität des Regimes an sich –, dann kann das Regime keinen Erfolg haben. Es findet sich kein politischer Rückhalt für den Mechanismus, wenn er in der öffentlichen Meinung als etwas Unfaires erscheint, das auf die falschen Leute zielt und auch gar keine rechtlichen Rekursmöglichkeiten bietet.

Das ist doch genau der Fall!

Ja, das ist so, zumindest in einigen Ländern. Aber man muss das von verschiedenen Seiten her betrachten. Ich bin sicher, dass sich recht viel Unterstützung für das Sanktionsregime an sich findet. Die Sorge ist, wie das Regime ausgelegt ist und wie wir es wirksam gestalten. Es stimmt, in vielen Ländern wird das System gerichtlich angefochten. Das ist nicht nur in der EU so, da gab es auch die Motion Marty im Schweizer Parlament. Pakistan und die Türkei kennen ihre schwierigen Fälle, und andere Länder auch. Ziemlich allgemein fehlt der rechtliche Rahmen in den Mitgliedsländern, um das Sanktionsregime auf nationaler Ebene in einer wirksamen Weise durchzusetzen.

Sehen wir einmal die Festsetzung von Guthaben an: Hier ist es absolut entscheidend, dass das Geld unverzüglich eingefroren wird, wenn jemand auf die Liste kommt. Die geringste Verzögerung würde den Verdächtigen erlauben, ihre Guthaben zu liquidieren und verschwinden zu lassen. Und dafür fehlt in vielen Staaten eine rechtliche Handhabe. Hier müssen wir vom Komitee die Länder entsprechend beraten. Doch es ist sehr schwierig, ein Gesetz durchzubringen, wenn der politische Wille dazu fehlt. Manche sagen, wenn sogar die EU Probleme mit diesen Gesetzen hat, weshalb sollten wir uns dann in solche Schwierigkeiten stürzen? Doch die Mitgliedsstaaten haben gewisse Verpflichtungen gegenüber der Uno, genauso wie gegenüber der eigenen Bevölkerung.

Man kann nicht einfach behaupten: Im größten Teil der Länder gibt es großen Widerstand gegen das System der Sanktionen, sei es politischer oder rechtlicher Widerstand oder generell eine feindliche öffentliche Meinung. Natürlich sorgt man sich um gewisse Aspekte der Umsetzung. Aber ich bin überzeugt, dass auch in der Schweiz oder der EU das Interesse an einem wirksamen Sanktionsregime sehr groß ist. Die Leute sehen ein, dass ein internationales Vorgehen gegen diese Art Terrorismus erforderlich ist, denn der Kaida-Terrorismus operiert von Natur aus international. Ein Vorgehen auf nationaler oder sogar regionaler Ebene geht am Problem vorbei.

Also sind die gezielten Sanktionen heute doch immer noch das Richtige?

Blicken Sie zurück, wie das System der Smart Sanctions entstanden ist! Es geht zurück auf ein traditionelles Instrument des Sicherheitsrates: Er verhängte Sanktionen gegen einen spezifischen Mitgliedsstaat oder eine parastaatliche Entität. Doch mit der Zeit merkte man, dass bei dieser Art der Strafmaßnahmen nicht die Herrscher unter Leidensdruck kamen, sondern die Völker. Also erwiesen sie sich als unwirksames Instrument für die Aufgabe, gewisse Herrscher zur Änderung ihres Verhaltens zu bewegen. Dafür gibt es viele Beispiele, etwa Saddam Hussein. Das führte zur Idee, die Sanktionen gezielt gegen Individuen zu verhängen, die eng mit dem Staat verbunden sind, aber nicht gegen den ganzen Staat als solchen. Von diesem Vorgehen war man eine Zeit lang ganz überzeugt. Aber man hatte wohl nicht an Zielpersonen gedacht, die nicht mit einem Staat verhängt waren. Das war dann der nächste Schritt: Sanktionen gegen irgendwelche Personen ohne eine Verbindung zu einem Staat.

Unser Regime, gemäß Resolution 1267, begann im Jahre 1999, in der Folge der Bombenanschläge in Ostafrika. Man fand heraus, dass die Kaida dahintersteckte. Und die hatte ihre Basis in Afghanistan. Doch jener Staat lieferte die Kaida-Leute nicht für ein Gerichtsverfahren aus. Deshalb wurden Sanktionen gegen Afghanistan verhängt, und dann in traditioneller Manier auch gegen die Führung Afghanistans, die Taliban. Sie erstreckten sich natürlich auch gegen Usama Bin Laden. Doch nach 2001 und dem Fall der Taliban verwandelten sie sich in dieses viel globalere Sanktionsregime, das eigentlich nur auf Individuen zielt. Die Taliban blieben auf der Liste, aber nicht mehr als Regierungsvertreter, sondern als gewöhnliche Personen. Das war in sich eine neue Art und Weise, wie der Sicherheitsrat gegen die Bedrohung des Weltfriedens und der Sicherheit vorgehen wollte. Doch dieses Regime weiterzuentwickeln war schwierig.

Warum kümmerte sich am Anfang keiner um die rechtlichen Mängel?

Unmittelbar nach den Attentaten von 2001 herrschte eine überaus fiebrige Atmosphäre. Alle hetzten herum und beschäftigten sich mit Warnungen, dass ähnliche Anschläge wie die vom 11. September bevorstünden, nicht nur in Amerika, sondern auch anderswo. Einzelheiten ohne Zusammenhang wurden bekannt, aber keine ausgewachsenen Pläne. Es herrschte allgemeine Panik, oder, um es sachlicher auszudrücken, es gab ein allgemeines Einverständnis, dass man sofort etwas unternehmen müsse, ohne dass jemand einen Gedanken daran verschwendete, wie diese Maßnahmen sich in zehn Jahren ausnehmen würden. Die Leute denken nicht so, insbesondere die Politiker denken nicht in längeren Zeiträumen. Sie haben einen ziemlich kurzen Zeithorizont, in dem sie ihre Tatkraft beweisen müssen.

Und jetzt stehen wir da, zehn Jahre später. Bis vor drei, vier Jahren waren die Leute hier davon überzeugt, dass dieses Regime in Ordnung sei. Es sei dem Handlungsspielraum der internationalen Gemeinschaft angemessen. Das hat sich eigentlich nicht verändert. Es sind die öffentliche Wahrnehmung und die politische Sichtweise, die sich verändert haben. Jetzt wollen die Leute weltweit viel genauer wissen, was wir hier eigentlich tun, wen genau wir bekämpfen wollen. Und vor allem müssen wir genau definieren, was wir schützen wollen. Das sind genau jene Werte und Rechtsgrundlagen, die die Kaida verwirft und abzuschaffen trachtet. In jeder Aktivität gegen den Terrorismus ist diese grundlegende Verschiebung spürbar. Es heißt nicht mehr nur: Lasst uns dem Feind entgegentreten! Sondern nun geht es darum, was wir eigentlich hier tun sollen.

Hat das Folgen für die Antiterrorstrategie allgemein?

Ja. Der Akzent liegt heute viel weniger auf reiner Repression, auf Krieg, Kampfoperationen, Tötungsaktionen. Natürlich läuft immer noch vieles in diesem Bereich. Aber die Hauptfrage ist heute: Warum tun diese Extremisten das, was sie tun? Und wie können wir es verhindern, dass auch die nächste Generation so weitermacht? So muss sich denn auch unser Sanktionsregime, das ja vor allem noch Repressionscharakter hat, verwandeln, damit es sich in diese neuen Maßnahmen einreiht. Jetzt geht es vor allem um Präventivmaßnahmen. Wie hindern wir die Leute daran, überhaupt erst zu Terroristen zu werden? Das wäre noch ein deutlicher Schritt weiter als unsere Präventivmaßnahmen, die lediglich darauf abzielen, den praktischen Terrorakten zuvorzukommen. Da müssen wir uns natürlich anpassen. Doch was das Problem der öffentlichen und politischen Unterstützung für uns angeht: Ich reise ziemlich viel umher. Und ich konstatiere überall weiterhin ein intensives Interesse daran, ein wirksames Regime von internationalen Abwehrmaßnahmen gegen die Kaida und ihre Ableger aufrechtzuerhalten. Klar kann man heute einwenden, dass die hohe Kaida-Führung nicht mehr viel Macht hat. Aber die Botschaft, für die sie steht und die sie verbreitet, hat unverändert starken Einfluss. Sie wird von anderen Gruppierungen mit lokalen oder auch internationalen Ambitionen aufgegriffen und genutzt.

Ich bin einverstanden: Es braucht nicht viel Erfahrung im Nahen Osten, um die Gefährlichkeit dieser Sympathisanten der Kaida rundherum zu erkennen. Hingegen glaube ich keinesfalls, dass die öffentliche Meinung damit einverstanden ist, wie das Sanktionsregime in den ersten Jahren gehandhabt wurde: Das waren doch einfach großzügigste Zwangsmaßnahmen gegen jeden, den man nur einigermaßen mit dem Dunstkreis der Jihad-Militanten in Verbindungen bringen konnte!

Zugegeben, in den ersten Tagen reagierte man viel zu unbedacht und auf die Schnelle. Die Liste wurde ziemlich gedankenlos eingerichtet. Deshalb müssen wir sie überarbeiten.

Warum brauchte es denn so lange, bis sich etwas änderte? Es dauerte immerhin mehr als acht Jahre, bis 2008 überhaupt eine erste Überprüfung der Listen beschlossen wurde. Und dann dauerte die Überprüfung selber nochmals bis August 2010!

Das späte Datum der Resolution bedeutet aber nicht, dass es vorher keine Überprüfungen gegeben hätte. Unser Monitoring Team hat 2004 seine Arbeit aufgenommen. Und ab diesem Zeitpunkt haben wir immer darauf hingewiesen, dass eine Überarbeitung und Entschlackung der Listen dringlich nötig ist. Dafür gibt es drei verschiedene Ansätze: Zunächst muss man Leute streichen, die nicht auf die Liste gehören, entweder weil sie inzwischen gestorben oder weil sie zu Unrecht aufgeführt sind. Zweitens muss man die Leute hinzufügen, die wirklich hingehören, weil sie eine Bedrohung darstellen. Sonst ist das Ganze ja gar nicht glaubwürdig. Drittens muss man bei den aufgeführten Namen darauf achten, dass sie die entsprechenden Personen präzise identifizieren. Das aus zwei Gründen: Man kann nicht Sanktionen durchsetzen, wenn man gar nicht weiß, wer gemeint ist. Und umgekehrt, wenn sie einfach „Joe Miller" hinsetzen, dann gibt es Tausende von Personen mit diesem Namen, und die geraten dann in Beweisnot, wenn sie ihre Unschuld belegen sollen, obwohl gar nicht genau gesagt ist, wer derjenige auf der Terrorliste ist. Aus diesen Gründen müssen die Listen mit einer riesigen Menge an Aufmerksamkeit gewartet werden.

Und sind Sie zufrieden mit der jetzigen Sorgfaltspraxis?

Lassen Sie uns fair sein in der Beurteilung: Der Sicherheitsrat hatte sich früher bemüht, Schritt für Schritt seine Arbeit zu machen. Eine Anzahl von

Namen war gestrichen worden, bevor diese jüngste Überprüfung anfing. Der Rat ist von uns und von einer Gruppe gleich gesinnter Staaten richtiggehend bombardiert worden mit Ermahnungen. Als der Rat die Entschließung 1822 verabschiedete, war er der Überzeugung, dass eine eingehende und umfassende Überprüfung angezeigt sei. Aber schon vorher war beschlossen worden, jeden Namen zu überprüfen, über den während drei Jahren nichts Neues aufgetaucht war. Das betraf ungefähr 155 Namen. Man konnte ja nicht glaubhaft machen, dass jemand eine weltweite terroristische Bedrohung darstellte, wenn er so lange überhaupt nicht von sich reden gemacht hatte. Doch schließlich waren es nur zwei oder drei, die im Komitee überprüft wurden – die sind dort eben frei zu entscheiden, welchem Gegenstand sie sich widmen wollen. Dieser Knackpunkt wurde dann überwunden mit Entschließung 1822, die die Überarbeitung jedes einzelnen Namens verlangte. Dazu gehörte auch, zusätzliche Informationen über eingetragene Namen beizubringen, um die Listen besser auszustatten. Zugleich führte man eine Narrative Summary der Gründe ein, die für einen Eintrag sprechen. Und auf dieser Grundlage konnte man nun endlich die Öffentlichkeit ins Bild setzen, insbesondere die betroffenen Personen selbst. Denn es war ja sinnlos, das Verhalten der Leute mittels der Sanktionen ändern zu wollen, wenn man ihnen nicht einmal Auskunft darüber gab, welche ihrer Praktiken man eigentlich unterdrücken wollte.

Diese Narrative Summaries sind doch lediglich abgeseihte Versionen der geheimen Unterlagen!

Das ist nicht so einfach. Diese Zusammenfassungen stellten durchaus eine Herausforderung an alle interessierten Staaten im Sicherheitsrat dar. Man unterbreitet sie dem Urheberstaat des Eintrags, dem Ursprungsstaat des Betroffenen und dem Land seines Wohnortes, und nachher ist für alle klar: Das ist alles, was sie an Verdachtsmomenten gegen diese Person haben. Einem solchen Text, der ja nur eine grobe Zusammenfassung der Schlüsse aus den Geheimdienstunterlagen ist, sieht man sofort an, ob ernstlich etwas dahinter ist oder nicht. Und der Rat muss sich dann fragen, ob er bereit ist, eine Zwangsmaßnahme auf dieser Grundlage gegenüber der Öffentlichkeit zu verantworten. So war eine Reihe von Staaten bei der ersten Überarbeitung sehr zurückhaltend. Sie fürchteten, da würde überstürzt eine große Anzahl von Namen von der Liste gestrichen. Das war ein ungeheurer Arbeitsaufwand, um sämtliche Namen anzuschauen, aber schließlich erzielten wir ein anständiges

Resultat. Wir konnten 45 Namen streichen, und ein Dutzend andere sind noch in Überprüfung.

Halt! Der Leiter der Überprüfung sagte doch selbst, er habe 270 Namen gefunden, zu denen seit acht Jahren kein einziges neues Element hinzugekommen war. Das ist ungefähr die Hälfte der ganzen Liste. Wer kommt denn hier und sagt, man sei allgemein sorgfältig vorgegangen?

Sind Sie sicher? Okay. Nehmen wir einen Namen wie Mullah Omar, den Leiter der Taliban, oder Usama Bin Laden, den Kaida-Chef. Was sollten wir in den letzten acht Jahren Neues über sie sagen? Wir wissen nicht, wo sie sind. Und wir haben kein Indiz dafür in der Hand, was sie neuerdings tun. Würden Sie sagen, deshalb sollten wir die streichen? Vielleicht, aber nicht unbedingt. Es ist doch klar, dass diese beiden je das Herz ihrer Bewegung darstellen. Es gibt da feine Abstufungen vom Chefterroristen bis zu den Vergessenen, die offensichtlich schon vor Jahren gestorben sind. Da gibt es kein Schwarz und Weiß. Die Liste hat zweierlei Funktionen. Auf der einen Seite muss sie auf praktischer Ebene die Unterstützung des Terrorismus verhindern. Doch da ist auch noch eine wichtige symbolische Wirkung. Es ist die öffentliche Verurteilung durch die internationale Gemeinschaft. Was können wir schon groß sagen über die Kaida? Was sollen wir in der Liste aufführen? Da gibt es keine Adresse des Hauptsitzes, keine Telefonnummer, keine zivilen Einzelheiten.

Aber ich kann Ihnen doch ein ganzes Buch über die Kaida schreiben!

Natürlich, mehr als eines. Aber was erwähnen Sie in einer Sanktionsliste, wo Sie eine Organisation mit konkreten Angaben identifizieren sollten? Das hier ist eine politische Maßnahme, es ist keine rechtliche Prozedur. Und es sind politische Entscheide, obwohl sie natürlich rechtliche Auswirkungen haben.

Können Sie mir sagen, wie viel Geld insgesamt festgesetzt ist infolge der 1267er Liste?

Das letzte Mal, als wir es ausrechneten, war es in der Größenordnung von 90 Millionen Dollar. Aber der Erfolg der Sanktionen lässt sich nicht wirklich an der Menge eingefrorener Kapitalien messen. Die Sanktionen sollen nicht nur präventiv wirken. Sie müssen auch abschrecken. Angenommen, ein reicher Unternehmer in Zürich oder Wien entwickelt Sympathien für die Kaida. Dann mag er Spenden für diese Gruppierung machen. Aber was ist, wenn herauskommt, dass er ihr Geld gegeben hat? Dann erscheint sein Name auf der Terrorliste, seine Guthaben werden eingefroren und sein Ruf ist ruiniert. Sein ganzes Unternehmen bricht zusammen. Darauf beruht eine überaus starke Abschreckungswirkung. Weiter fällt mir auf, dass Terrorgruppen wie die Kaida und die Taliban schon wiederholt Spendenaufrufe erlassen haben. Daraus schließe ich, dass nicht nur die Finanzbehörden damit Erfolg hatten, Guthaben aufzuspüren und festzusetzen. Da ist auch eine merkliche Zurückhaltung potentieller Spender am Werk. Ich blicke deshalb eher darauf, wie groß die Geldnöte der Terroristen sind, als auf die Menge der festgesetzten Kapitalien.

Also lohnt sich der Aufwand mit der Terrorliste?

Ganz allgemein ist es überaus schwierig, die Wirkung von Maßnahmen gegen den Terrorismus abzuschätzen. Sie müssten dazu ja sagen können, was alles dank dieser Eingriffe *nicht* hat stattfinden können. Ganz selten erhalten Sie einen Hinweis: Hier wurde eine Verschwörung vereitelt, dort wurde jemand verhaftet, deshalb schlug ein Komplott fehl. Das soll aber nicht heißen, dass wir den Nutzen unserer Arbeit nicht kritisch betrachten sollten. In Tat und Wahrheit beobachten wir besonders im Bereich von 1267 die Wirksamkeit der Maßnahmen sehr kritisch. Denn die Umsetzung der Sanktionen bringt den Mitgliedsstaaten einen bedeutenden Aufwand: die Jagd nach Terrorgeld und dessen Festsetzung, die Überwachung der Bankkonten anhand der Schwarzen Liste, die Überprüfung der Passanten an allen Grenzposten. Deshalb hätten alle längst darauf verzichtet, wenn es sich nicht wirklich lohnte.

Sie persönlich sind der Verbindungsmann zu den Geheimdiensten der Mitgliedsstaaten, oder wie funktioniert das?

Ja, bin ich. Aber die Geheimdienste haben keine Verpflichtung, uns irgendetwas mitzuteilen. Wir sind die Vereinten Nationen, und wir haben weder Panzerschränke für geheime Informationen noch auf Diskretion eingeschworene Funktionäre. Wir sind ganz gewöhnliche Uno-Beamte, und überdies stammen wir aus aller Herren Länder. Die Vereinten Nationen können nicht so extensiv Informationen sammeln, die nicht einem spezifischen Zweck dienen. Auf der anderen Seite erwartet der Sicherheitsrat von uns im Monitoring Team, dass wir sachkundig mit ihm über Listeneinträge diskutieren können.

Und das können wir nur, solange wir einen Dialog mit den Geheimdiensten führen und ihre Erkenntnisse nutzen dürfen. Diese Leute reden mit uns im Vertrauen darauf, dass wir ihre Quellen schützen und die Informantennetze nicht kompromittieren.

Wie geht das denn? Sehen Sie neben den redigierten Geheimdienstberichten, d. h. dem für eine gewisse Öffentlichkeit freigegebenen Material, auch rohe, unbehandelte Geheimunterlagen?

Angenommen, Sie sind mein Gesprächspartner vom Nachrichtendienst und Sie geben mir Auskunft gestützt auf Ihre vertraulichen Unterlagen. Dann verlange ich von Ihnen ausschließlich Auskünfte über Ihre Analyse und Beurteilung des Gegenstands, und wir schließen die Vorgehensweise und die Arbeitsmethoden des Apparates explizit aus. Ich will lediglich wissen, wer und wo eine spezifische Person ist, die auf meiner Schwarzen Liste steht, und was sie tut. Alle operationellen Einzelheiten bleiben Ihnen vorbehalten, darüber will ich lieber gar nichts wissen.

Wenn wir ins Terrain gehen, dann suchen wir die Geheimdienste nicht nur in ihren Ländern auf. Wir bringen auch gerne die Vertreter aus verschiedenen Regionen zusammen, etwa die Gruppe des Nahen Ostens, die Leute aus Nordafrika, Pakistan und Afghanistan, Südostasien, das Horn von Afrika. Wenn diese Experten aus verschiedenen Gegenden ihre Erkenntnisse austauschen, macht es auch uns die Arbeit leichter. Wir holen von ihnen sowohl einzeln als auch in Gruppen ihre Beurteilung ein: Wie sie die Bedrohung einschätzen, wie sie sich entwickelt, wie sie die Wirksamkeit unseres Sanktionsregimes sehen und wie wir seine Wirksamkeit verbessern könnten. Für diese Leute heißt Wirksamkeit: Wir müssen ihnen zeigen, wie wir auf internationaler Ebene Terroraktionen vereiteln können, die sie auf dem eigenen Boden nicht zu blockieren vermögen.

Und wir wollen auch die Umsetzung des Regimes verbessern. Nehmen wir wieder das Beispiel Pakistan. Der Geheimdienst ISI legt uns vor, wen er alles auf die Liste gesetzt haben möchte. Aber die tragen uns auch ihre rechtlichen Schwierigkeiten mit diesem und jenem Verdächtigen vor, gegen den sie nicht genug in der Hand haben, um den Fall vor Gericht durchzubringen. Dann suchen wir zusätzliches Material beizubringen, und das ist den Pakistanern nützlich. Hier spielen wir die Rolle eines Zwischenträgers zwischen verschiedenen Nachrichtendiensten, und zwischen diesen und dem Sicherheitsrat. Wir tragen Botschaften in beide Richtungen.

Was geben Sie der neuen Ombudsfrau für Erfolgschancen? Um den Entscheiden des Sanktionskomitees kritisch entgegentreten zu können, muss sie ja noch mehr Geheimdienstmaterial zusammentragen als Komitee und Prüfungsausschuss zusammen? Denken Sie als Fachmann, sie wird das fertigbringen?

Das hängt von den Staaten ab, bei denen sie Unterstützung sucht. Sie hat den Auftrag, mit den betroffenen Leuten zu sprechen, die auf der Liste gelandet sind. Und sie muss auch den Dialog mit den interessierten Staaten suchen. Doch diesen steht es natürlich frei, ihr irgendetwas anzuvertrauen und wie viel. Das hängt nur davon ab, ob sie einen Erfolg der Ombudsperson mit einem bestimmten Fall wollen oder nicht. Daran bemisst sich das Ausmaß der Kooperationsbereitschaft.

Ihr ganzer Erfolg hängt doch davon ab, ob die Staaten ihr vertrauen!

Ich meine, es ist eine reine Interessensfrage. Ihre Aufgabe ist es ja, dem Sicherheitsrat zweifelhafte Fälle vorzutragen. Sie sagt: „Von dem Betroffenen habe ich all diese entlastenden Argumente gehört, und der Urheberstaat des Eintrags und die anderen Parteien haben das und das für und wider die Person vorzubringen." Weiter geht ihre Aufgabe nicht. Dann muss der Sicherheitsrat, vertreten durch den Sanktionsausschuss, seine eigenen Schlüsse ziehen und je nachdem einen Entscheid für ein De-Listing fällen. Wenn sich die Radierung eines Eintrags durchsetzt, so steht der Urheber des Eintrags, gewissermaßen der Ankläger, vor dem Dilemma: Sollen wir den Verdächtigen laufen lassen, oder geben wir noch mehr vertrauliches Anklagematerial gegen ihn frei, auch wenn das ein Risiko für unsere Geheimdienstarbeit darstellt? Eine reine Interessensabwägung.

Kann sie denn die Freigabe von wesentlich mehr Geheimunterlagen herbeiführen?

Ich habe meine Zweifel. Die 1267er Liste ist nicht ein Instrument, das man gegen jeden beliebigen oder angehenden Terroristen einsetzt. Und zwar genau weil es so öffentlich ist. Auf der Liste sind nicht einmal 500 Namen. Doch in Tat und Wahrheit beobachten die Geheimdienste und Sicherheitskräfte rund um den Erdball weit mehr als nur 500 tatsächliche und verdächtige Terroristen. Die Liste hat ihren Nutzen gegen Financiers, Geldleute und mögliche Sponsoren der Terrorgruppen, die man über ihre Bankkonten empfindlich treffen kann. Aber sie ist fehl am Platz etwa gegen einen unscheinbaren Koordinator oder Militanten, der unter dem Radarschirm der Polizeiapparate durchschlüpft und herumreist, um geheime Kontakte zu knüpfen und Zellen aufzubauen. Wenn sie den im Visier haben, so setzen sie ihn nicht auf die Liste, denn sie wollen ihn ja nicht darauf aufmerksam machen, dass er entlarvt ist. Und falls er trotzdem auf der Liste steht, so wollen sie keinem verraten, wie sie ihn entdeckt und woher sie die Information haben. Mithin können sie ihren Eintrag nur schwer rechtfertigen.

So hat sich die Praxis verändert. Am Anfang hieß es: Wer immer mit Terrorismus zu tun hat, der kommt auf die Liste. Heute fragen wir vielmehr: Welchen Terrorverdächtigen tut es wirklich weh, wenn sie auf die Liste kommen? So kommen wir wieder zu einer Interessensabwägung. Ich erwarte, dass die Fälle der Ombudsfrau vor allem solche sein werden, wo die Gründe für den Listeneintrag nicht augenfällig sind. Da nehme ich an, dass die Gründe geheim bleiben – nicht weil es keine gibt, sondern zum Schutze der Geheimdienstarbeit. Die interessierten Staaten werden dann vor die Entscheidung gestellt, den Betreffenden aus der Sanktionsliste zu entlassen. Das heißt dann, dass sie auf eine andere Art mit ihm fertigwerden müssen; zum Beispiel, indem sie konkrete Beweise gegen ihn sammeln und ihn vor Gericht stellen.

Erklärt das, warum es heute viel weniger Begehren für Listeneinträge gibt als früher?

Ja. Am Anfang fiel eine ganze Menge an Einträgen an, vor allem 2001 und 2002. Später schrumpfte die Liste dann. Aber es gab doch einen stetigen Zufluss neuer Einträge. Ich für mein Teil würde ohnehin eine kurze Liste vorziehen. Das wären nur etwa 100 Namen, vor allem aus dem Umkreis der Kaida. Wir brauchen nicht mehr als die ganz prominenten Figuren, die derzeit besonders aktiv sind und die größte Bedrohung darstellen. So könnten wir die Leute auf sie aufmerksam machen, ihnen klarmachen, wer das ist, wo die Leute am Werk sind und wer sie unterstützt. Alle anderen, von denen man kaum je gehört hat oder bei denen wir überhaupt Zweifel haben, die gehören nicht auf unsere Liste.

Der Antiterrorkoordinator der EU, Gilles de Kerchove, klagt, die Zahl der Listeneinträge nehme ab, weil die Staaten nicht mehr an die Nützlichkeit glauben. Die Prozedur werde zu stark verrechtlicht, deshalb habe sie ihre Wirksamkeit verloren. Glauben Sie das auch?

Wir müssen die rechtliche Seit der Prozedur in Ordnung bringen. Aber das betrifft die Umsetzung der Sanktionen durch die Mitgliedsstaaten. Es geht hier um eine Verpflichtung der Staaten, nicht eine des Sicherheitsrates. Der Sicherheitsrat entscheidet lediglich, dass die Staaten dies und jenes unternehmen müssen. Wie sie es tun, ist nicht Sache des Rates, sondern das Problem der Mitgliedsstaaten. So sind die Verpflichtungen auf Grund der Abkommen, die die Staaten beim Eintritt in die Vereinten Nationen unterzeichnen. Die Mitglieder müssen die Resolutionen unter Kapitel 7 der Uno-Charta befolgen, das sind diejenigen mit Zwangscharakter zum Schutze des Weltfriedens. Gewiss kommen die Staaten zum Sicherheitsrat und klagen, sie hätten ihre liebe Mühe bei der Umsetzung der 1267er Sanktionen wegen der rechtlichen Implikationen. Und der Rat hat ein offenes Ohr dafür. Aber es wäre falsch, zu behaupten, der Sicherheitsrat dürfe nur solche Entschließungen erlassen, die für die Staaten einfach umzusetzen sind.

Aber das bedeutet doch, dass der Sicherheitsrat unfehlbar sein muss in seinen Beschlüssen?

Nein. Der Rat kann auch falsche Entscheide fällen. Aber in dem Bereich, von dem Sie reden, ist das so.

Es gibt ja keinen Rechtsweg gegen Verfügungen des Sicherheitsrates, und trotzdem haben sie Rechtscharakter für die betroffenen Personen.

Der Sicherheitsrat ist eine politische Instanz, die politische Entscheide fällt. Dagegen gibt es keinen Rechtsweg. So ist das Uno-System eben aufgebaut.

Aber da liegt doch genau das Schwarze Loch! Leute im Rat können im 1267er Mechanismus Dinge durchsetzen, die gewisse Personen massiv in ihren Rechten beschneiden. Und diese habe keine Gelegenheit, wirksam dagegen zu rekurrieren.

Nicht zwingend. Wenn der Präsident des Rates eine Erklärung gegen irgendeinen Missstand in der Welt erlässt, so gibt es keinen Appell dagegen. Und Entschließungen des Rates unter Kapitel 7 sind bindend für alle Mitglieder, ohne Rekurs, solange kein Veto dagegen erhoben wurde und eine Mehrheit von neun Stimmen zustande kam. So ist das Reglement. Dagegen gibt es keinen Einwand. Das überträgt sich auf das Sanktionsregime. Die Schwierigkeiten erheben sich dort, wenn diese Maßnahmen, die das Gewicht völkerrechtlicher Verfügungen haben, mit den Personenrechten kollidieren, die ebenfalls im Völkerrecht verankert sind.

Solche Fälle haben wir auch in der Schweiz: Yussef Nada wurde auf die Schwarze Liste gesetzt. Doch die Schweizer Behörden schlossen nach vier Jahren eine strafrechtliche Untersuchung gegen ihn ohne irgendeinen Vorwurf ab. Trotzdem blieb er noch fünf Jahre länger auf der Uno-Liste stehen.

Ja, aber die Liste ist keine Strafmaßnahme, die sich gerichtlichen Kriterien beugt. Sie hat präventiven Charakter. Und sie erfordert nicht den gleichen Standard von gerichtsfähigem Beweismaterial, damit jemand eingetragen werden kann. Nun sagen viele, dass dies falsch sei. Aber wenn ein Schweizer Gericht jemanden freispricht, so hat das überhaupt nichts mit dem Uno-Sanktionsregime zu tun. Was hatte das Schweizer Gericht für eine Grundlage für seinen Freispruch? Haben die unsere Geheimdienstunterlagen angeschaut? Natürlich nicht. Deshalb haben die beiden Dinge nichts miteinander zu tun. Solange wir überzeugt sind, dass jemand eine Bedrohung für Weltfrieden und Sicherheit ist, bleibt er auf der Liste. Versuchen Sie nicht, das Öl der gerichtlichen Standards mit dem Wasser der Präventivmaßnahmen im Sicherheitsrat zu vermischen! Die beiden Dinge passen nicht zueinander. Sie lassen sich nicht kombinieren. Der Rat und viele andere sind nun auf der Suche nach einem Kompromiss, zumindest nach einer Vermischung der beiden Prinzipien. So könnte es einigermaßen homogen aussehen, damit beide Seiten sich damit abfinden können. In der EU, nehme ich an, wird das äußerst schwierig. In der Schweiz hingegen dürfte es einfacher gehen. Die Motion Marty spricht davon, dass der Betroffene alle Berufungsmöglichkeiten erschöpft haben muss, bevor die Gerichte den Vorrang vor den Beschlüssen des Sicherheitsrates erhalten. Und zu den Rekursmöglichkeiten gehört auch die Ombudsperson der Uno. Damit sind wir relativ gut geschützt.

Der Prediger von Hamburg

In diesem Kapitel erfährt man, wie deutsche Behörden Schläfrigkeit, aber auch Übereifer entwickeln, und dass man laut über gewaltsamen Widerstand nachdenken kann, ohne straffällig zu werden.

Je mehr Fragen man sich über den syrisch-deutschen Kaufmann und Prediger Mamun Darkazanli stellt, desto unklarer wird sein Profil.

Mentor und Beichtvater der Hamburger Terrorzelle, die die Flugzeuge am 11. September entführte und ins Inferno des World Trade Centers steuerte? Biederer Muslimbruder deutscher Nationalität, der sich vor der eisernen Faust des syrischen Regimes retten muss? Kollaborateur und Maulwurf arabischer Geheimdienste? Doppelagent, auch im Dienste der Kaida? Bedauernswertes Opfer der vereinigten Bürokratien der Vereinten Nationen und Deutschlands? Spielball der deutschen Strafverfolgungsbehörden? Made im Speck einer europäischen Wohlstandsgesellschaft?

Die Suche nach Darkazanli beginnt auf einigermaßen unkonventionelle Art: Seine Adresse am Hamburger Uhlenhorst schlägt man auf der 1267er Terrorliste nach. Dort ist er auch gleich als „Assoziierter der Kaida" eingeteilt. Man erfährt, dass sein deutscher Pass 2005 abgelaufen ist, dass sein „Nom de Guerre" Abu Iliyas der Syrer ist, und dass sein Eintrag auf der Uno-Terrorliste gleich vom Oktober 2001 stammt und im Juni 2010 bestätigt wurde. Die meinen es immer noch ernst. Die Mamun Darkazanli Import-Export Company stand übrigens bereits am 25. September 2001 auf der ersten Liste von Präsident Bushs Exekutivbefehl 13224. In Deutschland hingegen lebt der Mann auf freiem Fuß, eine Untersuchung der Bundesanwaltschaft gegen ihn wurde 2006 eingestellt, weil man ihm keinen Verstoß gegen deutsche Gesetze nachweisen konnte, und er bezieht Sozialhilfe, seit sein Handelsgeschäft durch den Listeneintrag von 2001 lahmgelegt wurde. Die CIA hingegen hatte, wie man seit Januar 2010 weiß, unter Präsident Bush die Entführung Darkazanlis geplant, um ihn wie andere Terrorverdächtige in das Netzwerk der geheimen Transferflüge und Verhörzentren einzuspeisen, womit er wahrscheinlich lange Monate „mit verschärften Methoden einvernommen" und schließlich nach Guantanamo abgeschoben worden wäre. Seine Firma mit Sitz am Uhlenhorsterweg 34, von der Uno gelistet auch im Oktober 2001, wurde allerdings am 15. Juli 2010 von der New Yorker Liste der terroristischen Unternehmen gestrichen, wahrscheinlich weil es sie schon lange gar nicht mehr gibt. Das Kidnapping-Projekt wurde ebenfalls aufgegeben, weil Darkazanli so umsichtig war, Deutschland nach dem 11. September nicht mehr zu verlassen, und Bush wollte die Beziehungen mit Berlin durch eine Nacht- und Nebelaktion der CIA nicht noch mehr belasten.

Die Hamburger Polizei schloss im August 2010 Darkazanlis Moschee, die Taiba-Moschee beim Hamburger Hauptbahnhof. Auch der Trägerverein, „Taiba, Arabisch-deutscher Kulturverein", wurde aufgelöst. Dem war ein längeres Ringen vor Gericht vorausgegangen. Zwei Jahre zuvor war das als Kuds-Moschee berüchtigte Gebetshaus umbenannt worden. Bei der Schließung traf Darkazanli kein gerichtlicher Vorwurf. Er hatte dort als Laienprediger gearbeitet und jeden Freitag in sorgsam vage gehaltenen Worten über die Notwendigkeit gesprochen, dass sich die Muslime gegen ihre Gegner wehren. „Gott möge helfen, unsere Feinde zu töten!" So rief er jeweils aus, doch den Schritt zum direkten Jihad-Aufruf vermied er sorgsam. Trotzdem nimmt die Polizei an, dass der Prediger Darkazanli wesentlich dazu beigetragen hat, junge Gläubige zum Aufbruch nach Afghanistan zu bewegen, wo sie sich der Kaida und anderen anschlossen. Im März 2009 reiste eine Gruppe von elf Hamburger Darkazanli-Jüngern, unter ihnen zwei Frauen, an die pakistanisch-afghanische Grenze, um sich dort in militärischen Lagern zum Kampf ausbilden zu lassen. Einer von ihnen meldete sich später als Abu Askar in einem Videoband mit Aufrufen zum Jihad. Europäische Geheimdienste verdächtigen einige von diesen, in Pläne für Terrorangriffe auf Großhotels in Europa verwickelt zu sein. Ahmed Siddiki, ein führendes Mitglied der Gruppe, wurde im Nato-Gefängnis von Bagram in Afghanistan verhört, wo er diese Vorhaben preisgab. Ein anderer junger Aktivist aus Hamburg namens Rami Makanesi ging den pakistanischen Behörden ins Netz, als er, verkleidet in einer Burka, von Nord-Waziristan in die Provinz Khyber-Paktunkhwa, eine ehemalige Nordwest-Grenzprovinz fahren wollte. In Deutschland wird gegen ihn als Mitglied einer gewalttätigen usbekischen Islamistengruppe ermittelt.

Das Bundeskriminalamt hat eine Liste von etwa 180 Verdächtigen mit Beziehungen zu Deutschland, die im Ausland eine militärische Ausbildung genossen haben. Einige von ihnen wurden in den pakistanischen Stammesgebieten beobachtet, dort, wo die örtlichen Taliban und die Kaida-Gruppen ihre Schlupfwinkel haben. Das Amt nimmt an, dass etwa 80 der Militanten nach Deutschland zurückgekehrt sind und auch dort terroristisch aktiv sein könnten. Mehr als ein Dutzend wurde verhaftet. Im September lancierten die Nato-Truppen über 60 Angriffe mit Drohnen gegen islamistische Kämpfer, wobei auch deutsche Militante getroffen wurden. In Berlin machten amerikanische Diplomaten sarkastische Bemerkungen darüber, dass die deutschen Behörden diese Leute wahrscheinlich mit etwas mehr Entschlossenheit auf eigenem Territorium bequem hätten abfangen können. Doch nun müssten die Nato-Kräfte sie mit massiv höheren Risiken gewaltsam am Hindukusch eliminieren.

Darkazanli und die Taiba/Kuds-Moschee sind in Deutschland vor allem wegen der Hamburger Terrorzelle berüchtigt, aus der eine Gruppe der Attentäter vom 11. September 2001 kam. Nach Ansicht des Vizechefs des Hamburger Verfassungsschutzes, Manfred Murck, hat die Moschee bis heute einen hohen Symbolwert als Hort der Attentäter von Manhattan. In der Moschee seien unter anderem Leute ein- und ausgegangen, die Helden werden wollten, und zwar noch im Diesseits. Er rechnete 2010 mit einer lokalen Szene von etwa 45 Jihadisten, die auch extremistische Gewalt nicht scheuen. Der Prominenteste aus solchen Kreisen war der Ägypter Mohammed Atta, der Musterschüler der Technischen Universität, der als Anführer der Luftpiraten vom 11. September gilt. Aus seiner Zelle stammen laut FBI drei der vier Selbstmordpiloten der entführten Flugzeuge, nämlich Atta selber, Mawan ash-Shehhi und Ziad Jarrah.

Doch nur einer aus dem Kreis der Moschee ist in all den Jahren in Deutschland verurteilt worden: der Marokkaner Munir al-Mutasaddik, der sich nach eigenen Aussagen 2000 in einem Ausbildungslager der Kaida in Afghanistan aufhielt. Er hatte an der Technischen Universität Hamburg studiert. Im November 2001 nahm die deutsche Polizei ihn als Komplizen von Mohammed Atta fest. Nach einem sehr langen juristischen Ringen verurteilte ihn 2007 ein Gericht letzter Instanz zu 15 Jahren Haft wegen Mitgliedschaft in einer terroristischen Vereinigung und Beihilfe zum Mord in 246 Fällen, das entspricht der Anzahl der getöteten Insassen der vier entführten Flugzeuge vom 11. September. Ein enger Freund von Mohammed Atta, Abdelghani Mzoudi, wurde damals freigesprochen.

Mamun Darkazanli kam gar nicht vor Gericht. Ihm war nichts vorzuwerfen außer Mitgliedschaft in einer ausländischen Terrorgruppe. Und bis zu einer Gesetzesänderung im August 2002 war in Deutschland nur die Zugehörigkeit zu einer deutschen Gewaltgruppe strafbar. Seither vermied Darkazanli alles, was ihn einer Strafverfolgung ausgesetzt hätte, aber ohne seine Kundgebungen der Sympathie für die Jihad-Kämpfer zu ändern.

Deutschland wehrt sich gegen den amerikanischen Vorwurf, es unternehme am liebsten gar nichts und hoffe, es seien andere, die vom Terror getroffen werden. Es schütze nur legalistische Bedenken vor, um die mangelnde Beherztheit zum Einschreiten gegen die Jihad-Extremisten zu bemänteln. „Die USA drängten in den Tagen nach dem 11. September ungeheuer", seufzt ein Beamter. „Und sie setzten die Leute auf Teufel komm raus auf die Listen. Wir in Deutschland haben damals gezwungenermaßen bei den Sanktionen gegen Einzelpersonen und Gruppierungen mitgemacht, um nicht einfach abgehängt zu werden." Berlin suchte jedoch von Beginn an nach Wegen, mehr Rechtsstaatlichkeit in das Sanktionsregime einzubringen. Dabei tat es sich mit anderen europäischen Staaten wie der Schweiz zusammen, weil schließlich alle Uno-Mitglieder für diese Linie gewonnen werden müssen.

Auf der anderen Seite entwickelte sich in Europa auch rasch ein Bewusstsein für die eigene Bedrohung. Spanien erlebte 2004 die Terrorattentate gegen Vorortszüge, London 2005 die Angriffe auf den Pendlerverkehr, die Niederlande hatten 2004 den Mordanschlag gegen den Filmemacher Theo Van Gogh, Dänemark seine Karikaturenkrise, alle Europäer brachten ihre Antiterrorstrategie auf Vordermann. „Deutschland hat seit 2008 mindestens sechs Einträge in die 1267er Liste beantragt", sagt der Beamte, „und sie wurden alle anstandslos vom Sanktionskomitee angenommen. Natürlich stößt Amerika uns weiterhin an, doch es ist bei weitem nicht so, dass wir immer nur geschoben würden."

Der jüngste „deutsche" Eintrag betrifft Bekkay Harrach. Nach Zusammenfassung des Uno-Sanktionskomitees verließ der junge Militant sein Land 2007, um nahe der pakistanisch-afghanischen Grenze in einem Kaida-Lager zum Gotteskämpfer ausgebildet zu werden. Er schloss sich der Kaida an. Im Januar 2009 lieferte Harrach den deutschsprachigen Text für ein Propagandavideo der Kaida mit dem Titel „Rettungspaket für Deutschland". Darin erklärte Harrach, er und seine Mitkämpfer wollten keinen Konflikt mit Deutschland. Doch deutsche Truppen unter dem Uno-Mandat in Afghanistan müssten mit Angriffen der Kaida und der Taliban rechnen. In einer anderen Verlautbarung vom Februar 2009, „Der Islam und die Finanzkrise" betitelt, rief Harrach nach der totalen Abschaffung der verfassungsmäßigen Ordnung in Deutschland und der Einrichtung eines Staates nach den Vorstellungen des Kaida-Kalifats. Die Berliner Behörden finden, die Verbreitung solcher Leitbilder zum Sturz der Demokratie in Deutschland könne nicht geduldet werden, weil sie eine ganze Generation junger Militanter in eine gefährliche Richtung lenken. Ein anderer deutscher Jihad-Freiwilliger aus dem Sauerland namens Eric Breininger, der zu Hause seit zwei Jahren per Haftbefehl gesucht wurde, brachte es gar nicht bis auf die Uno-Liste. Als Abdelghaffar al-Almani appellierte er in Kaida-Videos an die Deutschen: „Wenn du nicht auf dem Weg von Allah kämpfen kannst, dann spende wenigstens dein Geld, damit wir unser Leben für Allah opfern können, damit unsere Länder endlich wieder von diesem Dreck befreit werden."

Anfang Mai 2010 wurde dann aus Pakistan gemeldet, Breininger und ein zweiter deutscher Militant seien in Waziristan von den Sicherheitskräften erschossen worden.

Deutsche Listeneinträge werden zwischen den verschiedenen Behörden im Lande abgestimmt. Wenn die Polizei oder die Staatsanwaltschaft genügend Belastungsmaterial gegen einen Verdächtigen gesammelt hat, wird das Begehren zunächst dem Innenministerium, der Justiz, dem Außen- und dem Kanzleramt vorgelegt, bevor es an das Uno-Sanktionskomitee weitergeht. Die Auseinandersetzungen zwischen den Ämtern sind nach Andeutungen eines Kenners mitunter sehr erbittert. Es sind nicht immer die Anhänger der Rechtsstaatlichkeit im Justizministerium und im Außenamt, die die Oberhand gegenüber den Sicherheitsbehörden gewinnen.

Auch die Vorgeschichte des Laienpredigers Darkazanli ist unklar. Er wurde am 4. August 1958 in Syrien geboren. Nach Berichten deutscher Medien stammt er aus Damaskus, nach den Angaben des US-Schatzamtes hingegen aus Aleppo, der nördlichen Rivalin der syrischen Hauptstadt. Er stellt sich selber als Mitglied der syrischen Muslimbruderschaft dar, die in den 1980er Jahren einen bewaffneten Aufstand gegen das Asad-Regime betrieb. Die Bewegung wurde 1982 von den Sicherheitskräften im Blut erstickt. Darkazanli soll vor der Repression des syrischen Geheimdienstes geflohen sein und sich nach Deutschland abgesetzt haben. Der Leiter der Muslimbruderschaft im Exil, Ali Bayanuni, bestritt allerdings in einem Zeitungsinterview eine Mitgliedschaft Darkazanlis. Dessen Schwester Samia erklärte 2004 einem arabischen Journalisten ebenfalls, ihr Bruder sei zwar gläubig gewesen, aber niemals aktiver Muslimbruder. Er habe Syrien nur den Rücken gekehrt, um dem dreijährigen obligatorischen Militärdienst zu entgehen. 1990 erhielt Darkazanli die deutsche Staatsbürgerschaft. Der Verfassungsschutz begann ihn 1996 zu beobachten. Auch die Amerikaner sahen in ihm einen regionalen Kontaktmann der Kaida, der ihr logistisch und finanziell zur Hand ging.

Schon 1993 fiel Darkazanli auf, als er in die Anschaffung eines Frachtschiffes namens „Jennifer" für die Kaida verwickelt war. Er will bis heute vom Chef der Terrorgruppe als voraussichtlichem Eigentümer nichts gewusst zu haben. Im selben Jahr wurde in Afrika ein Mann mit einer Menge Falschgeld und einigen gefälschten Pässen verhaftet, der Darkazanlis Telefonnummer bei sich trug. Zwischen 1995 und 1998 erhielt seine Handelsgesellschaft rund 250.000 Dollar an Zahlungen von der Twaik Group, die als Strohfirma der saudischen Geheimdienste gilt. Darkazanlis Telefonnummer wurde 1997 auch bei Wadih al-Hage in Kenia gefunden. Al-Hage wurde der Mithilfe bei den Anschlägen auf US-Botschaften in Kenia und Tansania verdächtigt. Als die CIA der deutschen Spur nachging und auf Darkazanli stieß, versuchte sie ihn als Maulwurf in der Hamburger Zelle anzuwerben. Darkazanli und ein syrischer Freund namens Mohammed Zammar arbeiteten beide auch für die syrische Gesellschaft Tatex Trading. Der Leiter der Tatex war Abdulmatin Tatari, der gute Beziehungen zum Asad-Regime pflegte. Der zweite große Aktionär, Mohammed Majed Said, war der Leiter eines syrischen Geheimdienstapparates. Tataris ältester Sohn war mit Mohammed Atta befreundet, und er besuchte diesen und Marwan ash-Shihi, einen anderen September-Terroristen, öfters in deren Wohnung in Hamburg. Der jüngere Bruder Tataris unterzeichnete ein Manifest von Atta für die Gründung eines islamischen Studentenverbands. Hier diente offensichtlich die kleine Gruppe um Darkazanli als ein Scharnier zu der Hamburger Zelle. Deutsche Nachrichtendienste glaubten darin eine „Syrian-Connection" der 9/11-Affäre zu erblicken. Es könnte aber auch umgekehrt gewesen sein, dass nämlich die Loyalität gegenüber den Kaida-Militanten stärker war als die Verlockungen durch syrische und saudische Geheimagenten.

Darkazanli soll auch mit dem Sudanesen Mamduh Mahmud Salim Beziehungen gepflegt haben. Dieser wurde im Herbst 1998 in Bayern festgenommen und später an die USA ausgeliefert. Er wurde als Finanzchef Usama Bin Ladens bezeichnet und sitzt bis heute in den USA in Haft, ohne dass der Vorwurf je gerichtlich bestätigt wurde.

Nach den Aussagen eines FBI-Agenten waren die drei späteren Flugzeugentführer Mohammed Atta, Marwan ash-Shihi und Ziad Jarrah keine Radikalen, als sie nach Deutschland kamen, sondern sie entwickelten sich erst unter dem Einfluss der Hamburger Zelle dazu. In der Hansestadt besuchten die drei die Al-Kuds-Moschee, wo sie auf eine Gruppe radikaler Islamisten trafen. Zu dieser zählten Mamun Darkazanli, Mohammed Haydar Zammar, Zakaria Essabar, Ramzi Binashshibah, Said Bahaji und Munir Mutasaddik. Die Aktivisten beteten, arbeiteten, lebten, verkehrten sozial miteinander und besuchten zusammen Seminare an der Universität. In Amerika wurde heftig kritisiert, dass die Hamburger Ermittler Darkazanli nicht sofort nach 9/11 festnahmen. Eine Gelegenheit dazu hätte sich Anfang Oktober 2001 geboten. Damals stellte sich ein gesuchter Kosovo-Albaner bei der Hamburger Polizei und übergab Akten, die er bei einem Einbruch in der Wohnung Darkazanlis erbeutet haben wollte. Es handelte sich um Geschäftsunterlagen des Syrers, die als Grundlage für Ermittlungen hätten dienen können. Kenner sahen darin allerdings eine gezielte Aktion der amerikanischen Geheimdienste.

Aus diesen Zeiten stammt auch das Video einer Hochzeitsfeier in der Kuds-Moschee für Said Bahaji im Oktober 1999. Bahaji heiratete die 18-jährige Deutsch-Türkin Nese Kul. Im Bild erscheint Darkazanli neben den späteren Luftpiraten Shehi aus den Vereinigten Arabischen Emiraten, dem Libanesen Jarrah und dem Drahtzieher Binashshibah. Bahaji stammt aus einer marokkanisch-deutschen Ehe. Er entkam nach Pakistan, sein Pass wurde 2008 aus den Trümmern eines bombardierten Hauses in einem Einflussgebiet der Taliban in Süd-Waziristan aufgefunden. Diese Gruppe Islam-Militanter war dem Verfassungsschutz bekannt und stand seit vielen Monaten unter Observierung. Die Kenner rätseln deshalb immer noch darüber, wie es überhaupt möglich war, dass Mohammed Atta in dieser exponierten Umgebung, gewissermaßen unter dem Brennglas der Geheimdienste, einen derart komplexen Plot für eine Terroraktion entwerfen und vorbereiten konnte. Er besorgte angeblich die ganze taktische Planung, lenkte die Pilotenausbildung der Anwärter und verteilte die Rollen beim dezentralisierten Besteigen der Zutragerflüge und bei der gewaltsamen Kaperung der vier Unglücksflugzeuge. Manche drehen es um und behaupten, das Ganze sei von den Geheimdiensten unterwandert gewesen.

So fand sich auch Darkazanli nach dem 11. September 2001 unter dem hellen Scheinwerferlicht der Ermittlungsbehörden. Die Amerikaner sorgten dafür, dass er mit seiner Firma als einer der Ersten am 6. Oktober auf die 1267er Liste kam. Doch über den – nicht rechtskräftigen – Vorwurf der mutmaßlichen Mitgliedschaft in der Kaida ließ sich nichts gegen ihn dingfest machen. Allerdings musste er unter dem konstanten Druck der Überwachung und der Sanktionen sein Leben grundlegend verändern. So verzichtete er von dem Tag an auf seine geliebten Reisen, weil er außerhalb von Deutschland eine Verhaftung oder Entführungsaktion der Amerikaner gewärtigen musste. Sein Freund Zammar war leichtsinniger und reiste sechs Wochen nach den Anschlägen nach Marokko für eine Scheidung, obwohl er in ersten Verhören in Hamburg zugegeben hatte, dass er die Luftpiraten kannte. Die Deutschen ließen ihn in Ermangelung eines unmittelbaren Tatverdachts ziehen. Und die Behörden des Königreichs ließen sich von der CIA nicht zweimal bitten, sondern nahmen Zammar fest, um ihn schließlich an Syrien auszuliefern. Dort kam er in die Palästina-Abteilung der Haftanstalt der Geheimdienste und wurde monatelang auf die dort übliche, handfeste Art verhört. Syrien behandelte ihn als eigenen Staatsbürger, obwohl er einen deutschen Pass erworben hatte. Nach amerikanischen Presseberichten sandte die US-Botschaft in Damaskus ihre Fragen ein und erhielt nach gegebener Zeit von den Syrern die Antworten Zammars. Ende 2005 bestätigten deutsche Stellen, dass auch Ermittler des Bundeskriminalamtes Zammar in Damaskus verhört hatten. Zammar wurde 2007 von einem Sondergerichtshof in Damaskus zu zwölf Jahren Gefängnis verurteilt.

Darkazanli entdeckte mit der Zeit, dass er, obwohl physisch unbehelligt, auch in Hamburg in einem unsichtbaren Käfig saß. Seine Handelsfirma musste er bald schließen, weil nach Maßgabe der Uno-Sanktionen alle Geschäftsguthaben festgesetzt waren. Als Arbeitsloser hatte er Anspruch auf Sozialhilfe. Doch diese wuchs sich zu einem eigenen Problem aus. Das Sanktionskomitee in New York hatte zwar schon Ende 2002 humanitäre Ausnahmen von der Kapitalblockade gegen Terrorverdächtige vorgesehen. In Entschließung 1452 heißt es, dass jene Gelder nicht festgesetzt werden, die „für Grundausgaben wie Lebensmittel, Wohnungsmiete oder Hypothekarzinsen, Medikamente und medizinische Behandlung, Steuern, Versicherungsprämien, Gebühren und vernünftige Berufsausgaben" bestimmt sind. Die deutschen Behörden stellten sich freilich auf den Standpunkt, dass, wenn schon, dann jede Auszahlung oder Naturalienleistung an eine Person auf der Schwarzen Liste als potentielle Unterstützung des Terrorismus gelten müsse. So strich man nicht nur Mamun Darkazanli, sondern auch seiner Gattin die Unterstützungsgelder, weil sie ihm ja Geld für verbotene Tätigkeiten hätte zustecken können. Darkazanli und andere Betroffene mussten sich mühselig vor Gericht gegen diese Verfügung wehren, bis sie umgestoßen wurde.

Im September 2003 stellte Spanien ein Haftbegehren gegen Darkazanli aus, und die Deutschen nahmen ihn im Oktober 2004 in Auslieferungshaft. Der Syrer hatte ein ganzes Netz von Beziehungen zu teils alten Weggefährten in Spanien, allen voran dem Aleppiner Emadeddin Barakat Yarkas, mit Kriegsnamen Abu Dahdad. Mit diesem hatte er schon eine Zeit lang gemeinsam in Jordanien verbracht, bevor sie beide nach Europa weiterzogen: Yarkas nach Madrid, Darkazanli nach Hamburg. Der Imam der Kuds-Moschee besuchte seinen Freund öfters in Madrid; Geheimdienste sehen in Yarkas geradezu das Haupt der Kaida im Lande. In Spanien traf Darkazanli auch mehrmals mit Mohammed Zuaidi zusammen, der als einer der Zahlmeister der Anschläge vom 11. September gilt. In der Anklageschrift gegen die Männer, denen wegen der Anschläge auf Vorortszüge in Madrid am 11. März 2004 der Prozess gemacht wurde, tauchte Darkazanlis Name über 100 Mal auf. Die Deutschen nahmen ihn jedoch erst fest, als sie Verdacht schöpften, er wolle sich absetzen. Die Auslieferungshaft dauerte neun Monate. Er war der erste Deutsche, der unter dem neuen Euro-Haftbefehl ausgeliefert werden sollte. Er focht die Prozedur jedoch vor dem Verwaltungsgericht an. Im letzten Moment erhielt er Recht, als er schon zur Abschiebung im Flughafen saß. So kam er wieder auf freien Fuß. Eine Entschädigung für die Haft verweigerte Deutschland ihm unter dem Vorwand, es sei nur die ausführende Partei für das spanische Begehren gewesen. Doch auch eine Entschädigung nach Maßgabe der Europäischen Menschenrechtskonvention wurde ihm nicht ausbezahlt, weil er auf der Terrorliste steht. Der spanische Haftbefehl ist weiterhin in Kraft.

Im Dezember 2007 veröffentlichten zwei Rechtsexperten in der Fachzeitschrift „Höchstrichterliche Rechtsprechung im Strafrecht" (HRRS) eine ausführliche Studie über die „Auswirkungen der Terroristenlisten im deutschen Recht". Darkazanli ist nur eines der Beispiele darin. Am Anfang steht ein Entscheid des EU-Gerichtshofs vom Jahre 2007; dieser stützt das Berliner Grundbuchamt in seiner Weigerung, den vertraglich abgeschlossenen Verkauf einer Parzelle an eine Person einzutragen, die auf der 1267er Terrorliste steht. Bei diesem Geschäft entdeckte der Verkäufer eines Grundstücks im Nachhinein, dass einer der drei Käufer mittlerweile auf die Schwarze Liste gekommen war. Das Amt lehnte die Transaktion als Gütertransfer im Sinne der Terrorfinanzierung ab, weil die neuen Eigentümer nach dem Grundbucheintrag das Land verpfänden oder verkaufen könnten, um daraus Kapital zu schlagen. Deutsche Behörden haben sich unter anderem geweigert, Arbeitslosenunterstützung an Proskribierte der Uno-Liste auszuzahlen. Häftlinge hatten plötzlich keine Möglichkeit mehr, mit ihrem Anwalt in Kontakt zu treten, denn die Gefängnisverwaltung zahlte ihnen weder Geld für Telefongespräche noch für Briefmarken aus. Bei Gerichtsverfahren waren sie auf die kostenlosen Dienste eines Pflichtverteidigers angewiesen, weil man ihnen Geldmittel zur Bezahlung eines Fürsprechers ihrer Wahl verweigerte. Die Rechtsexperten führen in ihrem Bericht den Gedankengang in eiserner Konsequenz weiter bis zu den Schwierigkeiten bei den täglichen Einkäufen im Supermarkt und im Krämerladen. Eine Person kann weder mit ihrem Auto Taxidienste leisten noch ihr Haus vermieten. Umgekehrt macht sich strafbar, wer einem Individuum auf der Schwarzen Liste einen Fuhrlohn, überhaupt einen Lohn oder eine Rente auszahlt. Man darf eine solche Person zwar beschäftigen, sie aber nicht entschädigen. Es ist verboten, einer gelisteten Person durch Schenkung, Verkauf, Tausch oder Rückgabe wirtschaftliche Ressourcen zur Verfügung zu stellen. Ebenso verboten ist die Rücknahme einer Ware gegen Erstattung des Kaufpreises. Unter den Begriff fallen weiter alle Dokumente, die einen Warenwert verkörpern oder Rechte an Waren oder Forderungen verbriefen, weshalb zum Beispiel Lagerscheine oder Einlagerungsscheine nicht an gelistete Personen ausgehändigt oder zu deren Gunsten ausgestellt werden dürfen.

Eine Listung betrifft aber nicht nur den Terrorverdächtigen, sondern wirkt sich auch auf Kreditinstitute, Finanzdienstleister und Unternehmen aus. Diese sind nicht nur verpflichtet, Gelder und wirtschaftliche Ressourcen einzufrieren, sondern auch, gelisteten Personen keine Gelder und wirtschaftlichen Ressourcen zur Verfügung zu stellen; darüber hinaus unterliegen sie zahlreichen Meldepflichten. Im Falle einer Zuwiderhandlung droht ihnen neben gewerblichen Konsequenzen auch ein erhebliches Strafbarkeitsrisiko. Die Studie dient auch Rechtsanwälten als Anleitung, wie sie Personen auf der Schwarzen Liste zu Hilfe kommen können. So erfährt man etwa, dass für humanitäre Ausnahmen eine spezifische Bewilligung des Uno-Sanktionskomitees erforderlich ist. Für die Entgegennahme und Bearbeitung der Anträge auf Gewährung einer Ausnahme und deren Weiterleitung an den Sanktionsausschuss sind in Deutschland für Gelder die Bundesbank, für wirtschaftliche Ressourcen das Bundesamt für Wirtschaft und Ausfuhrkontrolle zuständig. Die Bundesbank hat für diese Aufgabe ein „Servicezentrum Finanzsanktionen" in der Hauptverwaltung München angesiedelt.

Die Studie macht klar, dass jeder Betroffene der Uno-Listen in Deutschland unweigerlich auch ein Opfer endloser bürokratischer Umtriebe wird. Wer einmal in die Mühle gerät, kommt nicht so schnell wieder heraus. Für die Behörden sind die Listen umgekehrt ein flexibles und rasch wirksames Mittel, um solche Verdächtige an die Schlinge zu legen, denen man in einem ordentlichen Gerichtsverfahren nicht beikommen könnte. Ein Kenner meint sogar noch bitterer: „Die Listen sind der Rettungsring für die europäischen Sicherheitsdienste, die vor dem 11. September die Bekämpfung des Terrorismus verschlafen hatten." Ist das der Nutzen, den die Verwaltung in diesem Instrument erkennt? „Wir machen in Deutschland immer einen förmlichen Haftbefehl oder zumindest ernstliche polizeiliche Ermittlungen zur Bedingung für ein Uno-Listing", sagt ein Beamter in Berlin. „Und die Begründung dafür wird durchwegs veröffentlicht. Da gibt es keinen Raum für behelfsmäßige Prozeduren mit fadenscheiniger Rechtfertigung." Eine Aktivistin der Zivilgesellschaft wirft mit einem erschreckend klaren Blick für Realitäten ein: „Praktisch läuft es für die Terrorsympathisanten, die auf dem Radarschirm der westlichen Geheimdienste sind, auf eine brutale Alternative hinaus: Entweder sie überleben in dem Käfig der individuellen Uno-Sanktionen mit ihren endlosen Schikanen, oder sie werden eines Tages irgendwo am Hindukusch oder in Jemen von einer ferngesteuerten Drohne aus per Raketenschlag umgebracht. Da können die Sanktionen doch als die humanere Wahl gelten."

Wer immer Mamun Darkazanli auch sein mag, er sieht das wahrscheinlich ein wenig anders. Für ein persönliches Gespräch mit dem Autor stellte er sich jedoch nicht zur Verfügung.

Sammelsurium der Ausgegrenzten, maschinenlesbar

Dieses Kapitel ist eine Sammlung von gewalttätigen Weltverbesserern, brutalen Gewaltfetischisten und undurchsichtigen Grenzgängern, die sich auf den Terrorlisten ein Stelldichein geben.

Die berüchtigte 1267er Liste ist etwa so spannend zu lesen wie ein Fahrplan. Sie besteht, wie einleitend in Erinnerung gerufen wird, aus vier Teilen: Zunächst sind die Individuen aufgeführt, die mit den Taliban assoziiert sind, dann die Gruppierungen und Einrichtungen. Anschließend folgen die Personen aus der Kaida und ihrem Umfeld, und schließlich die entsprechenden Gruppierungen und Einrichtungen. In der am 23. Dezember 2010 publizierten Version umfasste sie 485 Einträge, davon 393 Personen und 92 Gruppierungen. Die Kaida hat mit 257 Personen und allen 92 Einrichtungen das Übergewicht. Das Sanktionskomitee erwähnt einleitend, dass 43 Individuen und 45 Einrichtungen von der Liste getilgt worden sind, das waren von den Taliban 12 Personen und 9 Gruppierungen, von der Kaida 31 Individuen und 36 Einrichtungen. Diese Namen sind aber nicht verschwunden, sondern unter der Rubrik Pressemitteilungen weiterhin zu erfahren; auch die Rehabilitierten werden also der Öffentlichkeit noch als Leute aus der Schmuddelecke in Erinnerung gerufen.

Der erste Name auf der Liste gibt einen guten Eindruck davon, worum es sich handelt: „TI.A. (für Taliban Individual) 38.01. Name 1: Abdulbaqi, Name 2: na, (not available) Name 3: na, Name 4: na. Title: Mawlavi or Mullah." Die Nummern seines Passes und der Identitätspapiere sind als unbekannt angegeben, Geburtsdatum „ungefähr 1962, Geburtsort: Jalalabad, Provinz Nangarhar". Adresse ebenfalls unbekannt. Weiter erfährt man, dass Abdulbaqi unter dem Taliban-Regime Provinzgouverneur von Khost und Paktika war, dann Vizeminister für Information und Kultur, und dass er in der Konsulatsabteilung des Außenministeriums diente. Der Eintrag stammt, wie es heißt, vom 23. Februar 2001 und er wurde dreimal verbessert, zuletzt überarbeitet im Juni 2010. Unter „weitere Angaben" steht, dass Abdulbaqi sich vermutlich in der Grenzregion zu Pakistan aufhält und dass er bis zum 7. September 2007 irrtümlich auch unter Nummer TI.A.48.01 aufgeführt war. In gewöhnliche Prosa übertragen steht hier vor allem, dass man über den Verbleib eines ehemals prominenten Mitglieds des Taliban-Regimes kaum etwas weiß. Trotzdem hält man Abdulbaqi für so wichtig, dass man ihn nicht einfach unter den Tisch fallen lassen will, obwohl man nicht einmal seinen vollen Namen, den Namen des Vaters, Großvaters und Urgroßvaters oder die Passnummer kennt. Die Arbeit der Bürokraten ist – zugegeben – durch die afghanische Gepflogenheit erschwert, Personen überhaupt nur mit ihrem Eigennamen und vielleicht einem Ehrentitel, aber ohne Familien- oder Stammesbezeichnung zu benennen.

Einigermaßen lesbares Material bieten nur die Narrative Summaries, die eine Zusammenfassung der Beweggründe für den Listeneintrag enthalten. Diese Angaben, die das Recht der Betroffenen auf Verteidigung wahren sollten, richten sich an die Opfer, ihre Anwälte und Ankläger im Gerichtssaal. Das Sanktionskomitee begann erst mit vielen Jahren Verspätung, diese Begründungen herauszugeben. Wie per Zufall fehlen die Summaries für die wichtigsten Personen. Zwar haben die Experten sie schon längst alle aufgesetzt, wie ein Insider zu verstehen gibt, doch hängt die ganze Masse der Texte in der Uno-Bürokratie, die sich um Übersetzungen in sechs Sprachen und eine Endredaktion in der Ausdrucksweise der „Political Correctness" bemüht.

Deshalb fördert der Griff nach erstrangiger Prominenz eher Nieten: Der Taliban-Chef, Mullah Omar, erscheint als „Name 1: Mohammed, Name 2: Omar, Title: Mullah, Designation: Amir al-Muminin (Kommandant der Gläubigen)." Geboren ist er „ungefähr 1966" im Dorf Adehrawood in der Provinz Uruzgan. Und eingetragen ist er seit dem 31. Januar 2001. Der Titel ist, nebenbei gesagt, in den Augen der Jihad-Militanten zu hoch gegriffen, sie nennen Omar nur den „Prinz der Gläubigen", während der „Amir" in historischen Zeiten für den Kalifen reserviert war. Über Usama Bin Laden ist nur wenig mehr zu erfahren. Er figuriert immerhin mit dem vollen Namen: Usama Mohammed Awad Bin Laden, und als Ehrentitel trägt er „Sheikh" oder „Hajj" (Mekkapilger). Die Bezeichnung „Mudir" (Direktor) aus den Kreisen seiner Mitstreiter fehlt. Es folgen sechs verschiedene Geburtsdaten in den Jahren 1956 und 1957, und als Ort Jeddah in Saudi-Arabien oder „Jemen". Seine saudische Nationalität wurde ihm vom König entzogen, dafür machten ihn die Taliban zum Ehren-Afghanen. Es finden sich 13 Abwandlungen seines Namens und zwei „Noms de Guerre": Abu Abdallah Abdelhakim oder Qaqa.

Spätestens hier wird klar, dass die Terrorliste der Uno überhaupt nicht für menschliche Lektüre bestimmt ist, sondern für den Computer. Die Suchmaschinen der IT-Verwaltungen von Geheimdiensten, Einwanderungsbehörden, Finanzinstituten und anderen interessierten Unternehmen müssen sämtliche Varianten vorliegen haben, um einen Chefterroristen auch einigermaßen zuverlässig ausmachen zu können. Sinnigerweise bietet das Sanktionskomitee für die beiden Erzterroristen auch keine Zusammenfassung zur Begründung ihres

Eintrags. In jedem Zeitungsartikel ist dazu ausgiebig etwas zu erfahren, aber nicht alles hat die zuverlässige Qualität einer amtlichen Information, wie das Komitee sie anstreben sollte.

Obwohl die Listenverwalter sich überzeugt geben, dass die gesammelten Namen nach der Generalrevision vom Sommer 2010 eine aktuelle Terrorbedrohung abbilden, ergibt sich bei einem Streifzug durch die vielen Einträge eher der Eindruck eines Sammelsuriums von Personen und Einrichtungen – und nicht zuletzt Veteranen – in einer Zone des Zwielichts, die sich rund um ein paar Erzterroristen gruppieren. Manche bleiben offenbar einfach deshalb eingetragen, weil sie einen spektakulären Akt der Einkehr ins westliche Lager verweigern. Der Koordinator des Uno-Monitoring Teams im Sanktionskomitee, Richard Barrett, plädiert unter anderem aus diesem Grund für eine radikal verkürzte Liste mit unbestrittenen und aktiven Terroristen. Dies ist jedoch im Widerstreit der politischen Interessen im Uno-Sanktionskomitee nicht zu erreichen.

Was wir über Usama Bin Laden wissen möchten, das müssen wir anderswo suchen: Was hilft der Listeneintrag gegen ihn überhaupt? Wie ist es möglich, dass der Kaida-Leiter trotz einer über zehnjährigen internationalen Treibjagd, überdies mit Hilfe der letzten Gadgets der Überwachungstechnologie, immer noch auf freiem Fuß lebt? Weshalb ist er angesichts der Kapitalsperre nicht längst bankrottgegangen? Was macht schließlich seine ungebrochene Anziehungskraft für junge und jüngere Generationen von Muslimen aus, und zwar auch unter konvertierten Europäern, obwohl er mit dem Bannfluch der internationalen Gemeinschaft belegt ist?

Der Kern aller Antworten liegt in dem Ausspruch Bin Ladens, den manche Jihad-Gruppen als Leitmotiv benutzen:

Amerika ist eine Supermacht mit einem gewaltigen Militärpotential und einer breiten Wirtschaftsbasis. Aber alles das ruht auf einer brüchigen Grundlage. Deshalb können wir das Land dort angreifen und uns auf die deutlichsten Schwachpunkte konzentrieren. Wenn Amerika nur in einem Zehntel von einem Hundertstel dieser Schwachpunkte getroffen wird, so gerät es ins Taumeln und in die Rezession, und es muss die Führerschaft der Welt und ihre Misshandlung aufgeben. Eine gute Anzahl von Jungen des Islams vermochte es, trotz der Gegnerschaft des internationalen Bündnisses den Beweis zu erbringen, dass die Möglichkeit besteht, den so genannten Supermächten zu widerstehen und sie zu bekämpfen. Sie wussten ihren Glauben zu verteidigen und der Sache ihrer Gemeinschaft mehr Nutzen zu bringen als gut 50 Regierungen und Völker in der islamischen Welt. Sie haben den Jihad als Weg zum

Sieg des Glaubens gewählt. In der Gemeinschaft finden sich – Gott sei Dank – viele dieser heldenhaften jungen Leute. Aber sie sind gefesselt. So müssen wir alle mit vereinten Kräften daran arbeiten, die Fesseln zu sprengen, damit sich die Mujahedin auf den Weg Gottes aufmachen. Denn der Jihad ist der Weg zu Ehre und Sicherheit dieser Gemeinschaft.

„Scheich Usama" hat es paradoxerweise mit seinem menschenverachtenden Mega-Terrorakt fertiggebracht, die Ungerechtigkeit der Großmächte und der von ihnen dominierten Weltordnung bloßzustellen. Und der Größenwahnsinn seines Tuns erweckte unter frustrierten Muslimen den Eindruck, als sei hier einer, der es auch tatsächlich mit dem großen Übel aufnehme und es verstehe, die Welt von Grund auf zu ihrem Besseren zu verändern. In Afghanistan baute er zusammen mit seinen Anhängern die Keimzelle eines islamischen Staates auf. Bin Laden atmete die reine Luft der wilden Berglandschaft am Hindukusch, die ihm als ein islamisches Arkadien vorkam und ihm utopisch-retrograde Phantasien von einem unverfälschten Gemeinwesen nach dem Vorbild des Propheten Mohammed eingab. Scheich Usama predigte seinen Gefährten, die sich mit Kriegsnamen wie Abu Katada, Abu Ubaida und Abu Sufian – die Namen der Sahaba, des ersten Kreises von Anhängern des Religionsstifters – einen Heiligenschein zulegten. Sie lebten eine Existenz nach Maßgabe des Hadith, der Aussprüche des Propheten. Das Gebet und die Vorbereitung auf den „Jihad fi sabil il-illah", den Heiligen Krieg auf dem Wege Gottes, nahmen darin eine zentrale Stelle ein.

Als erfahrener Großunternehmer vergab Bin Laden Terroraktionen wie Großaufträge an willige Subcontractors, etwa die Anschläge vom 11. September an den Pakistaner Khaled Sheikh Mohammed. Seine periodischen Ideologiebotschaften per Video und neuerdings Audio legen den Schluss nahe, dass Bin Laden auch nach einem Jahrzehnt der Flucht noch am Leben ist. Seine religiös verankerte Bereitschaft zur Selbstbeschränkung hat ihn bisher vor dem entscheidenden Fehler bewahrt, der die Häscher auf seine Spur hätte führen können. Und eine breite Sympathie der Bevölkerung im afghanisch-pakistanischen Grenzgebiet, wo er sich mutmaßlich aufhält, behütet ihn vor der Preisgabe. Auch das pakistanische Militär-Establishment sieht in ihm und den Taliban tendenziell eher Verbündete im Schicksalskampf gegen Indien, viel mehr als einen Feind, wie der Westen sie hinstellt.

Bin Ladens Chefideologe, der 60-jährige ägyptische Arzt und Terrorveteran Ayman az-Zawahiri (QI.A.6.01. Name: 1: Aiman 2: Muhammed 3: Rabi 4:

Al-Zawahiri), ist auch mit wenigen Angaben identifiziert. Er soll sich als „enger Verbündeter" des Kaida-Chefs im afghanisch-pakistanischen Grenzgebiet aufhalten. Er war operationeller und militärischer Anführer des ägyptischen Islamischen Jihads, bevor er sich mit seiner Gruppierung 1998 der Kaida anschloss. Zawahiri sorgte selbst mit seinen Erklärungen und Publikationen für Aufsehen, etwa als er den frisch gewählten Präsidenten Obama als domestizierten „Hausneger" im Kontrast zum unverfälschten Feldneger beschimpfte. Sein Buch „Ritter unter dem Banner des Propheten" versteht sich als historisch-ideologische Grundlage eines islamischen Aufstandes gegen die westliche Weltdominanz, die neuen Kreuzfahrer, wie er sie nennt. Die Kaida und ihre Mujahedin sind die Vorkämpfer. Er versucht nachzuweisen, dass die westlichen Staaten Israel schon seit 200 Jahren als jüdischen Staat auf arabischem Boden zu gründen versuchten. Dafür zitiert er unter anderem einen Hilfeappell Napoleons von 1799 an alle Juden der Welt, als ihm die Eroberung der Küstenstadt Akkon von den Osmanen misslang. Schon die Beschreibung des Nillandes der 1980er Jahre verrät seine polarisierte Weltsicht:

Eine Analyse der politischen Lage in Ägypten zeigt, dass das Land im Widerstreit zwischen zwei Mächten liegt: zwischen einer offiziellen Macht und einer Volksmacht, deren Wurzeln tief im Boden verwachsen sind, nämlich die islamische Bewegung allgemein und der harte Kern des Jihads im Besonderen. Die erste Macht wird von Amerika, dem Westen, Israel und den meisten arabischen Machthabern unterstützt. Die zweite Macht hingegen ist allein auf Gott gestellt, im Weiteren auf ihre Beliebtheit und die Allianz mit anderen Jihad-Bewegungen quer durch die islamische Gemeinschaft, von Tschetschenien im Norden bis nach Somalia im Süden, und vom östlichen Turkestan bis nach Marokko im fernen Westen. Die Gründe für die Feindschaft sind überaus klar. Die erste Macht will den Islam von der Macht vertreiben und ihn mittels Gewalt, Brutalität und Wahlfälschungen aus dem Alltagsleben heraushalten. Und sie will das Land für die Feinde des Islam öffnen, die Amerikaner und die Juden, mit Hilfe von Friedensabkommen und Bündnissen, die allein uns die Massenvernichtungswaffen verbieten, die Sinai-Halbinsel demilitarisieren, die direkte amerikanische Besetzung unseres Landes erlauben und gemeinsame Manöver vorgeben. Es ist eine Schlacht der Ideologien, ein Ringen ums Überleben und ein Krieg ohne Waffenstillstand.

Der Mann, der den Amerikanern als Erfinder und Stratege des Mega-Terrors vom 11. September gilt, der Pakistaner Khaled Sheikh Mohammed, steht überhaupt nicht auf der Liste. Doch hat ihn die Europäische Union in ihrer eigenen Aufstellung erfasst (17. Mohammed, Khalid Shaikh (...) alias Wadood, Khalid Abdul, geboren am 14.4.1965 oder 1.3.1964 in Pakistan, Reisepass Nr. 488555). Er ist seit Ende 2002 gefangen und sitzt im Haftlager Guantanamo. Für die ihm angelasteten Verbrechen droht ihm die Todesstrafe; mithin schätzt man ihn wohl an der Uno nicht mehr als Bedrohung ein. Khalid ash-Sheikh Mohammed entstammte einer pakistanischen Emigrantenfamilie in Kuwait. Sein Neffe Ramzi Yussef wurde später in New York als Urheber des Bombenanschlags von 1993 auf das World Trade Center verurteilt. Sheikh Mohammed selbst studierte Ingenieurwesen in Amerika, dann kämpfte er 1988 in Afghanistan mit den Mujahedin. Danach arbeitete er bis 1996 als Ingenieur in Katar, dann zog er auf die Philippinen und trat dort als reicher Holzverkäufer auf. In all den Jahren reiste er häufig und unterhielt Kontakte mit verschiedenen Jihad-Gruppen, er war auch auf der Flucht vor Haftbefehlen aus Amerika. Er nahm mitunter an den Kämpfen in Bosnien teil. In Afghanistan verbündete er sich schließlich nach den Anschlägen auf die US-Botschaften von 1989 in Ostafrika mit Bin Laden.

Wozu er sich selbst bekennt, ist einigermaßen haarsträubend. So erklärte sein Anwalt am 10. März 2007 vor dem Militärgericht in Guantanamo in Sheikh Mohammeds Namen:

Ich schwor Sheikh Usama Bin Laden Treue und verpflichtete mich zum Jihad. Ich war Mitglied des Kaida-Führungsrates (...)

4. Ich war Operationsdirektor für Bin Laden im Organisieren, Planen, Beaufsichtigen und Umsetzen der Operation vom 11. September unter dem Militärkommandanten Sheikh Abu Hafs al-Masri Subhi Abu Sittah

5. Ich war der militärische Kommandant für alle Auslandsoperationen rund um die Welt unter der Führung von Sheikh Usama Bin Laden und Dr. Ayman az-Zawahiri

6. Ich war nach dem Tod von Sheikh Abu Hafs al-Masri direkt zuständig für die Zelle zur Produktion von biologischen Waffen wie Anthrax und für die Aktionen für eine schmutzige Bombe in Amerika

7. (...) Ich war verantwortlich für den Angriff auf das World Trade Center von 1993 (...)

Die Liste der Selbstbezichtigungen geht über 31 Punkte und sie umfasst auch das berüchtigte Bojinka-Komplott, bei dem im Januar 1995 zwölf Linienflugzeuge gleichzeitig im Flug gesprengt werden sollten, das blutige Bombenattentat auf Nachtklubs in Bali 2002, weiter geplante Mordanschläge gegen den Papst,

Präsident Clinton, den pakistanischen Präsidenten Musharraf und Ex-Außenminister Kissinger. Manche bezweifeln allerdings den Wert dieser Beichte und sehen dahinter nur den Größenwahnsinn eines notorisch instabilen Charakters, der Mitte der 1990er Jahre in Manila unter Callgirls mit Geld und Geschenken um sich warf und einmal eigens einen Helikopter mietete, um einer Zahnärztin eine Liebeserklärung vor dem Fenster ihres Arbeitsplatzes zu machen.

Der wichtigste Mann für das Überleben der Kaida als weltweite Organisation findet sich auch nicht auf der Liste. Es ist Abu Musab as-Suri, mit zivilem Namen Mustafa Sitmariam Nassar. Dieser rothaarige Syrer mit grünen Augen aus Aleppo, der die spanische Staatsbürgerschaft erwarb, ist der schärfste Denker und Stratege der Gruppierung, der ihr nach dem selbstmörderischen Schock vom 11. September mit einer neuen Organisationsstruktur das Überleben erst ermöglichte. Bin Laden rechnete zweifellos mit der Aufopferung der Kaida als Folge des Mega-Terrors von New York und Washington, und er erblickte darin das Martyrium im wahrsten Sinne des Wortes: den größten Glaubensbeweis für die ungebrochene Vitalität der Jihad-Bewegung. Sitmariam hingegen erarbeitete das praktische Modell des Individualterrorismus in einem losen, nicht hierarchisch geordneten Weltnetzwerk von kleinen Operationszellen. Die alte Kaida-Führung diente nur noch als Vorbild und Quelle der Inspiration, während der Kampf nun lokalen Militanten überlassen war, die möglichst unabhängig ihre Pläne schmiedeten, ihre eigenen Helfer rekrutierten und anleiteten. Sitmariam ging im November 2005 in Quetta den pakistanischen Sicherheitskräften ins Netz. Bald darauf wurde er den Amerikanern übergeben, die ihn offenbar unter anderem auf Diego Garcia in einem geheimen Haftlager festhielten. Er wurde aber Ende 2006 nicht mit den 14 High Value Detainees nach Guantanamo transferiert. Er soll nach Syrien überstellt worden sein, wo er ebenfalls gesucht wurde.

Seine Laufbahn begann als Kämpfer der Muslimbruderschaft gegen das Asad-Regime. Anfang der 1980er Jahre floh er nach Spanien, wo er heiratete und vier Kinder zeugte. Er fuhr für längere Perioden nach Peshawar, wo er auf die antisowjetischen Mujahedin stieß. Dort knüpfte er auch seine Bande zu den Vorläufern der Kaida und ihren späteren Führern. In den Lagern der Mujahedin diente er schon als ideologischer und militärischer Ausbilder. In Spanien verbündete er sich unter anderem mit Emadeddin Yarkas, einem Freund des Syrers Mamun Darkazanli aus Hamburg. Später zog er mit seiner Familie nach Kabul um, und als die Taliban dort die Macht hatten, erlaubte ihm das Verteidigungsministerium die Eröffnung eines eigenen Ausbildungslagers namens al-Ghuraba (die Fremden). Auf diese Weise erhielt er sich Unabhängigkeit gegenüber Usama Bin Laden, dem er deutlich Konkurrenz machte. Er kritisierte auch scharf den Entscheid zu den Anschlägen vom 11. September, weil, wie er sagte, diese zur Zerstörung des „islamischen Emirats Afghanistan" führten und den amerikanischen Antiterrorkrieg gegen die Muslime und den Irak erst provozierten.

In al-Ghuraba bildete Sitmariam Hunderte von Jihad-Militanten aus arabischen und muslimischen Ländern aus. Er predigte eine härtere Linie als Bin Laden und förderte auch die Herstellung chemischer Waffen. „Tötet, wo immer ihr es könnt", trieb er seine Schüler an, „macht keine Unterscheidung zwischen Männern, Frauen und Kindern." Als Ziele gab er an: „Kreuzfahrer, Christen und Juden, und ebenso gefallene Muslime." Auch gegen die Schiiten hetzte er als von der rechten Lehre Abgefallene. Die späteren Kaida-Anschläge in Bali, Casablanca, Istanbul, Madrid und London gingen genau auf die Sorte von lokalen Zellen zurück, wie Sitmariam sie beschrieb. In Madrid waren es der etablierte tunesische Immigrant Sarhane Fakhet und der Marokkaner Jamal Zougham, die ihre eigene Militantenzelle aufbauten. In London war es der angesehene Lehrer Mohammed Siddik Khan, der junge Muslime für sein Komplott anheuerte. Zu Sitmariams Schülern im Lager al-Ghuraba gehörte auch Amer Azizi, der später in Spanien wegen Beteiligung an den Anschlägen von 9/11 und Aufbau von lokaler Kaida-Zellen gesucht wurde.

Der ehemalige Außenseiter Abu Musab az-Zarkawi (QI.A.131.03. Name: 1: Ahmad 2: Fadil 3: Nazal 4: Al-Khalayleh) hat sich zur besonders abschreckenden Prominenz der Kaida emporgearbeitet, indem er sich auf ausgesucht brutale und zynische Vorgehensweisen spezialisierte. Er führte im Irak die Schreckensvideos von entführten Ausländern ein, die im gleichen orangefarbenen Overall wie die Guantanamo-Häftlinge posieren mussten, und denen Zarkawi dann höchstpersönlich mit einem Fleischermesser die Kehle durchschnitt. Er erfand auch die Strategie der Provokation eines Bruderkrieges zwischen Sunniten und Schiiten, den er durch gezielte Massaker unter den Schiiten und die Freveltat mit der Sprengung des Schiitenheiligtums von Samarra 2006 anstachelte. Zarkawi, ein Palästina-Jordanier, der in Zarka aufgewachsen war, diente sich in jordanischen Gefängnissen durch seine finstere Rücksichtslosigkeit und die späte Islamisierung zum „Jihad-Kämpfer" hoch. Nach der amerikanischen Besetzung des Iraks pflanzte er dort im sunnitisch-baathistischen Untergrund seine Kämpfergruppe ein. Im Oktober 2004 diente er sie der Kaida-Mutterorganisation als regionalen Ableger an. Doch wurde er später von Ayman az-Zawahiri scharf getadelt wegen seines Krieges gegen die schiitischen Glaubensbrüder. Aus der Uno-Liste geht neben 15 „Noms de Guerre" hervor, dass Zarkawi „angeblich im Juni 2006 umgekommen" ist. Die amerikanischen Besetzertruppen haben damals sein Versteck mit einer Rakete getroffen, und die „Kaida im Land der beiden Ströme" meldete in aller Form seinen Tod. Seither hat man nie mehr etwas von Zarkawi gehört, und auf der Terrorliste stellt er offensichtlich ein bürokratisches Skelett dar.

Ein ähnlicher Außenseiter hat sich unter der Anleitung Zarkawis ebenfalls zu einem der herausragenden Kaida-Anführer befördert. Es ist der Algerier Abdelmalek Rabah Droukdel (QI.D.232.07.), der Leiter der „Kaida im islamischen Magreb". Er wurde 2007 in Tizi-Ouzou in absentia zu lebenslanger Haft verurteilt. Heute macht er vor allem als Verantwortlicher für die Entführung von Ausländern im algerisch-malisch-nigrischen Grenzgebiet von sich reden. Er betreibt das zum Ärger der Algerier als offenbar lukratives Erpressungsgeschäft mit Lösegeldern von europäischen Unternehmen. Droukdel erklärte im September 2006 den Anschluss seiner Gruppierung an die Kaida, wobei Zarkawi als Vermittler gewirkt haben soll. Die Organisation entstammte der Bürgerkriegsgruppierung GSPC (Groupe salafiste pour la prédication et le combat), die ihrerseits aus der ersten Kampfgruppe GIA (Groupe islamique armé) abstammte. Droukdel hatte schon in der GIA als Sprengstoffexperte zahlreiche blutige Bombenanschläge geleitet. Er kommandierte die GSPC seit Mitte 2004. Die algerischen Behörden werfen ihm eine ganze Reihe haarsträubender Bombenanschläge im Zentrum von Algier, gegen Polizeistationen in der Provinz und gegen ausländische Erdölgesellschaften vor. Auch er pflegt, wie seinerzeit Zarkawi, das Markenzeichen einer auf die Spitze getriebenen Brutalität, die dann in fadenscheiniger Rechtfertigung als gottgefälliges Werk hochgelobt wird.

Eine Figur eher fern vom Zentrum des islamistischen Dunstkreises ist der Jemenite Abdalmajid Zindani (QI.A.156.04. Name: 1: Abd-al-Majid 2: Aziz 3: Al-Zindani 4: na). Er befindet sich in der finsteren Gesellschaft der Chefterroristen, weil er die gleichen Lehrer hatte wie sie und antiamerikanische Gefühle mit ihnen teilte. Seine Iman-Universität in der jemenitischen Hauptstadt Sanaa gilt als eine Brutstätte für angehende Jihad-Krieger, und sie ist eine der ideologisch-sozialen Stützen in dem breiten Feld islamischer Sympathisanten. Scheich Abdelmajid ist aber in Jemen weiterhin eine herausragende Persönlichkeit und ein Führer der Islah-Partei, dem Präsident Saleh wiederholt seine Unterstützung zugesagt hat. Nach der Zusammenfassung des Uno-Sanktionskomitees hat Zindani „direkt den Terrorismus, Personen und Einrichtungen auf der Sanktionsliste, einschließlich der Kaida, unterstützt. Zindani hat lange Zeit mit Usama Bin Laden zusammengearbeitet. Er diente ihm als Berater. Und er rekrutierte aktiv für Ausbildungslager der Kaida. Weiter hatte er eine Schlüsselrolle bei Waffenkäufen für die Kaida. Er diente auch als Kontakt zu den Ansar al-Islam" im irakischen Kurdistan.

Zindani wurde um 1938 in der Nähe der jemenitischen Stadt Ibb geboren, wo er aufwuchs. Er studierte seit Ende der 1950er Jahre in Kairo, zunächst Pharmakologie, dann Islamwissenschaften. Er schloss sich den Muslimbrüdern an. In den 1970er Jahren pendelte er zwischen Saudi-Arabien und Jemen, wo er sich für eine konservative islamische Erziehung einsetzte. In den 1980er Jahren gründete er in Jiddah an der König Abdelaziz-Universität das Institut für die wissenschaftliche Unnachahmlichkeit des Korans. Sein Interesse galt der Verbindung zwischen der Wissenschaft und dem Islam, später betrieb er beispielsweise Recherchen über die Behandlung von Aids durch die Religion. An jenem Institut traf er mit Usama Bin Laden zusammen, und dort hatte er ein Reservoir von jungen Freiwilligen aus dem Königreich und aus Jemen, die er zum Jihad gegen die Sowjets nach Afghanistan mobilisieren konnte. Seine Stellung in Jemen stärkte er 1993 mit der Gründung der Iman-Universität. Die Regierung von Sanaa stellte das Land zur Verfügung, und private saudische und andere staatliche islamische Geber lieferten das nötige Betriebskapital. Im Bürgerkrieg von 1994 erwarb er sich Präsident Salehs dauerhafte Dankbarkeit, indem er kraft seiner Beziehungen zu den Afghanistan-Veteranen eine Reihe erfahrener islamischer Kämpfer als Stoßtrupps auf Seiten der Regierungskräfte Sanaas mobilisierte. Zindani nahm auch eine führende Stellung in der jemenitischen Islah-Partei ein.

Die Iman-Universität bietet je siebenjährige Lehrgänge in der Scharia (islamisches Recht), Arabisch, islamischer Predigt und in Humanwissenschaften. Im Jahr 2006 hatte sie 4.650 Studenten, darunter eine Minderheit von etwa 150 Ausländern aus rund 50 Staaten. Nach der Beobachtung eines westlichen Akademikers zerfällt die Studentenschaft in eine gemäßigte, weltoffene Mehrheitsströmung und eine kleine, radikal-islamische Faktion. Die Amerikaner fielen nach 9/11 über die Iman-Universität her, weil der amerikanische Taliban-Konvertit John Walker Lindh dort einige Semester absolviert hatte. Auch die jemenitischen Mörder von drei entführten Baptistenpredigern und des Oppositionsführers Jarallah Omar im Jahr 2002 hatten dort Kurse belegt. Der auffälligste Iman-Absolvent ist Anwar al-Aulaqi (QI.A.283.10. Name: 1: Anwar 2: Nasser 3: Abdullah 4: Al-Aulaqi), ein Jemen-Amerikaner, der im

Internet auf Englisch offen für den Jihad gegen die USA predigte und sich deshalb im Dezember 2007 nach Jemen absetzen musste.

Präsident Saleh verteidigte jedoch Scheikh Abdelmajid mehrfach bei öffentlichen Auftritten an der Iman-Universität als rechtschaffenen Mann, für den er bürgen könne. „Wenn das hier ein Nest für Terroristen wäre", rief er in einer Art von Zirkelschluss aus, „was hätte dann der Präsident des Landes hier zu suchen?!" Im Frühjahr 2006 meldete die jemenitische Presse, die USA hätten die Verhaftung von Abdelmajid Zindani verlangt. Kurz darauf hatte der Scheich zwei Verkehrsunfälle, die ganz nach Versuchen eines Mordanschlags aussahen. Dann sendete das staatliche Fernsehen Bilder von einem offensichtlich angespannten Treffen des Präsidenten mit dem amerikanischen Botschafter, das mit erneuten Rechenschaftsbezeugungen Salehs für Scheich Abdelmajid überspielt war. Im Herbst 2006 gewann Zindani den Prozess gegen eine Lokalzeitung, weil sie die als verletzend empfundenen dänischen Mohammed-Karikaturen abgedruckt hatte. 2008 gründete er zusammen mit anderen Konservativen und Stammesführern eine parastaatliche Sittenpolizei, nach dem saudischen Vorbild der „Komitees für den Befehl zum Wohlverhalten und zur Verhinderung der Übeltaten" (Hayat al-amr bil-maruf wan-nahyi an il-munkar).

Bei dem saudischen Exilpolitiker in London Saad al-Faqih (QI.A.181.04. Name: 1: Saad 2: Rashed 3: Mohammad 4: Al-Faqih) liegt der Verdacht nahe, dass ihn vor allem seine unbequeme Gegnerschaft zum saudischen Königsregime auf die Schwarze Liste gebracht hat. „Saad al-Faqih ist der Begründer und Leiter der Nichtregierungsorganisation ‚Bewegung für islamische Reform in Arabien' (Mira) mit Sitz in London", heißt es in der Zusammenfassung des Uno-Sanktionskomitees. „Al-Faqih und Mira haben eine Webseite, die für die Publikation von Erklärungen im Zusammenhang mit der Kaida benutzt wurde, unter anderem Köpfungsszenen sowie Botschaften von Usama Bin Laden und Abu Musab Zarkawi. Mira verbreitete Botschaften für die ideologische und logistische Unterstützung von Netzwerken im Umkreis der Kaida und für potentielle Freiwillige." Weiter wirft man Faqih den Kauf eines Satellitentelefons im Jahr 1998 für Bin Laden vor, und dazu eine kurzfristige Partnerschaft mit dessen Vertreter in Großbritannien, Khaled al-Fawwaz.

Was die Zusammenfassung der Uno nicht erwähnt, ist die bedeutende und sehr breit abgestützte Analysearbeit von Mira über die Herrschaft des saudischen Königshauses und insbesondere dessen verschwenderische und inkonsistente Wirtschaftspolitik. Saad al-Faqih und seine Sammlung von kritischen

Studien dienten jahrelang der europäischen Presse als eine besonnene Stimme der Opposition gegen das Königshaus, und seine fundierten Enthüllungen über die grassierende Korruption der herrschenden Familie bereitete massive Kopfschmerzen. Diese betrafen auch manche europäischen Regierungen und Privatunternehmen, die sich den Zugang zu dem lukrativen saudischen Markt mit „Kommissionen" in der Höhe von bis zu zehn Prozent für den Kronprinzen oder einen anderen „Royal" erkauften. Natürlich bediente sich auch Usama Bin Laden dieser Kritik am Hause Saud. Die Opposition schöpfte hier aus gemeinsamen Quellen, auch wenn dann die einen den Weg der Gewalt, die anderen den der friedlichen Opposition wählten. Wo genau Saad al-Faqih sich in jeder Phase seiner Aktivitäten situierte und ob er allenfalls arglos von Terroristen missbraucht wurde, das kann der gewöhnliche Sterbliche ohne Einsicht in geheime Unterlagen schwer abwägen.

Die Europäische Union setzt nicht nur automatisch die Uno-Liste um, sondern sie führt auch ihre eigene Aufstellung. Die letzte Version von Juni 2010 umfasst 25 Personen und 27 Einrichtungen. Die Individuen sind vor allem Algerier und Mitglieder der Gruppe „Takfir wal-Hijra", allem Anschein nach vor allem den französischen Fahndungslisten entnommen, weiter ein FBI-„Most wanted Terrorist", der Saudi Ahmed Ibrahim Mughassil und drei Landsleute, dann der Niederländer Mohammed Bouyeri, der Mörder des Filmemachers Theo van Gogh, ein weiterer Landsmann und ein Marokkaner, alle drei Mitglieder der „Hofstadgroep", und schließlich zwei Libanesen. Der Leiter der philippinischen KP, José Maria Sison, ist nach siebenjährigem rechtlichem Ringen in der Folge eines Urteils des EU-Gerichts vom Dezember 2009 gestrichen worden. Die Liste der Organisationen geht von Palästinensergruppen wie die Volksfront FPLP und Volksfront-Generalkommando über die Hamas und die Aksa-Brigaden der Fatah zu der Islamischen Gamaa und zum Islamischen Jihad, der kolumbischen Farc, der kurdisch-türkischen PKK bis zur niederländischen Stichting Al Aqsa und den Tamil Tigers of Eelam. Der libanesische Hizbullah fehlt, obwohl die Uno ihn proskribiert, und zwar aus politischen Rücksichten.

Abusufians langer Heimweg

Hier erfährt man, dass die Fußangeln der 1267er Sanktionen einen leicht für Jahre irgendwo stranden lassen. Mitunter mag das Machtwort eines Bundesrichters etwas in Bewegung bringen.

Der Kanada-Sudanese Abusufian Abelrazik hat mit seinem Schicksal den Bundesrichter Russel Zinn in Toronto zu einem Abstecher in die Weltliteratur inspiriert. In einem eigenwilligen Exkurs in einer Rechtsschrift meinte Richter Zinn: „Das 1267er Sanktionsregime versetzt eine Person auf der Liste in eine Lage ganz ähnlich derjenigen von Joseph K. in Kafkas ‚Prozess', der eines Morgens erwacht und aus Gründen, die weder ihm noch dem Leser je klargemacht werden, verhaftet und gerichtlich verfolgt wird wegen eines Verbrechens, das man ihm nie eröffnet. Es ist deshalb unredlich von den Behörden, Abdelrazik eine Anrufung des 1267er Sanktionskomitees anstatt dieses Gerichtshofs vorzuschlagen, wenn er sich fälschlicherweise auf die Liste versetzt fühlt." Der Richter holte gleich noch weiter aus: „Es ist schwer zu sehen, was ein Antragsteller für einen Negativbeweis vorbringen sollte, wie er beweisen könnte, dass er NICHT ein Mitglied der Kaida ist. Weder Abdelrazik noch ein anderer könnte nachweisen, dass er nicht ein Kaida-Verbündeter ist, genau so wenig wie jemand belegen könnte, dass es keine Feen oder Kobolde gibt. Es ist ein Grundsatz der kanadischen und der internationalen Justiz, dass ein Angeklagter nicht seine eigene Unschuld beweisen muss, sondern dass vielmehr der Kläger die Last des Schuldbeweises trägt."

Abdelraziks Geschichte ist tatsächlich besser als manche erfundene Erzählung. Der junge Sudanese kam nach dem Militärputsch von Oberst Omar Hassan al-Bashir von 1989 als Flüchtling nach Kanada, weil er zur Opposition zählte. Im Jahr 1995 erlangte er die kanadische Staatsbürgerschaft. Er lebte von 1990 bis 2003 in Montreal. Dort macht er die Bekanntschaft von zwei Muslimen, denen später Terrorismus nachgewiesen wurde. Der eine war Ahmed Ressam, der in Amerika wegen eines versuchten Bombenattentats verurteilt wurde. Abdelrazik sagte in dem Prozess aus freien Stücken gegen Ressam aus. Der andere war Adil Charkaoui, ein in Kanada lebender Marokkaner, der 2003 als ein Risiko für die nationale Sicherheit festgenommen wurde. Abdelrazik seinerseits wurde weder in Kanada noch anderswo wegen irgendeines Vergehens angeklagt, und er verwarf vor dem Gericht den Terrorismus in aller Form. In Kanada heiratete er zwei Mal und wurde Vater von drei Kindern.

Im Herbst 2003 reiste er nach Khartum, um seine Mutter zu besuchen, und auch weil er im Zuge der Terrorhysterie in Montreal eine Verhaftung fürchtete. Dann nahmen ihn allerdings die Sudanesen im September 2003 fest. Die Staatssicherheit verhörte ihn in mehreren Sondergefängnissen, und Abdelrazik gibt an, er sei dabei geschlagen und anderweitig gefoltert worden. Auch kanadische Sicherheitsagenten nutzten die Gelegenheit, um ihn in Khartum einzuvernehmen. Abdelrazik zieht deshalb eine Parallele zu ähnlichen Fällen in Syrien und ist überzeugt, die Verhaftung gehe überhaupt auf ein Verlangen der Kanadier zurück, es handle sich um ein „Outsourcing des Verhörs". Nachher setzte ihn die Polizei in Khartum in Halbfreiheit. Er verlangte die Hilfe der kanadischen Botschaft für eine Heimkehr nach Montreal. Im Juli 2004 kaufte ihm die Botschaft mit Geld von seiner Frau ein Flugticket der Lufthansa. Doch die Fluggesellschaft weigerte sich, Abdelrazik zu befördern, weil er auf einer „No-fly-Liste" stehe.

Im Juli 2005 erhielt er eine Bescheinigung des sudanischen Justizministeriums, dass er keinerlei Beziehungen zur Kaida habe. Doch im Oktober bestellte ihn die Polizei wieder zum Verhör und hielt ihn weitere neun Monate lang fest. Abdelrazik beschwerte sich erneut über wiederholte Folter und Schläge. Am Tag seiner Freilassung in Khartum, am 20. Juli 2006, setzte ihn das US-Schatzamt auf seine Schwarze Liste wegen „hochrangiger Beziehungen zur Kaida und deren Unterstützung". Wenige Tage später folgten das US-Staatsdepartement und dann das Uno-Sanktionskomitee mit einer Ächtung nach.

Im Juni 2009 veröffentlichte das Uno-Sanktionskomitee eine Zusammenfassung seiner belastenden Unterlagen. Es wirft Abdelrazik darin vor, er habe enge Verbindungen zur höchsten Kaida-Führung gehabt. Er hatte „engen Kontakt" zu Abu Zubaydah, der in Usama Bin Ladens Auftrag das Netz der militärischen Ausbildungslager der Kaida in Afghanistan aufbaute und leitete. Spezifisch rekrutierte Abdelrazik einen Tunesier namens Raouf Hannachi und begleitete ihn zur Ausbildung im Lager Khalden, wo die Kaida und verwandte Organisationen ihre Aspiranten hinschickten. Abdelrazik stand auch einem zweiten Kandidaten mit Ratschlägen bei, bevor dieser zu einem Ausbildungslager nach Afghanistan aufbrach. Nach den Aussagen dieses Mannes behauptete Abdelrazik, er habe selbst in einem dieser Lager eine Ausbildung genossen und dabei die Bekanntschaft von Bin Laden gemacht. Nach Angaben des Sanktionskomitees knüpfte Abdelrazik auch Beziehungen zu den Ansar al-Islam. Er gehörte einer Zelle in Montreal an, deren Mitglieder sich im Lager Khalden in Afghanistan getroffen hätten. Zu diesen gehörte auch Ahmed Ressam, der anlässlich der Millenniumsfeiern vom Januar 2000 den Flughafen Los Angeles anzugreifen plante. Ein weiteres Mitglied war Abderrauf Jdey, der in die Planung von Flugzeugentführungen verwickelt war. 1996 hatte Abdelrazik nach Tschetschenien zu reisen versucht, doch gelangte er nicht ans Ziel. Bei einem zweiten Versuch 1999 musste er ebenfalls unverrichteter Dinge in einem russisch kontrollierten Territorium umkehren.

Dies ist eine der wenigen Zusammenfassungen, worin das Sanktionskomitee eine seiner Quellen andeutet, es ist nämlich der zweite Jihad-Kandidat, den Abdelrazik beraten haben soll. Wenn man annehmen darf, dass es sich dabei um einen Guantanamo-Häftling – eine der wichtigsten Informationsplattformen der US-Geheimdienste für die Kaida – handelt, so drängt sich sofort die Frage nach der Zuverlässigkeit der Anschuldigung eines Militanten gegenüber seinem angeblichen Mentor auf, dem er die Schuld überwälzen will, und all das überdies nach jahrelanger Haft unter den bekannten Bedingungen des konstanten psychologischen Drucks. Kanadische Behörden haben Abdelrazik einen guten Leumund ausgestellt. In den Akten des kanadischen Bundesgerichts vom Juni 2009 heißt es: „In Kanada pflegte Abdelrazik Umgang mit zwei Personen, die in Terrorismus verwickelt waren. Doch fand sich – mit Ausnahme der Beziehungen zu diesen zwei Personen – in den Akten keinerlei Hinweis, woraus man vernünftig hätte schließen können, dass Abdelrazik irgendwie mit Terrorismus oder Terroristen zu tun hatte."

Mit diesem Uno-„Listing" unterlag Abdelrazik ab 2006 förmlich einer internationalen Reisesperre und seine Guthaben mussten festgesetzt werden. Im folgenden Jahr verlangte Abdelrazik in einer Petition, dass die kanadischen Behörden sich für die Streichung von der Uno-Liste verwenden sollten. Bei der Gelegenheit gaben die beiden kompetenten kanadischen Polizeidienste für ihn einen Persilschein ab: sie hätten keinerlei Hinweis auf kriminelle Aktivitäten Abdelraziks. Die Kanadier drangen im Sicherheitsrat jedoch nicht durch, wahrscheinlich wegen des Widerstandes von Seiten Amerika. Abdelrazik suchte im April 2008 Schutz bei der kanadischen Botschaft in Khartum, weil er eine erneute Verhaftung durch die sudanesische Geheimpolizei fürchtete; diese hatte ihn, teils in Begleitung amerikanischer Agenten, erneut mehrfach einvernommen. In der Folge logierte er in der Halle des Botschaftsgebäudes, wo er auf einer Matte am Boden schlief, bis eine Solidaritätsaktion ihm ein Feldbett verschaffte.

Gegen seine Heimreise nach Montreal häuften sich nun allerdings die Hindernisse, seit er auf der Schwarzen Liste der Uno stand. Sein kanadischer Pass war abgelaufen, und die Botschaft verweigerte die Ausstellung eines neuen regulären Dokuments. Sie bot ihm die Möglichkeit eines „Reisedokuments für

177

Notfälle" an, doch machte sie dieses vom Kauf eines Flugtickets für die Heimreise abhängig. Damit sandte sie Abdelrazik gleich in ein doppeltes Dornengestrüpp, denn zum einen stand er auf der „No-fly-list", und überdies durfte er als designierter Terrorist keine Finanztransaktionen tätigen. Da ihm nach dem unverhofft langen Aufenthalt in Khartum das Geld ausgegangen war, war er auf Unterstützung angewiesen. Doch eine Spende zugunsten von Abdelrazik kam nun rechtlich der Finanzierung von Terrorismus gleich. In seiner Notlage vermochte der Exilierte die kanadische Zivilgesellschaft zu mobilisieren. Zu Hause kam so im März 2009 das „Project fly home" zustande. Über 100 Sympathisanten und Persönlichkeiten des öffentlichen Lebens legten in einem Akt des öffentlichen Ungehorsams ihre Beiträge für ein Ticket zusammen. Am 3. April präsentierte sich Abdelrazik mit einer mühsam erlangten Flugreservation und einem bezahlten Ticket, doch die kanadische Botschaft fand zwei Stunden vor dem Abflug erneut eine Ausflucht, um ihm ein Reisedokument zu verweigern. Es brauchte schließlich einen richterlichen Befehl des kanadischen Bundesrichters Zinn, der am 4. Juni 2009 den Behörden in Ottawa auftrug, Abdelrazik einen provisorischen Pass, das Geld für den Flug und eine Eskorte bereitzustellen, damit er endlich ungehindert in sein Land zurückkehren konnte. Zinn stellte lakonisch fest, dass die Verweigerung eines Reisedokuments einen Verstoß gegen die Verfassung bedeutete, die jedem Bürger das Recht auf Heimkehr garantiert.

So konnte Abdelrazik am 27. Juni 2009, nach einer 14-monatigen Warteperiode in der kanadischen Botschaft von Khartum, dann tatsächlich das Flugzeug nach Montreal besteigen. Damit war allerdings sein Spießrutenlauf noch lange nicht zu Ende. Er war zwar mit seinen Kindern wiedervereint, doch seine frühere Existenz war durch die Terrorvorwürfe nachhaltig zunichte gemacht.

Da er weiterhin auf der Uno-Liste steht, ist es untersagt, ihm eine bezahlte Arbeit zu bieten oder ihm andere Geldmittel zuzuhalten. Gewerkschaftsverbände sprangen in die Lücke und machten ihm Angebote. Die Militanten des „Project fly home" setzen sich dafür ein, dass Kanada die Umsetzung der 1267er Sanktionen gegen Abdelrazik verweigert und sich erneut für seine Rehabilitation beim Sanktionskomitee einsetzt. Was immer Abusifian Abdelrazik in seinen früheren Jahren am Hindukusch auch getan hat, so ist an ihm ein schmerzliches Exempel statuiert, dass infolge der weltweiten Ächtung mittels der Schwarzen Listen auch ein nur vorübergehender sozialer Kontakt mit Aktivisten der Terrorszene bereits vernichtende Folgen hat.

Martin Scheinin, der einsame Mahner der Uno

Hier erfährt man, dass sich im Völkerrecht zahlreiche tief greifende Einwände gegen die gezielten Sanktionen des Sicherheitsrates finden, dass diese jedoch kaum jemand zur Kenntnis nehmen will. Wer derartige Bedenken innerhalb der Uno beharrlich anmeldet, der wird in die Rolle des Buhmanns gedrängt.

Professor Martin Scheinin scheint meistens unter Druck zu sein. Der magere, freundliche, aber immer trocken sachliche finnische Völkerrechtsfachmann ist in zahlreichen Ausschüssen der Vereinten Nationen, in Hörsälen und Wandelgängen von nordischen Universitäten, in Sitzungszimmern von europäischen Regierungsverwaltungen zu Hause. Er gleicht dem Jäger, der zum gehetzten Wild geworden ist: gehetzt durch tausend Verpflichtungen, Ausschüsse, Untersuchungsberichte, Gutachten, Expertenmeinungen und Anhörungen.

Scheinin ist von 2005 bis 2011 der Uno-Sonderberichterstatter mit dem längsten Titel von allen. Dieser soll einen nötigen, aber einigermaßen unliebsamen Auftrag beschönigen: Der Finne ist der „Sonderberichterstatter für die Förderung und den Schutz der Menschenrechte bei der Bekämpfung des Terrorismus". In einfachen Worten gesagt, soll er der Repression gegen die Terroristen ihre Grenzen abstecken. Und was ihm geschieht, ist, dass die alten Füchse der Machtpolitik ihn als nützliches Feigenblatt missbrauchen, ihn im Stillen belächeln und ihn in seinen Recherchen und Anhörungen gern ins Leere laufen lassen.

Scheinin hat ungefähr sämtliche vernichtenden Kritiken geliefert, die sich die Bürgerrechtsaktivisten im Kampf gegen die Arroganz der staatlichen Exekutiven je wünschen konnten. So demontierte er im Mai 2007 nach einem Arbeitsbesuch in Amerika – damals noch ein Gang in die Höhle des republikanischen Löwen George W. Bush – freimütig die ganze Antiterrorstrategie der Neocons: Der Kampf der USA gegen den Terrorismus könne sich nicht auf die Sonderregelungen für einen Kriegszustand berufen, weil von einem eigentlichen Krieg nicht die Rede sein könne, das Haftlager in Guantanamo sei zu schließen und die dort festgehaltenen Kaida- und Taliban-Militanten müssten entweder vor Gericht gestellt oder aber freigelassen werden. Auch die Militärgerichte zur Aburteilung der Häftlinge verwarf er. Der Zorn konservativer Kreise in Washington ließ nicht auf sich warten. Diese fanden, Scheinin habe kurzerhand die Anliegen der „internationalen Menschenrechts-Community" über das Recht der Vereinigten Staaten auf Selbstverteidigung gestellt.

Praktisch hat nach dem Machtwechsel 2009 die Administration Obama den Begriff Antiterrorkrieg aus ihrer Sprachregelung verschwinden lassen, aber den Krieg weitergeführt, wenn auch mit realistischeren Strategien. Obama ordnete sogar die Schließung von Guantanamo an, nur um zwei Jahre später eingestehen zu müssen, dass er die Anlage nur schwer loswerden könne.

Nach einer Untersuchung über die spanische Strategie gegen den baskischen ETA-Terror im Frühjahr 2009 erklärte Scheinin unter anderem: „Spanien hat Institutionen, die in einer Demokratie keinen Platz haben." Er fand, die Terrordefinition des Strafgesetzes werde auf zu viele Sekundärverbrechen ausgedehnt. Die Regierung sollte gewaltlose politische Gruppierungen, die die Ziele der ETA teilen, nicht einfach in den gleichen Topf wie die Terroristen werfen. Als Antwort auf die Präsentation des entsprechenden Berichts im Uno-Menschenrechtsrat sagte der spanische Regierungsvertreter: „Herr Scheinin hat keine Ahnung von der Realität des Kampfes gegen den Terrorismus, und noch weniger von der Meinung der Mehrheit der Spanier. Offenbar kennt er das Verbrechen der Glorifizierung des Terrorismus überhaupt nicht. Er brachte Kritiken und Klagen vor, die keine Grundlage haben und niemals in der Realität erprobt wurden. Und er äußerte Zweifel an der Unparteilichkeit der Richter und der Gewaltentrennung." Die Regierung hielt entgegen Scheinins Vorschlägen an ihrer Praxis der Incommunicado-Haft für mutmaßliche Terroristen fest. In einem Interview wurde Scheinin dann gefragt, was er zu der spanischen Behauptung zu sagen habe, seine Kritiken seien nicht mehr als eine persönliche Meinung. „Das ist nicht wahr", meinte der Finne ruhig, „ich bin ein unabhängiger Experte für die Analyse der Grundlagen für die völkerrechtliche Gesetzgebung über Menschenrechte. Ich analysiere das heute geltende Recht. Was meine Methode angeht, so bin ich vollkommen frei, Informationen aus jeder denkbaren Quelle aufzunehmen. Ich muss unterstreichen, dass in meinem Bericht nichts steht, was die spanischen Behörden nicht zuvor gesehen hätten. Ich legte ihnen meinen Text im Voraus vor, und sie hatten monatelang Zeit, ihn zu kommentieren. Doch am Ende bin ich es, der entscheidet, was ich in die Schlussfassung des Berichts aufnehmen will und was nicht." Ob es üblich sei, dass Regierungen in dieser Form reagierten? „Ich erhalte immer Kritiken. Aber es gibt dann doch Unterschiede in der Schärfe und im Stil der Kritik. Ich muss jedoch sagen, dass die Qualität der diplomatischen Beziehungen mit den Spaniern gut war. Wir führten interessante Diskussionen. Es kam keinerlei Verärgerung auf, aber es gab Meinungsverschiedenheiten zu diversen Fragen." Scheinin macht sich auch keine falschen Vorstellungen vom Gewicht seiner Interventionen. Von der Uno als Institution erwarte er sich auch keine zusätzliche Aktion zur Bekräftigung seiner Kritiken gegen Spanien, sagte er, doch er als Sonderberichterstatter werde die Lage im Auge behalten.

Martin Scheinin ist für die Regierungen ein weltweit anerkannter Völkerrechtsexperte mit profunden Kenntnissen in Rechtsfragen der Repression, Folter und Terrorbekämpfung. Aber angesichts seiner fehlenden Erfahrung als Verantwortlicher in einer Amtsstelle, oder wäre es auch nur als Verteidigungsanwalt in Strafgerichtsprozessen, gestehen sie ihm keinerlei Sinn für das Praktische zu. Mithin dürften sie etwa meinen: „Ja ja, der Stubenhocker aus dem ruhigen, nordischen Eisschrank, der hat gut reden ..."

Diese Einschätzung ergibt sich auch aus Scheinins Werdegang. Martin Scheinin, geboren 1954 in Helsinki, erwarb 1982 ein Abschlussexamen in Rechtswissenschaft von der Universität Turku. Zwei Jahre später fügte er einen Abschluss in Biochemie hinzu. 1991 promovierte er zum Doktor Juris. Von da an reihte er Forschungs- und Lehraufträge aneinander, bis er 1998 zum Armfelt Professor für Verfassungs- und Völkerrecht und zum Direktor des Menschenrechtsinstituts der Abo Akademi University in Finnland berufen wurde. An der Europäischen Universität in Florenz ist er Professor für Völkerrecht. Man findet ihn überdies in den 1980er und 1990er Jahren als Sekretär von drei finnischen Regierungsausschüssen für die Überarbeitung der Verfassung, weiter als Mitglied des Menschrechtskomitees der Uno seit 1997 und mit unzähligen Lehraufträgen und Verantwortungen akademischer Panels. 2005 bestellte ihn der Uno-Menschrechtsrat zum Sonderberichterstatter für die Fragen des Antiterrorkrieges, und sein dreijähriges Mandat wurde 2008 trotz seines angriffigen Arbeitsstils erneuert.

Was einem Sonderberichterstatter in einem politischen Gremium widerfahren kann, das erlebte Scheinin im Genfer Uno-Menschenrechtsrat, der doch genau zur Behandlung seiner Art von Sorgen geschaffen wurde. Scheinin hatte einen Beitrag zu dem überaus aufwändigen Bericht von Januar 2010 geleistet, der die verdeckten Häftlingstransporte der CIA kreuz und quer durch Europa und die geheime Inhaftierung von Terrorverdächtigen bloßstellte. An der Untersuchung waren auch Manfred Nowak, der Sonderberichterstatter für Folter, und Vertreter von zwei Arbeitsgruppen für arbiträre Haft und für Verschwundene beteiligt. Auf 222 Seiten nannte der Bericht die USA zusammen mit Russland, China, Indien, Algerien, Ägypten, Iran, dem Sudan und fünf Dutzend anderen Ländern, die seit dem September-Terror 2001 mutmaßliche Terroristen in geheimen Anlagen aller Rechts- und Schutzgarantien beraubt und oft jahrelang festgehalten haben – oder es noch tun. Die Studie stützte

181

sich unter anderem auf schriftliche Auskünfte von 44 Staaten und Interviews mit 30 ehemaligen Häftlingen oder deren Vertretern. In sorgfältiger Kleinarbeit rekonstruierten die Experten das Wachsen eines Netzwerks im Dienste des CIA-Programms für „hochwertige Häftlinge". Nach US-Beamten erfasste das Programm mindestens 94 Personen, von denen 66 später nach Guantanamo oder in ihre Ursprungsländer abgeschoben wurden. Zum Netz gehörten geheime Verhörzentren und Haftanlagen in Ländern mit teils zweifelhaftem menschenrechtlichem Leumund, angefangen von Afghanistan und dem Irak bis nach Polen, Litauen, Rumänien, Usbekistan, Djibouti, Jemen, Syrien, Thailand, Kenia und Tansania.

Die Experten verwarfen die Praktik in einer ausführlichen Argumentation als völkerrechtswidrig, weil die bewusste Verletzung der Grundrechte der Häftlinge sowohl dem Menschenrechtskorpus als auch dem humanitären Recht der Genfer Konventionen zuwiderläuft. Doch die Staatenvertreter im Menschenrechtsrat nahmen die Warnung der Experten bezüglich der Missstände und Verstöße nicht als hilfreichen Hinweis auf, sondern sie wandten sich in der bewährten Manier des Herrschers gegen den Boten, der die schlechte Nachricht überbringt. Mehrere Länder warfen den Sonderberichterstattern vor, sie hätten mit ihrer Untersuchung ihr Mandat überschritten, und sie bemäkelten den stark kritischen Ton im Bericht. Manche wollten sogar die Verfahrensvorschriften für alle Berichterstatter enger fassen. Das Resultat am Ende der Session des Rates war nicht etwa eine interne Untersuchung in den betroffenen Staaten, um die Urheber solch markanter Verstöße gegen die Menschenrechte zur Rechenschaft zu ziehen, sondern man trug den Berichterstattern auf, ihren Bericht zu überarbeiten und ihm einen „positiven Teil" mit Anregungen für löbliche Praktiken der Behörden hinzuzufügen. Die einlässliche Debatte über den Bericht wurde auf eine nicht bestimmte, kommende Ratssession hinausgeschoben.

Martin Scheinin hat sich in insgesamt sechs ausführlichen Berichten für die Uno-Generalversammlung mit den gezielten Finanzsanktionen gegen Kaida und Taliban auseinandergesetzt, und er hat nicht viel davon übrig gelassen. Er empfiehlt, in der Terrorbekämpfung grundlegend von der Durchsetzung der Menschenrechte auszugehen, nicht von der Repression, so wie es der Sicherheitsrat getan hat. Nach Scheinin sollte man die Sanktionen vom Zwangscharakter gemäß Kapitel 7 der Uno-Charta befreien. Scheinin ruft den Sicherheitsrat auf, „das Sanktionsregime nach Entschließung 1267 durch eine Beratung und Unterstützung der Mitgliedsstaaten zu ersetzen, damit diese ihre nationalen Terrorlisten besser führen und darüber berichten können, und damit diese mit den verfügbaren Garantien für ein angemessenes Rechtsverfahren vertraut werden." Weiter sollten die Vereinten Nationen ihre eigene Verpflichtung klar festschreiben, die Menschenrechte zu respektieren. Und alle Mitgliedsländer müssten eigene gerichtliche Berufungsmechanismen gegen die angewandten Smart Sanctions einrichten.

Der letzte Bericht Scheinins von August 2010, einige Monate vor Ende seines Mandats als Sonderberichterstatter, ist geradezu eine Generalabrechnung mit den Terrorsanktionen des Sicherheitsrates. Er reitet eine brillante rechtliche Attacke gegen die Vorgehensweise des höchsten Uno-Gremiums, indem er dem Sicherheitsrat einen klaren Verstoß gegen die Uno-Charta nachweist.

„1995 hielt die Uno-Generalversammlung erstmals fest, dass jede Maßnahme zur Terrorbekämpfung strikt den völkerrechtlichen Standards für Menschenrechte gehorchen müsse", schreibt Scheinin. Er erinnert an die Antiterrorstrategie der Generalversammlung vom April 2006: „Die Strategie stellt eine deutliche Stellungnahme der Uno-Mitgliedsstaaten dar, wonach wirksame Terrorbekämpfung nicht mit dem Schutz der Menschenrechte kollidiert." Scheinin weist den rechtlichen Einwand ab, dass die Uno selbst gar nicht Abkommenspartnerin des Menschenrechtspaktes sei. Er meint, es sei doch „abwegig", wenn eine Organisation, von der der Schutz der Menschenrechte ursprünglich herrührte, nicht gehalten wäre, diese selbst zu beachten. Doch genau diese Haltung hat der Finne festgestellt, wie er in der gedrechselten Sprache der internationalen Diplomatie bemerkt: „Der Sonderberichterstatter ist besorgt darüber, dass die zentrale Stellung des Respekts für Menschenrechte und Rechtsstaatlichkeit oft nicht in die Terrorbekämpfung umgesetzt wird, dies sowohl innerhalb der Uno als auch auf der Ebene der Einzelstaaten."

Scheinin erinnert daran, dass gemäß Artikel 24 der Uno-Charta der Sicherheitsrat gehalten ist, sich bei der Versehung seiner Aufgaben an die Zwecke und Prinzipien der Vereinten Nationen zu halten. Diese enthalten nach Artikel 1,3 die Förderung und die Respektierung der Menschenrechte. Als spezifisch betroffene Aspekte nennt Scheinin das Recht auf angemessene Prozedur und ein faires Gerichtsverfahren mit einem wirksamen Berufungsmechanismus und Entschädigungsmöglichkeiten für erlittenes Unrecht, weiter das Recht auf persönliche Freiheit sowie die wirtschaftlichen, sozialen und kulturellen Rechte. Die Hauptsorge gilt bei den Uno-Sanktionen den betroffenen Individuen, die nur mit Mühe ihre Proceduralrechte geltend machen können, solange ein wirksames Instrument zur Anfechtung eines Listeneintrags fehlt.

Der Sonderberichterstatter untersucht dann das Vorgehen des Sicherheitsrates bei der Verhängung gezielter Sanktionen gegen den Terrorismus. In der

Entschließung 1373, dem großen Antiterrormanifest der Uno nach den Septemberanschlägen von 2001, sieht er den Sicherheitsrat in der Rolle des Schöpfers neuer völkerrechtlicher Satzungen. Scheinin erklärt, dass der Sicherheitsrat traditionell solche Zwangsmaßnahmen unter Kapitel 7 der Charta immer nur für eine spezifische Konfliktsituation verhängt hatte, womit sie beim Ende der entsprechenden Konfrontation wieder erlöschten. Doch 2001 formulierte der Rat solche Verpflichtungen für alle Staaten mit Bezug auf eine weder geographisch noch zeitlich begrenzte Konfliktlage, d. h. auf den Krieg gegen den Terrorismus. Dazu runzelt Rechtsexperte Scheinin heftig die Stirn, weil der Sicherheitsrat damit allgemeingültige Regelungen geschaffen hat: „Es ist problematisch, wenn der Sicherheitsrat solche verbindlichen Verpflichtungen für alle Mitgliedsstaaten ausspricht, und dies unter Berufung auf hypothetische Angriffe, die mit dem völkerrechtlich gar nicht definierten Begriff des Terrorismus beschrieben sind."

Weiter stellt Scheinin klar, dass der Sicherheitsrat sich die Kompetenz zur Weiterentwicklung des Völkerrechts fälschlich anmaßt, denn die Charta teilt diese in Abschnitt 13,1 ausdrücklich der Generalversammlung zu. Er stellt die rhetorische Frage: „Soll eine derartige politische Institution (wie der Sicherheitsrat), die mit Exekutivkompetenzen ausgestattet ist, wirklich Rechtsfragen beantworten, (…) zumal es geeignete Foren für die Beurteilung solcher Probleme gibt?" Scheinin zieht die Uno-Charta herbei, die den Internationalen Gerichtshof als das zentrale Rechtsorgan der Uno bezeichnet.

Besonders das Sanktionskomitee nach Resolution 1267 zerpflückt Scheinin arg. Aus seiner Sicht hat ein Eintrag in die Terrorliste schwerwiegende Sanktionsfolgen für die betroffene Person; er kommt deshalb einer strafrechtlichen Anklage gleich. Doch die Art und Weise, wie die Sanktion ausgefällt wird, wird dem in keiner Weise gerecht: „Listeneinträge kommen oft in politischen Entscheiden zustande. Und diese werden durch diplomatische Vertreter von Staaten in politischen Gremien gefällt, gestützt auf geheimes Beweismaterial, das nicht einmal unbedingt die am Entscheid beteiligten Staaten untereinander weitergeben."

Schließlich untersucht Scheinin die neu eingerichtete Ombudsperson, in der der Sicherheitsrat eine ausreichende rechtliche Rekursinstanz sieht. Scheinin nimmt als Maß einen Gerichtshof, wie ihn Artikel 14 der Konvention über politische und Bürgerrechte als Berufungsmöglichkeit gegen amtliche Verfügungen vorschreibt. Der Berichterstatter findet, dass die Ombudsperson den Anforderungen für eine öffentliche und faire Anhörung vor einem unparteilichen Gericht nicht genügt. Sie kann die Listeneinträge des Sanktionskomitees nicht verwerfen, sie kann nicht einmal entsprechende Empfehlungen abgeben. Die Entscheide des Sanktionskomitees werden weiterhin hinter verschlossenen Türen gefällt, wobei eine quasi-gerichtliche Überprüfung des Beweismaterials fehlt. Die Ombudsperson ist ganz vom guten Willen der Staaten für ihren Zugang zu Informationen abhängig. Und die Staaten sind nicht verpflichtet, den Befund der Ombudsperson zu beachten oder überhaupt zu veröffentlichen.

Zu diesem Generalverriss meint der frühere Vorsitzende des Sanktionskomitees, der österreichische Botschafter Mayr-Harting, Scheinin habe seine Beurteilung in seinen Berichten kontinuierlich nachgeschärft. Sein jetziges Bestreben, das ganze Prozedere aus Kapitel 7 über Zwangsmaßnahmen herauszulösen, sei im Sicherheitsrat eindeutig nicht durchzusetzen; ebenso wenig seine Idee der Verrechtlichung, wobei ein unabhängiges Panel die Beschlüsse des Sicherheitsrates überprüfen sollte. Er begrüßt es, dass Scheinin die Verantwortlichkeit der Mitgliedsstaaten in dem Sanktionskomitee an den Tag bringt, die ja auf nationaler Ebene je eigenen, innerstaatlichen Kontrollmechanismen unterliegen sollten, bevor sie Namen auf die Liste bringen. Im Vorjahr war Scheinin vor allem darauf aus gewesen, einen Zwang zur regelmäßigen Überprüfung der Einträge einzuführen. Eine solche Überholung ist mittlerweile alle drei Jahre vorgeschrieben. Natürlich würden Unschuldige immer noch in ihrem Geschäftsleben massiv geschädigt, meint der Botschafter, aber die zeitliche Beschränkung eröffnet doch die Möglichkeit einer Korrektur. Mayr-Harting ist viel eher dafür, dass die Komiteemitglieder unter sich Verbesserungen des Verfahrens in kleinen Schritten ausarbeiten. Scheinin erhielt, wie schon mit seinem Gemeinschaftswerk mit Nowak, als Erstes von der Uno den Auftrag, positiv über die Möglichkeiten der besseren Beachtung der Menschenrechte zu berichten. Diesen Zusatz reichte er im Dezember 2010 ein.

Wie fühlt Martin Scheinin sich als Rufer in der Wüste? Solche und ähnliche Fragen zu seiner persönlichen Motivation bei der Arbeit fand der Sonderberichterstatter überaus erwägenswert. Auch über die Förderer seiner akademischen Recherchen hinsichtlich Umsetzung der Menschenrechte hätten wir gern mehr erfahren. Die verfügbaren Medieninterviews von Martin Scheinin drehen sich allerdings immer streng um die Substanz seiner Forschungen und Berichte. Persönliches kommt nie zum Ausdruck. Auch zur Beantwortung meiner Fragen fand er schließlich nicht die nötige Zeit.

Joseph K. und ein Federstrich der Mächtigen

Hier erfahren wir, dass die Macht seit Jahrhunderten und bis heute Wege findet, das Gesetz nach ihrem Gutdünken zu hüten.

„Jemand mußte Josef K. verleumdet haben, denn ohne daß er etwas Böses getan hätte, wurde er eines Morgens verhaftet." Der alte Meister Franz Kafka hat das Verhältnis der Menschen zum Recht und zur Macht wohl abschließend in seinem „Prozess" beschrieben. Er hat bereits erkannt, dass auch hinter der fast federleichten Sanktion und der quasi virtuellen Verhaftung ein Todesurteil wartet. So begegnen uns im Kontext der gezielten Terrorsanktionen die Beobachtungen Kafkas auf Schritt und Tritt. Da ist das Unverständnis des Betroffenen und die Verhaftung aus nicht ersichtlichen Gründen, die ja dann gar keine richtige Festnahme ist, sondern der Angeklagte wird nur in einen unsichtbaren Bann – die Kapital- und Reisesperre – geschlagen.

Die unwissende Sturheit der Schergen ist ebenfalls wiederzuerkennen:
„Sie dürfen nicht weggehen, Sie sind ja verhaftet." „Es sieht so aus", sagte K. „Und warum denn?", fragte er dann. „Wir sind nicht dazu bestellt, Ihnen das zu sagen. Gehen Sie in Ihr Zimmer und warten Sie. Das Verfahren ist nun einmal eingeleitet, und Sie werden alles zur richtigen Zeit erfahren."

Ähnlich ist auch der unerschütterliche Glauben der Amtsbüttel an die Richtigkeit der Sanktion:
„Wir sind niedrige Angestellte.(...) Trotzdem aber sind wir fähig, einzusehen, daß die hohen Behörden, in deren Dienst wir stehen, ehe sie eine solche Verhaftung verfügen, sich sehr genau über die Gründe der Verhaftung und die Person des Verhafteten unterrichten. Es gibt darin keinen Irrtum. Unsere Behörde, soweit ich sie kenne, und ich kenne nur die niedrigsten Grade, sucht doch nicht etwa die Schuld in der Bevölkerung, sondern wird, wie es im Gesetz heißt, von der Schuld angezogen und muß uns Wächter ausschicken. Das ist Gesetz. Wo gäbe es da einen Irrtum?"

Kafka hat natürlich durchschaut, dass im Zentrum nicht die Gerechtigkeit steht, sondern die Macht. Das Gesetz, das den Bürgern die Gerechtigkeit garantieren sollte, wird von den Vertretern der Macht bewacht. Der Zugang ist durch die Mächtigen reguliert, und das Gesetz wird allzu leicht zu ihrem Werkzeug. Diese letzte Weisheit steht in der großartigen Parabel im Dom-Kapitel:

Vor dem Gesetz steht ein Türhüter. Zu diesem Türhüter kommt ein Mann vom Lande und bittet um Eintritt in das Gesetz. Aber der Türhüter sagt, daß er ihm jetzt den Eintritt nicht gewähren könne. Der Mann überlegt und fragt dann, ob er also später werde eintreten dürfen. „Es ist möglich", sagt der Türhüter, „jetzt aber nicht." (…) Der Türhüter gibt ihm einen Schemel und läßt ihn seitwärts von der Tür sich niedersetzen. Dort sitzt er Tage und Jahre. Er macht viele Versuche, eingelassen zu werden und ermüdet den Türhüter durch seine Bitten. (…) Er wird kindisch, und da er in dem jahrelangen Studium des Türhüters auch die Flöhe in seinem Pelzkragen erkannt hat, bittet er auch die Flöhe, ihm zu helfen und den Türhüter umzustimmen. Schließlich wird sein Augenlicht schwach, und er weiß nicht, ob es um ihn wirklich dunkler wird oder ob ihn nur die Augen täuschen. Wohl aber erkennt er jetzt im Dunkel einen Glanz, der unverlöschlich aus der Türe des Gesetzes bricht. Vor seinem Tode sammeln sich in seinem Kopfe alle Erfahrungen der ganzen Zeit zu einer Frage, die er bisher an den Türhüter noch nicht gestellt hat. (….) „Alle streben doch nach dem Gesetz", sagt der Mann, „wie kommt es, daß in den vielen Jahren niemand außer mir Einlaß verlangt hat?" Der Türhüter erkennt, daß der Mann schon am Ende ist, und um sein vergehendes Gehör noch zu erreichen, brüllt er ihn an: „Hier konnte niemand sonst Einlaß erhalten, denn dieser Eingang war nur für dich bestimmt. Ich gehe jetzt und schließe ihn."

Wer nicht selber die Macht hat, dem bleibt nur dieses machtlose, aber unermüdliche Bestreben und Warten, bis der Zugang zum Recht sich endlich auftut. Dieses charakterisiert auch viele, die mit den Terrorsanktionen zu tun haben. Die auf die Liste Gesetzten versuchen in immer neuen Gerichtsverfahren, aus dem Banne der Liste befreit zu werden, und sie reiben fast ihre ganze Substanz dabei erfolglos auf. Wenn man annehmen darf, dass auch die Verwalter der Uno-Zwangsmaßnahmen ehrlich um das Recht bemüht sind, so stehen auch sie mit ihren immer neuen und doch immer unzureichenden Reformen der Sanktionsverfahren genauso draußen vor der Tür und sehen nur den hellen Schein des Rechts, der unauslöschlich, aber auch unerreichbar durch die Öffnung fällt.

Ausschlaggebend sind schließlich die Politik und die Macht, es sind die vielen Türhüter, von denen der erste Hüter bei Kafka spricht:
„Merke aber: Ich bin mächtig. Und ich bin nur der unterste Türhüter. Von Saal zu Saal stehen aber Türhüter, einer mächtiger als der andere. Schon den Anblick des dritten kann nicht einmal ich mehr vertragen."

Wer die Machtposition innehat, der will zuerst nur diese schützen, weil ja das Recht nicht ohne einen stabilen Rahmen der Macht auskommt, innerhalb dessen es erst ausgeübt werden kann. Ganz besonders der Krieg gegen die Terroristen, die auf die Abschaffung der Rechtsordnung aus sind, dient zuallererst dem Schutze der staatlichen Macht. Das Recht kommt, wie es der zeitliche Ablauf der Bemühungen im Uno-Sicherheitsrat anzeigt, eindeutig an zweiter Stelle. Die mächtigen Männer mit den schönen Pelzkragen stehen auch dort vor den Türen und verwehren den Zugang.

Ein Blick in die Geschichte zeigt, wie schon in der „Wiege der westlichen Demokratie", in der klassischen Antike, die Mächtigen das Gesetz als Kulisse dafür benutzten, ihre politischen Gegner mit einer minimalen Sanktion kaltzustellen. Die Hüter des Gesetzes schlossen – natürlich im Namen des Gesetzes – allzu einflussreich gewordene Persönlichkeiten kurzerhand von den Rechtsgarantien und -privilegien der Bürgerschaft aus. So belangte man mit einer ganz legalen Präventivmaßnahme all jene, derer man mit Hilfe des gewöhnlichen Strafrechts und der Gefängnisse nicht Herr werden konnte.

Im alten Athen veranstaltete man ein Scherbengericht (Ostrazismus), um bedrohliche Politiker aus dem Gemeinwesen zu verbannen. Der Gedanke scheint von der religiösen Praktik des Pharmakos (ungefähr: menschlicher Sündenbock) herzurühren, wobei in Zeiten der Dürre oder Seuchen ein besonderer Sklave oder Verbrecher als Stellvertreter der Allgemeinheit feierlich aus der Gemeinde ausgestoßen und der Strafe der Götter ausgesetzt wurde. Das Scherbengericht ist aus dem Jahre 508/507 v. Chr. erstmals bezeugt unter dem Oligarchen und Reformer Kleisthenes. Die Athener Volksversammlung musste zu Beginn des politischen Geschäftsjahres jeweils darüber abstimmen, ob ein Scherbengereicht stattfinden sollte. Im positiven Fall wurde zwei Monate später eine entsprechende Versammlung einberufen, wo jeder Bürger in einer geheimen Abstimmung beliebige Persönlichkeiten seiner Wahl auf einer Tonscherbe (Ostrakon) für eine Verbannung vorschlagen konnte. Die Persönlichkeit, die von den meisten Stimmen betroffen war, musste binnen zehn Tagen das Gemeinwesen für zehn Jahre verlassen. Ihr Eigentum wurde aber nicht konfisziert, und nach Ablauf der Bannfrist konnte der Betreffende mit vollen Bürgerrechten wieder heimkehren. Die Maßnahme war eher milde im Vergleich mit den Gerichtsurteilen für fehlbare Politiker, die von Gefängnis, überaus hohen Geldbußen sowie permanenter Verbannung bis zur Todesstrafe reichen konnten. Die Einrichtung war auch in befreundeten Städten wie Milet, Megara und Syrakus bekannt.

Im Verlauf eines knappen Jahrhunderts wurden in Athen insgesamt 13 Politiker und Militärs ostraziert. Unter dem politischen Führer und Demokraten

Perikles, der die Geschicke des Stadtstaates drei Jahrzehnte lang beherrschte, waren es sichtlich die politischen oder militärischen Rivalen, die dem Scherbengericht zum Opfer fielen. Der Flottenführer Kimon, der damals einflussreichste Militär, wurde 461 v. Chr. dem Bann unterworfen, nachdem er bei einer Hilfsexpedition für Sparta unterlegen und schmählich entlassen worden war. Und Perikles' großer Gegner Thukydides, der Anführer der aristokratischen Opposition, die gegen die spätere Imperialstrategie des Führers – mit dem doppelten Krieg gegen die Perser und die Spartaner – agierte, musste 443 v. Chr. die Stadt verlassen. Die Zweimonatsfrist vor dem Scherbengericht erlaubte den Mächtigen, ganze Verleumdungskampagnen zur Stigmatisierung der ausgesuchten Exil-Kandidaten anzuzetteln. Die Betroffenen verunglimpfte man, je nach politischer Konjunktur, als Demagogen, angehende Tyrannen, Freunde der Perser, Feinde des Gemeinwesens. Das Verfahren einer Abstimmung durch das Volk, wobei nicht einmal die potentiellen Opfer offen vorgegeben wurden, wahrte allen Anschein der Rechtsstaatlichkeit. Doch war schon damals der präventive Charakter der Maßnahme augenfällig, und entsprechend war auch jedes gerichtliche Vorgehen mit einer spezifischen Anklage, Beweisen, Zeugen, Verteidigung und Berufungsmöglichkeit ausgeschlossen. Doch immerhin hatte man den Bann auf zehn Jahre beschränkt, sodass eine menschliche Existenz nicht unwiderruflich zerstört wurde. Kimon wurde übrigens vorzeitig aus der Verbannung zurückgerufen, weil die Stadt seine Dienste als Vermittler für einen Frieden mit Sparta brauchte.

Am klassischen Scherbengericht fällt auch eine Eigenheit auf, die in der postmodernen Politik wieder auftaucht und von vielen für eine Innovation gehalten wird: Die Verbannung ist im Kern eine Sanktion für eine virtuelle Staatsgewalt, die den Verbrecher gar nicht physisch belangen kann oder will. Sie hat exterritorialen Charakter. Die Staatsgewalt verzichtet auf die Benutzung eines Gefängnisses, eines kontrollierten Raums, worin sie den Verbrecher einsperren und dessen Freiheit konfiszieren kann. Sie verstößt ihn einfach außerhalb der Gemeinschaft, oder vielmehr trägt sie den Bürgern auf, ihn zu verstoßen. Nachher ist der Verbrecher sein eigener Herr und Meister, der in der Fremde ungehindert seinem Geschäft nachgehen kann.

Darin gleicht das Scherbengericht den Verfügungen des Uno-Sicherheitsrates, der zwar die Terroristen benennen kann, aber selber dann nicht über die Schergen verfügt, diese auch einzubringen. Deshalb verhängt er eine exterritoriale Sanktion, die überall – und in gewissem Sinne auch nirgends – gilt, weil sie erst in den Händen der jeweils ausführenden Staatsgewalt Gestalt erhält. Diese Zwangsmaßnahme ist das Spiegelbild der exterritorialen Methode der

Kaida-Kriegsführung. Die Kaida hat keinerlei Mittel, irgendein Territorium zuverlässig unter Kontrolle zu bringen. Und was noch wesentlicher ist: Sie kann auch kaum die Wirkung beeinflussen, die ihre Anschläge hervorrufen. Das Einzige, was einigermaßen gewiss ist, ist der Terrorschock im Moment der Explosion und des Blutbades. Doch wie weit sich die Druckwellen ausbreiten und wie sich ihre Wirkungen in ihrer Übertragung in die staatlichen Bekämpfungsmaßnahmen dann multiplizieren – Sicherheitsvorkehrungen, Einschränkung der öffentlichen Freiheiten, Racheakte gegen vermeintlich sympathisierende Bevölkerungsgruppen, Anstachelung diskriminierender Ressentiments –, das liegt weit außerhalb des Einflusses der Terroristen.

Eine Sanktion, deren Durchsetzung die Mächtigen anderen übertragen konnten, fand auch im europäischen Mittelalter ihre Anhänger. Nicht nur, dass man an einer Vollzugsbehörde sparen konnte, sondern auch wenn man selbst gar nicht in der Lage war, den Betreffenden physisch zu belangen, ließ sich dieses Mittel anwenden. Ein Vergleich mit den ausgefällten Strafen gegen Verbrecher, deren die Behörden auch wirklich habhaft werden konnten, zeigt deutlich den Unterschied, aber auch die den beiden Prozeduren gemeinsame Intention zur strafenden Gewalt. Michel Foucault beginnt sein Buch „Überwachen und Strafen" mit der detaillierten Beschreibung der gerichtlichen Sanktion gegen einen Vatermörder vom Jahre 1757 in Amsterdam, wobei einem kalte Schauer über den Rücken laufen:

Der Mörder sollte gemäß dem Urteil vom 2. März
an den Brustwarzen, Armen und Schenkeln mit einer Zange gepackt werden, während seine rechte Hand, die die Tatwaffe gehalten hatte, mit Schwefelbrand verbrannt würde. Auf die Ansatzstellen der Zange wurde dann geschmolzenes Blei, heißes Öl, erhitztes Harz und geschmolzenes Wachs mit Schwefel gegossen. Dann wurde sein Körper von vier Pferden zerrissen, und die Körperteile wurden im Feuer zu Asche verbrannt, welche dann in die vier Winde zu zerstreuen war.

Foucault zitiert dazu noch den Bericht der „Gazette d'Amsterdam", wonach die Vierteilung erst unter Beizug von sechs Pferden vollstreckt werden konnte, und die Hüftgelenke musste man mit einem Beil durchtrennen. Den Sinn dieses öffentlichen Gruselspiels erkennt Foucault darin, dass der Staat vor aller Augen seine Macht als strafende Gewalt beweisen will. „Überwachen und Strafen" handelt davon, wie der Körper des Menschen als Plattform zur Ausübung der Staatsgewalt dient. Und als sich die Strafe der Züchtigung nach der Wende zum 19. Jahrhundert allmählich in die Freiheitsstrafe verwandelt, bleibt es weiterhin der Körper der Verbrecher, den man in der Gefängniszelle festsetzt. Erst später zielt dann die Strafe zugleich auch auf den Geist des Gesetzesbrechers, auf die Umerziehung, Korrektur und Wiedereingliederung. Der Zugriff der Staatsgewalt auf die Person – der Freiheitsentzug – bleibt aber weiterhin zentrale Voraussetzung für die Sanktion. Deshalb ist die indirekte Sanktion, die auf den Zugriff auf die Person verzichtet und diese einfach aus dem Bannkreis entfernt, umso bemerkenswerter.

Die Kirche, der Inbegriff einer weltlichen Macht ohne Ordnungskräfte, wandte die exterritoriale Sanktion des Banns großzügig gegen angebliche Ketzer an. Und mit Blick auf die bedeutende Position der Kirche war allein die Ausschließung von den heiligen Sakramenten schon eine schwere Strafe, auch wenn keine weitere gerichtliche Maßnahme damit verbunden war. Nach dem kanonischen Recht ziehen auch andere Vergehen wie Verletzung des Beichtgeheimnisses, Komplottieren bei der Papstwahl, Apostasie, eine Absolution nach Ehebruch mit einem Priester und ein Kirchenschisma den Bann nach sich. Manche Päpste gebrauchten die Exkommunikation dann allerdings laufend als politisches Druckmittel gegen weltliche Herrscher, sodass die Sanktion viel von ihrer Wirkung verlor.

Die staatlichen Behörden stellten vor allem Personen unter Acht, die sich der Justiz hatten entziehen können. Hier war wenigstens eine gerichtliche Maßnahme Voraussetzung für den Bann. Doch fehlte die „Gutmütigkeit" der Verbannung durch das Scherbengericht, weil der Geächtete zugleich jeglichen Rechtsschutz verlor und vogelfrei wurde. Damit verfielen seine Rechte auf Leben und auf Eigentum. Jeder konnte sein Hab und Gut an sich bringen. Und es durfte den Geächteten auch jeder töten, ohne irgendeine Strafe gewärtigen zu müssen. Die Betroffenen konnten sich von der Acht lösen und ihre Rechte wiedererlangen, indem sie sich dem Gericht stellten und sich dem Urteil unterwarfen. Der bekannteste Vogelfreie ist wohl Robin Hood, alias Earl of Huntington, aus dem 12. Jahrhundert. Andere prominente Geächtete waren im 16. Jahrhundert Götz von Berlichingen und Martin Luther.

Die Ausstoßung von Unliebsamen oder schädlichen Individuen aus der Gemeinschaft ist auch im semitischen Raum bekannt. Es gab nicht nur die religiöse Handlung mit der Ächtung eines Sündenbocks, die schon im Alten Testament beschrieben ist und später Jesus Christus traf. Die traditionelle Stammesgesellschaft der Beduinen hat bis heute die politisch oder sozial motivierte Ausstoßung unliebsamer Mitglieder beibehalten. Die Sanktion ist im

Gewohnheitsrecht der Beduinen unter dem Namen Taschmis bekannt. Der Begriff bedeutet „der Sonne aussetzen" und umschreibt sehr bildlich den Inhalt: Ein Mitglied des Stammesverbands, das seinen Solidaritätspflichten zum Erhalt der Gemeinschaft nicht nachkommt, wird schutzlos den gnadenlosen Elementen ausgesetzt. Zu den Pflichten zählt auch die Vollstreckung der Blutrache, die jedem Blutsverwandten eines Mordopfers obliegt. Notabeln in Palästina kennen die Taschmis-Strafe auch für notorische Verbrecher wie Diebe, Räuber und Vergewaltiger. Wer aus der Gemeinschaft ausgeschlossen wird, verliert den Schutz durch die anderen Mitglieder, was im Leben in der Wüste, ohne eine übergeordnete Staatsautorität, den sozialen oder vielleicht sogar den physischen Tod bedeutet. Niemand wird dem Ausgestoßenen Geselligkeit, eine Gemeinschaft zur Viehzucht, eine Arbeit oder eine Tochter als Gattin anbieten. Seine einzige Chance ist, weit genug wegzuziehen, um bei einem völlig fremden Stamm, der sich für die inneren Vorgänge in seiner alten Gemeinschaft nicht interessiert, Anschluss zu finden.

Die Verbannung aus politischen Gründen gleicht eher dem Scherbengericht, weil die Sanktion jeweils von bestimmten Umständen abhing und von den Machthabern nach Gutdünken auch wieder aufgehoben werden konnte. Das beste Beispiel ist Napoleons Verbannung, der nach einem kürzeren Aufenthalt auf der Insel Elba für 100 Tage an die Macht zurückkehren konnte, bevor er bis ans Ende seiner Tage nach St. Helena verbracht wurde. Kolonialmächte wie Großbritannien übten die Verbannung anstelle einer Haftstrafe aus gegen Verbrecher, die sie als Elemente des Aufbaus in Kolonien wie Australien oder Nordamerika auswiesen.

Die Smart Sanctions gegen Terroristen verbinden verschiedene Elemente der historischen Vorläufer mit dem zeitgemäßen Bedürfnis der extraterritorialen Wirkung im Kampf gegen die Kaida. So verhängte der damalige Präsident George W. Bush durch den Exekutivbefehl 13224 „mit einem Federstrich" Zwangsmaßnahmen gegen alle Guthaben und Transaktionen mutmaßlicher Terroristen und ihrer Unterstützer sowie gegen fremde Banken, die sich nicht diesen Auflagen unterwarfen. Er verfuhr ohne eine gerichtliche Grundlage, weil er selber eben den Ausnahmezustand proklamiert hatte. Und er lagerte die Umsetzung der Verfügung an andere Behörden und Privatunternehmen wie Banken aus. Die Vorsichtsmaßnahme eines begrenzten Zeithorizonts für den Fall eines Amtsirrtums oder einer Anpassung an veränderte Umstände sah er nicht vor.

Dass diese finanziellen Kampfmaßnahmen nur als Zusatz zur klassischen Verbrechensbekämpfung durch Justiz und Gefängnisse zu verstehen war, machte Bush umgehend klar. Für die Verdächtigen, deren die amerikanischen Behörden direkt habhaft werden konnten, erfand Bush den völkerrechtlich nicht geschützten Status des „feindlichen Kämpfers", der kein Anrecht auf Achtung seiner humanitären Grundrechte im Sinne der Genfer Konventionen hatte. Zugleich schuf er jenseits des Zugriffs der amerikanischen Justiz im kubanischen Guantanamo ein Haftlager für Kaida-Militante. Dort konnte das US-Militär die Verdächtigen ungestört verhören, unter körperlichen und seelischen Druck setzen und auf scheinbar unbeschränkte Zeit festhalten. Spezifische Folterungen wurden für das Gros der „gewöhnlichen" Gefangenen kaum bekannt. Doch ein an die Presse durchgesickerter vertraulicher Bericht des Internationalen Rotkreuzkomitees (IKRK) vom 14. Februar 2007, das die Guantanamo-Häftlinge besuchen konnte, belegt in nüchternen Worten die systematische Misshandlung in den Einvernahmen von 14 gesonderten, hochrangigen Kaida-Kadern (High Value Detainees) im Rahmen eines geheimen CIA-Programms. Nach dem Bericht wurden die Gefangenen nach ihrer Festnahme gefesselt und mit verbundenen Augen mehrfach per Flugzeug über lange Distanzen in neue Haftlager transferiert, um sie zu desorientieren und sie in ein Gefühl des restlosen Ausgeliefertseins zu stürzen. Sie wurden über Perioden von 16 Monaten bis zu viereinhalb Jahren konstant in Isolationshaft gehalten und von jeglicher Berührung mit der Außenwelt abgeschottet. Familienkontakte waren untersagt, sodass die Häftlinge nach außen als vermisst gelten mussten. Während der Verhöre wandten die CIA-Agenten unter anderem das so genannte Waterboarding an, ein simuliertes Ertrinken mit Hilfe eines nassen Tuches über Mund und Nase, sie prügelten und traten die Häftlinge, sie zwangen sie zu stundenlangem, nacktem Aufrechtstehen, die Arme ausgestreckt über dem Kopf festgebunden, sie schlossen sie für lange Stunden in einer engen Kiste ein und sie schlugen ihnen den Kopf gegen die Wand. Bei solcher Folter standen Krankenpfleger in krasser Verletzung ihrer medizinischen Ethik als Vollzugshelfer zur Seite. Berichte entlassener Gefangener brachten auch an den Tag, dass die Amerikaner gewisse Opfer an arabische Staaten auslieferten, wo sie mit den berüchtigten Foltermethoden autoritärer Regimes langwierigen Verhören unterworfen wurden. Die Administration Bush übertünchte all diese Rechtsverstöße mit den üblichen Vorwänden der Rechtmäßigkeit. Teils schützte man den Ausnahmezustand gegenüber einer außerordentlichen Bedrohung vor, teils ließ man den Justizminister pseudorechtliche Argumentationen erfinden. Der damalige Attorney General John Ashcroft beteuerte noch Jahre später, die Regierung habe regelmäßig juristische Beratung im „gesetzeskonformen Vorgehen" gesucht, und die amerikanischen

Gerichte hätten das Waterboarding und die anderen Methoden als wertvolle Methoden im Dienst der nationalen Sicherheit gutgeheißen.

In Kafkas „Prozess", der ja gar nie im Gerichtssaal stattfindet und doch mit der Exekution von K. endet, sind es immer die unsichtbaren Mächtigen, die durch ihr „Verfahren" – ihre Sanktion – die Oberhand behalten. Der Untersuchungsrichter interessiert sich viel mehr für die Autorität der Behörde als für den Bankprokuristen K., den er achtlos als Zimmermaler anspricht. Und in seinen Gesetzbüchern findet K. unanständige Bilder. Ein vorübergehender Triumph K.s anlässlich der ersten „kleinen Untersuchung", die der Angeklagte in eine wahre Strafpredigt über den „stumpfsinnigsten Hochmut" der Gerichtsdiener verkehrt, ändert am vernichtenden Laufe des Verfahrens nichts. K. wird zwar nicht, wie sein Schicksalsgenosse Block, zum Hund seines Advokaten, doch am Schluss endet er, wie einer seiner Henker sagt, „wie ein Hund."
    Daran hat sich bisher wenig geändert.

Anhang

Resolutionstexte

Die Beschlüsse der Vereinten Nationen und der EU für die gezielten Sanktionen (in Auszügen)

Der Text folgt der deutschen Version des Übersetzungsdienstes der Vereinten Nationen, mit minimalen Veränderungen im Dienste der Verständlichkeit.

Verhängung von Sanktionen gegen das Taliban-Regime
Resolution 1267 (1999) vom 15. Oktober 1999

Der Sicherheitsrat, (...)
  mit dem erneuten Ausdruck seiner tiefen Besorgnis über die anhaltenden Verstöße gegen das humanitäre Völkerrecht und die Menschenrechte, insbesondere die Diskriminierung von Frauen und Mädchen, (...)
  nachdrücklich verurteilend, daß afghanisches Hoheitsgebiet, insbesondere die von den Taliban kontrollierten Gebiete, nach wie vor zur Beherbergung und Ausbildung von Terroristen und zur Planung terroristischer Handlungen benutzt wird, (...)
  die Tatsache *mißbilligend,* daß die Taliban Usama Bin Laden weiterhin Zuflucht gewähren und es ihm und seinen Mithelfern ermöglichen, von dem durch die Taliban kontrollierten Gebiet aus ein Netz von Ausbildungslagern für Terroristen zu betreiben und Afghanistan als Stützpunkt für die Förderung internationaler terroristischer Operationen zu benutzen,
  feststellend, daß die Vereinigten Staaten von Amerika gegen Usama Bin Laden und seine Mithelfer unter anderem wegen der Bombenattentate auf die Botschaften der Vereinigten Staaten in Nairobi (Kenia) und Daressalam (Tansania) am 7. August 1998 (...) Anklage erhoben haben, sowie feststellend, daß die Vereinigten Staaten die Taliban um die Überstellung der Betreffenden ersucht haben, damit sie vor Gericht gestellt werden können,
  feststellend, daß die Nichtbefolgung der in Ziffer 13 der Resolution 1214 (1998) enthaltenen Forderungen durch die Behörden der Taliban eine Bedrohung des Weltfriedens und der internationalen Sicherheit darstellt,
  tätig werdend nach Kapitel VII der Charta der Vereinten Nationen, (...)

2. *verlangt,* daß die Taliban Usama Bin Laden ohne weitere Verzögerung an die zuständigen Behörden eines Landes übergeben, in dem gegen ihn Anklage erhoben worden ist,

3. *beschließt*, daß am 14. November 1999 alle Staaten die in Ziffer 4 aufgeführten Maßnahmen ergreifen werden, (…)

4. *beschließt außerdem*, daß zur Durchsetzung von Ziffer 2 alle Staaten
   a) allen von dem Ausschuß nach Ziffer 6 bezeichneten Luftfahrzeugen, die sich im Eigentum der Taliban befinden oder von diesen oder in deren Namen angemietet oder betrieben werden, die Erlaubnis zum Start oder zur Landung in ihrem Hoheitsgebiet verweigern werden (…)
   b) Gelder und andere Finanzmittel, einschließlich Gelder, die aus Vermögenswerten stammen oder erzeugt wurden, die den Taliban gehören oder direkt oder indirekt ihrer Verfügungsgewalt oder der eines Unternehmens im Eigentum oder unter der Kontrolle der Taliban unterstehen, soweit von dem Ausschuß nach Ziffer 6 bezeichnet, einfrieren und sicherstellen werden, (…)

6. *beschließt*, (…) einen aus allen Ratsmitgliedern bestehenden Ausschuß des Sicherheitsrats einzusetzen, mit dem Auftrag, die nachstehenden Aufgaben wahrzunehmen, dem Rat über seine Arbeit Bericht zu erstatten und Bemerkungen und Empfehlungen dazu vorzulegen:
   a) Einholung weiterer Informationen von allen Staaten über die von ihnen ergriffenen Maßnahmen zur wirksamen Durchführung der mit Ziffer 4 verhängten Maßnahmen; (…)

Verschärfte Sanktionen und Einführung einer Namensliste von Taliban-Vertretern und Verbündeten Bin Ladens
Resolution 1333 (2000) vom 19. Dezember 2000

Der Sicherheitsrat, (…)
tätig werdend nach Kapitel VII der Charta der Vereinten Nationen,

1. *verlangt*, dass die Taliban die Resolution 1267 (1999) befolgen und insbesondere aufhören, internationalen Terroristen und ihren Organisationen Zuflucht und Ausbildung zu gewähren, (…)

5. *beschließt*, dass alle Staaten
   a) den Verkauf, die Lieferung und die Weitergabe (…) von Rüstungsgütern und sonstigem Wehrmaterial jeder Art, (…) in das (…) Hoheitsgebiet Afghanistans, das sich unter der Kontrolle der Taliban befindet,

durch ihre Staatsangehörigen oder von ihrem Hoheitsgebiet aus (...)
verhindern werden; (...)

8. *beschließt,* dass alle Staaten weitere Maßnahmen ergreifen werden,
   a) um alle Büros der Taliban in ihren Hoheitsgebieten sofort und vollständig zu schließen; (...)
   c) um die Gelder und sonstigen finanziellen Vermögenswerte Usama Bin Ladens und der mit ihm verbundenen Personen und Einrichtungen, wie vom Ausschuss bezeichnet, namentlich derjenigen in der Organisation Al-Qaida, unverzüglich einzufrieren (...) und ersucht den Ausschuss, auf der Grundlage der von den Staaten und regionalen Organisationen bereitgestellten Informationen eine aktualisierte Liste der Personen und Einrichtungen, einschließlich derjenigen in der Organisation Al-Qaida, zu führen, die als mit Usama Bin Laden verbunden bezeichnet wurden; (...)

15. *ersucht* den Generalsekretär, im Benehmen mit dem Ausschuss
    a) ein Komitee von Sachverständigen einzusetzen, mit dem Auftrag, dem Rat innerhalb von sechzig Tagen Empfehlungen darüber abzugeben, wie das Waffenembargo und die Schließung der Ausbildungslager für Terroristen überwacht werden können, einschließlich der Verwendung von Informationen, welche die Mitgliedsstaaten durch ihre nationalen Mittel erhalten und dem Generalsekretär zur Verfügung stellen;

Manifest der einmütigen internationalen Terrorbekämpfung nach 9/11
Resolution 1373 (2001) vom 28. September 2001

Der Sicherheitsrat,
(...) *sowie in Bekräftigung* seiner unmissverständlichen Verurteilung der Terroranschläge, die am 11. September 2001 in New York, Washington und Pennsylvania stattgefunden haben, und mit dem Ausdruck seiner Entschlossenheit, alle derartigen Handlungen zu verhüten,

ferner in Bekräftigung dessen, dass diese Handlungen, wie jede Handlung des internationalen Terrorismus, eine Bedrohung des Weltfriedens und der internationalen Sicherheit darstellen,

in Bekräftigung des naturgegebenen Rechts zur individuellen oder kollektiven Selbstverteidigung, das in der Charta der Vereinten Nationen anerkannt und in Resolution 1368 (2001) bekräftigt wird,

sowie in Bekräftigung der Notwendigkeit, durch terroristische Handlungen verursachte Bedrohungen des Weltfriedens und der internationalen Sicherheit mit allen Mitteln im Einklang mit der Charta zu bekämpfen, (...)

mit der Aufforderung an die Staaten, dringend zusammenzuarbeiten, um terroristische Handlungen namentlich durch verstärkte Zusammenarbeit und durch die volle Durchführung der einschlägigen internationalen Übereinkünfte betreffend den Terrorismus zu verhüten und zu bekämpfen,

in der Erkenntnis, dass die Staaten die internationale Zusammenarbeit durch zusätzliche Maßnahmen ergänzen müssen, um die Finanzierung und Vorbereitung terroristischer Handlungen in ihrem Hoheitsgebiet mit allen rechtlich zulässigen Mitteln zu verhüten und zu bekämpfen, (...)

tätig werdend nach Kapitel VII der Charta,

1. *beschließt,* dass alle Staaten

    a) die Finanzierung terroristischer Handlungen verhüten und bekämpfen werden; (...)

2. *beschließt außerdem,* dass alle Staaten

    a) es unterlassen werden, Einrichtungen oder Personen, die an terroristischen Handlungen beteiligt sind, in irgendeiner Form aktiv oder passiv zu unterstützen, indem sie namentlich die Anwerbung von Mitgliedern terroristischer Gruppen unterbinden und die Belieferung von Terroristen mit Waffen beendigen; (...)

3. *fordert* alle Staaten *auf,*

    a) Wege zur Intensivierung und Beschleunigung des Austauschs operativer Informationen zu finden, insbesondere im Bezug auf Handlungen oder Bewegungen von Terroristen oder Terroristennetzen, auf gefälschte oder verfälschte Reiseausweise, den Handel mit Waffen, Sprengstoffen oder sicherheitsempfindlichem Material, die Nutzung von Kommunikationstechnologien durch terroristische Gruppen und die Gefahr, die von Massenvernichtungswaffen im Besitz terroristischer Gruppen ausgeht; (...)

6. *beschließt,* einen aus allen Ratsmitgliedern bestehenden Ausschuss des Sicherheitsrats einzusetzen, der die Durchführung dieser Resolution unter Heranziehung geeigneten Sachverstands überwachen wird, und fordert alle Staaten auf, dem Ausschuss spätestens neunzig Tage nach Verabschiedung dieser Resolution (...) über die Schritte Bericht zu erstatten, die sie zur Durchführung dieser Resolution ergriffen haben;

7. *weist* den Ausschuss *an*, seine Aufgaben festzulegen, binnen dreißig Tagen ein Arbeitsprogramm vorzulegen und im Benehmen mit dem Generalsekretär zu erwägen, welche Unterstützung er benötigt;

Genauere Definition der Assoziierung mit der Kaida, Begründung eines Antrags auf Listing, Beauftragung des Monitoring Teams
Resolution 1617 (2005) vom 29. Juli 2005

Der Sicherheitsrat (…)
betonend, wie wichtig es ist, im Lichte der Informationen über den sich wandelnden Charakter der Al-Qaida und der von ihr ausgehenden Bedrohung, insbesondere nach den Berichten des Teams für analytische Unterstützung und Sanktionsüberwachung des Ausschusses des Sicherheitsrats nach Resolution 1267 (1999) („Überwachungsteam"), klarzustellen, welche Personen, Gruppen, Unternehmen und Einrichtungen in die Liste aufzunehmen sind, (…)
tätig werdend nach Kapitel VII der Charta,

1. *beschließt*, dass alle Staaten die mit Ziffer 4 *b)* der Resolution 1267 (1999), Ziffer 8 *c)* der Resolution 1333 (2000) und den Ziffern 1 und 2 der Resolution 1390 (2002) bereits verhängten Maßnahmen im Hinblick auf die Al-Qaida, Usama Bin Laden und die Taliban *sowie die mit ihnen verbundenen sonstigen Personen, Gruppen, Unternehmen und Einrichtungen* ergreifen werden, die in der nach den Resolutionen 1267 (1999) und 1333 (2000) aufgestellten Liste (die „Konsolidierte Liste") aufgeführt sind: (…)

2. *beschließt außerdem*, dass unter anderem die folgenden Handlungen oder Aktivitäten darauf hindeuten, dass eine Person, eine Gruppe, ein Unternehmen oder eine Einrichtung mit der Al-Qaida, Usama Bin Laden oder den Taliban „verbunden" ist:
    a) die Beteiligung an der Finanzierung, Planung, Erleichterung, Vorbereitung oder Begehung von Handlungen oder Aktivitäten durch, zusammen mit, unter dem oder im Namen von oder zur Unterstützung der Al-Qaida, Usama Bin Ladens oder der Taliban oder einer ihrer Zellen, Unterorganisationen, Splittergruppen oder Ableger;
    b) die Lieferung, der Verkauf oder die Weitergabe von Rüstungsgütern und sonstigem Wehrmaterial an diese;
    c) die Rekrutierung für diese oder
    d) die sonstige Unterstützung ihrer Handlungen oder Aktivitäten;

3. *beschließt ferner*, dass jedes Unternehmen oder jede Einrichtung, die im Eigentum solcher mit der Al-Qaida, Usama Bin Laden oder den Taliban verbundenen Personen, Gruppen, Unternehmen oder Einrichtungen steht oder direkt oder indirekt von diesen kontrolliert wird oder sie auf andere Weise unterstützt, in die Liste aufgenommen werden kann;

4. *beschließt*, dass die Staaten, wenn sie die Aufnahme von Namen in die Konsolidierte Liste beantragen, (…) dem Ausschuss ab sofort eine Falldarstellung vorlegen, in der sie den Antrag begründen, (…)

5. *ersucht* die in Betracht kommenden Staaten, die auf der Konsolidierten Liste verzeichneten Personen und Einrichtungen nach Möglichkeit und möglichst in Schriftform über die gegen sie verhängten Maßnahmen, über die Richtlinien des Ausschusses und insbesondere über die Verfahren für die Aufnahme in die Liste und für die Streichung von der Liste (…) zu unterrichten;

6. *beschließt*, dass der Ausschuss die genannte Falldarstellung, die von dem Staat, der die Aufnahme in die Liste beantragt, vorgelegt wird, verwenden kann, um Anfragen von Mitgliedsstaaten zu beantworten, deren Staatsangehörige, Einwohner oder Einrichtungen in die Konsolidierte Liste aufgenommen wurden, (…)

Anlage I zu Resolution 1617 (2005)

Im Einklang mit Ziffer 19 dieser Resolution wird das Überwachungsteam unter der Leitung des Ausschusses des Sicherheitsrats nach Resolution 1267 (1999) tätig und hat die folgenden Aufgaben:

a) Informationen über die Durchführung der Maßnahmen zusammenzustellen, zu bewerten und zu überwachen, darüber Bericht zu erstatten und diesbezügliche Empfehlungen abzugeben, gegebenenfalls Fallstudien durchzuführen und auf Anweisung des Ausschusses alle sonstigen einschlägigen Fragen eingehend zu untersuchen; (…)

j) den sich wandelnden Charakter der von der Al-Qaida und den Taliban ausgehenden Bedrohung sowie die besten Maßnahmen zu ihrer Bekämpfung zu untersuchen und dem Ausschuss darüber Bericht zu erstatten;

Einrichtung einer Anlaufstelle für Streichungsgesuche
Resolution 1730 (2006) vom 19. Dezember 2006

Der Sicherheitsrat, (...)

1. *verabschiedet* das Listenstreichungsverfahren, das in dem dieser Resolution als Anlage beigefügten Dokument enthalten ist, und ersucht den Generalsekretär, innerhalb des Sekretariats (Unterabteilung Nebenorgane des Sicherheitsrats) eine Koordinierungsstelle zur Entgegennahme von Listenstreichungsanträgen (...) zu schaffen (...)

Die Koordinierungsstelle hat folgende Aufgaben:

1. Sie nimmt Anträge eines Antragstellers (in den Listen des Sanktionsausschusses enthaltene Einzelperson(en), Gruppen, Unternehmen und/oder Einrichtungen) auf Listenstreichung entgegen. (...)

5. Sie leitet den Antrag zur Unterrichtung und gegebenenfalls zur Stellungnahme an die Regierung(en), die die Aufnahme in die Liste beantragt hat (haben), sowie an die Regierung(en) der Staatsangehörigkeits- und Wohnsitzstaaten. (...)

6. *a)* Empfiehlt nach diesen Konsultationen eine Regierung die Listenstreichung, leitet diese Regierung ihre Empfehlung samt einer Erläuterung entweder über die Koordinierungsstelle oder direkt an den Vorsitzenden des Sanktionsausschusses. Der Vorsitzende setzt daraufhin den Listenstreichungsantrag auf die Tagesordnung des Ausschusses.

    b) Wird der Listenstreichungsantrag von einer der nach Ziffer 5 dazu konsultierten Regierungen abgelehnt, setzt die Koordinierungsstelle den Ausschuss davon in Kenntnis und stellt ihm Abschriften des Listenstreichungsantrags zur Verfügung. (...)

    c) Hat innerhalb eines angemessenen Zeitraums (3 Monate) keine der Regierungen, die den Listenstreichungsantrag überprüfen, eine Stellungnahme abgegeben (...), teilt die Koordinierungsstelle dies allen Ausschussmitgliedern mit und stellt ihnen Abschriften des Listenstreichungsantrags zur Verfügung. (...) Hat nach einem Monat kein Ausschussmitglied die Listenstreichung empfohlen, gilt sie als abgelehnt, und der Vorsitzende des Ausschusses unterrichtet die Koordinierungsstelle entsprechend.

7. Die Koordinierungsstelle leitet alle Mitteilungen, die sie von einem Mitgliedstaat erhält, zur Unterrichtung des Ausschusses an diesen weiter.

8. Sie informiert den Antragsteller
   a) über den Beschluss des Sanktionsausschusses, dem Listenstreichungsantrag stattzugeben, oder
   b) darüber, dass das Prüfungsverfahren des Listenstreichungsantrags innerhalb des Ausschusses abgeschlossen wurde und dass der Antragsteller weiter auf der Liste des Ausschusses geführt wird.

Auftrag zur ersten Generalüberprüfung der Liste,
Verlangen nach öffentlicher Begründung eines Eintrags
Resolution 1822 (2008) vom 30. Juni 2008

Der Sicherheitsrat, (…)
   davon Kenntnis nehmend, dass Maßnahmen, die von den Mitgliedsstaaten im Einklang mit den in Ziffer 1 genannten Maßnahmen durchgeführt wurden, angefochten worden sind, und in Anerkennung der anhaltenden Anstrengungen der Mitgliedsstaaten und des Ausschusses, zu gewährleisten, dass es faire und klare Verfahren für die Aufnahme von Personen, Gruppen (…) in „die Konsolidierte Liste" und für die Streichung von dieser Liste sowie für die Gewährung von Ausnahmen aus humanitären Gründen gibt,
   erneut erklärend, dass die in Ziffer 1 genannten Maßnahmen präventiven Charakter haben und von strafrechtlichen Normen des innerstaatlichen Rechts unabhängig sind,
   tätig werdend nach Kapitel VII der Charta, (…)

12. *bekräftigt,* dass die Mitgliedsstaaten, wenn sie dem Ausschuss die Aufnahme von Namen in die Konsolidierte Liste vorschlagen, (…) eine detaillierte Darstellung des Falles vorlegen müssen, und beschließt ferner, dass die Mitgliedsstaaten für jeden Vorschlag zur Aufnahme in die Liste anzugeben haben, *welche Teile der Falldarstellung veröffentlicht werden können* (…) oder für die Zwecke der Benachrichtigung oder Information der in die Liste aufgenommenen Person oder Einrichtung, und welche Teile interessierten Staaten auf Antrag bekannt gegeben werden können;

13. *weist* den Ausschuss *an,* nach der Aufnahme eines Namens in die Konsolidierte Liste mit Hilfe des Überwachungsteams und in Abstimmung mit

den die Aufnahme vorschlagenden Staaten auf *der Website des Ausschusses eine Zusammenfassung der Gründe für die Aufnahme des jeweiligen Eintrags in die Konsolidierte Liste zu veröffentlichen,* und weist den Ausschuss ferner an, (...) auf der Website eine Zusammenfassung der Gründe für die Aufnahme derjenigen Einträge zu veröffentlichen, die vor dieser Resolution in die Konsolidierte Liste aufgenommen wurden; (...)

25. *weist* den Ausschuss *an,* bis zum 30. Juni 2010 eine Überprüfung aller zum Datum der Verabschiedung dieser Resolution auf der Konsolidierten Liste stehenden Namen durchzuführen, bei der die betreffenden Namen im Einklang mit den in den Richtlinien des Ausschusses festgelegten Verfahren den Staaten, die die Aufnahme vorgeschlagen haben, und den Ansässigkeitsstaaten und Staaten der Staatsangehörigkeit beziehungsweise Staatszugehörigkeit, sofern bekannt, zugeleitet werden, um sicherzustellen, dass die Konsolidierte Liste so aktuell und genau wie möglich ist, und zu bestätigen, dass sich die Namen weiterhin zu Recht auf der Liste befinden;

26. *weist* den Ausschuss *außerdem an,* nach Abschluss der Überprüfung eine jährliche Überprüfung aller auf der Konsolidierten Liste stehenden Namen durchzuführen, die seit drei oder mehr Jahren nicht überprüft wurden, (...)

Einrichtung einer Ombudsstelle zur Behandlung der Streichungsgesuche
Resolution 1904 (2009) verabschiedet auf der
6247. Sitzung des Sicherheitsrats am 17. Dezember 2009

Der Sicherheitsrat, (...)
  betonend, dass Sanktionen ein wichtiges in der Charta der Vereinten Nationen vorgesehenes Instrument zur Wahrung und Wiederherstellung des Weltfriedens und der internationalen Sicherheit sind, und in diesem Zusammenhang *betonend,* dass die Maßnahmen in Ziffer 1 dieser Resolution als maßgebliches Instrument zur Bekämpfung terroristischer Aktivitäten auf robuste Weise umgesetzt werden müssen, (...)
  davon Kenntnis nehmend, dass Maßnahmen, die von den Mitgliedsstaaten nach Ziffer 1 durchgeführt wurden, rechtlich und auf andere Weise angefochten worden sind, *unter Begrüßung* der Verbesserungen der Verfahren des Ausschusses und der Qualität der Konsolidierten Liste und seine Absicht

bekundend, auch künftig Anstrengungen zu unternehmen, um sicherzustellen, dass die Verfahren fair und klar sind, (…)
tätig werdend nach Kapitel VII der Charta der Vereinten Nationen, (…)

20. *beschließt*, dass dem Ausschuss bei der Prüfung von Anträgen auf Streichung von der Liste ein für einen Anfangszeitraum von 18 Monaten ab dem Datum der Verabschiedung dieser Resolution einzurichtendes Büro der Ombudsperson zur Seite stehen wird, *ersucht* den Generalsekretär, in enger Abstimmung mit dem Ausschuss eine namhafte Person von hohem sittlichem Ansehen, die sich durch Unparteilichkeit und Integrität auszeichnet und über hohe Qualifikationen und Erfahrung auf einschlägigen Gebieten, wie dem Recht, den Menschenrechten, der Terrorismusbekämpfung und Sanktionen, verfügt, zur Ombudsperson zu ernennen, mit dem in Anlage II umschriebenen Mandat, und *beschließt* ferner, dass die Ombudsperson diese Aufgaben auf unabhängige und unparteiliche Weise wahrnehmen und von keiner Regierung Weisungen einholen oder entgegennehmen wird;

21. *beschließt*, dass das Büro der Ombudsperson, nachdem diese ernannt worden ist, nach den in Anlage II festgelegten Verfahren Anträge von Personen und Einrichtungen entgegennehmen wird, die ihre Streichung von der Konsolidierten Liste anstreben (…)

23. *legt* den Staaten *nahe*, für Personen, deren Tod offiziell bestätigt wurde, insbesondere wenn keine Vermögenswerte ermittelt werden, und für nicht mehr bestehende Einrichtungen Streichungsanträge zu stellen, gleichzeitig jedoch alle angemessenen Maßnahmen zu ergreifen, um sicherzustellen, dass die Vermögenswerte, die diesen Personen oder Einrichtungen gehörten, nicht an andere auf der Konsolidierten Liste stehende Einrichtungen oder Personen übertragen oder verteilt wurden oder werden;

25. *legt* dem Ausschuss *nahe*, die Meinungen des vorschlagenden Staates/der vorschlagenden Staaten und des Staates/der Staaten der Ansässigkeit, der Staatsangehörigkeit beziehungsweise -zugehörigkeit oder der Gründung gebührend zu berücksichtigen, wenn er Anträge auf Streichung von der Liste prüft, und *fordert* die Ausschussmitglieder *auf*, sich nach besten Kräften zu bemühen, ihre Gründe für die Ablehnung solcher Streichungsanträge darzulegen;

Anlage I

Im Einklang mit Ziffer 47 dieser Resolution ist das Überwachungsteam unter der Leitung des Ausschusses nach Resolution 1267 (1999) tätig und hat die folgenden Aufgaben:

a) dem Ausschuss zwei umfassende, unabhängige schriftliche Berichte über die Umsetzung der in Ziffer 1 dieser Resolution genannten Maßnahmen durch die Mitgliedsstaaten vorzulegen, den ersten gemäß Ziffer 30 bis zum 30. Juli 2010 und den zweiten bis zum 22. Februar 2011, und in diese Berichte konkrete Empfehlungen für die bessere Umsetzung der Maßnahmen und für mögliche neue Maßnahmen aufzunehmen;

b) der Ombudsperson bei der Durchführung ihres in Anlage II festgelegten Mandats behilflich zu sein; (…)

t) Konsultationen mit den Geheim- und Sicherheitsdiensten der Mitgliedsstaaten zu führen, namentlich auch im Rahmen regionaler Foren, um den Informationsaustausch zu erleichtern und die Durchsetzung der Maßnahmen zu stärken; (…)

u) Konsultationen mit den in Betracht kommenden Vertretern des Privatsektors, einschließlich Finanzinstituten, zu führen, um Erkenntnisse über die praktische Umsetzung der Einfrierung der Vermögenswerte zu gewinnen und Empfehlungen zur Stärkung dieser Maßnahme zu erarbeiten; (…)

Anlage II

Im Einklang mit Ziffer 20 dieser Resolution ist das Büro der Ombudsperson ermächtigt, nach Erhalt eines von einer Person, einer Gruppe, einem Unternehmen oder einer Einrichtung auf der Konsolidierten Liste („Antragsteller") oder in deren Namen vorgelegten Antrags auf Streichung von der Liste die folgenden Aufgaben wahrzunehmen:

Sammlung von Informationen (zwei Monate) (…)

2. Die Ombudsperson leitet Streichungsanträge, die nicht an den Antragsteller zurückverwiesen werden, umgehend an die Mitglieder des Aus-

schusses, den vorschlagenden Staat/die vorschlagenden Staaten, den Staat/die Staaten der Ansässigkeit, der Staatsangehörigkeit oder -zugehörigkeit oder der Gründung, die zuständigen Organe der Vereinten Nationen und alle anderen Staaten weiter, bei denen es die Ombudsperson für zweckmäßig hält. (...)

Dialog (zwei Monate)

5. Nach Abschluss der Phase der Informationssammlung moderiert die Ombudsperson einen zweimonatigen Zeitraum des Austauschs, der auch den Dialog mit dem Antragsteller einschließen kann. (...)

7. Nach Abschluss der beschriebenen Phase des Austauschs erarbeitet die Ombudsperson mit Hilfe des Überwachungsteams einen Umfassenden Bericht, den sie dem Ausschuss zuleitet; dieser Bericht enthält ausschließlich
   a) eine Zusammenfassung aller der Ombudsperson zur Verfügung stehenden Informationen, die für den Streichungsantrag von Belang sind, gegebenenfalls unter Nennung der Quellen. Die Vertraulichkeit einzelner Teile der Kommunikationen zwischen den Mitgliedsstaaten und der Ombudsperson wird in dem Bericht geachtet;
   b) eine Beschreibung der Tätigkeiten der Ombudsperson in Bezug auf den Streichungsantrag, einschließlich des Dialogs mit dem Antragsteller, und
   c) auf der Grundlage einer Analyse aller der Ombudsperson zur Verfügung stehenden Informationen und der Beobachtungen der Ombudsperson *eine Darlegung der wichtigsten Argumente in Bezug auf den Streichungsantrag.*

Behandlung im Ausschuss und Entscheidung (zwei Monate)

8. Nachdem der Ausschuss dreißig Tage Zeit zur Prüfung des Umfassenden Berichts zur Verfügung gehabt hat, setzt der Vorsitzende des Ausschusses den Streichungsantrag zur Prüfung auf die Tagesordnung des Ausschusses.

9. Bei der Prüfung des Streichungsantrags durch den Ausschuss stellt die Ombudsperson, gegebenenfalls mit Hilfe des Überwachungsteams, den Umfassenden Bericht persönlich vor und beantwortet Fragen der Ausschussmitglieder zu dem Antrag.

10. Nach der Prüfung durch den Ausschuss beschließt dieser im Rahmen seiner normalen Beschlussfassungsverfahren, ob dem Streichungsantrag stattgegeben wird.

11. Beschließt der Ausschuss, dem Streichungsantrag stattzugeben, unterrichtet er die Ombudsperson von diesem Beschluss. Die Ombudsperson unterrichtet sodann den Antragsteller, und der Eintrag wird von der Konsolidierten Liste gestrichen.

12. Beschließt der Ausschuss, den Streichungsantrag abzulehnen, übermittelt er der Ombudsperson seinen Beschluss, gegebenenfalls einschließlich erläuternder Anmerkungen, weiterer einschlägiger Informationen über den Beschluss des Ausschusses und einer aktualisierten Zusammenfassung der Gründe für die Aufnahme in die Liste.

13. Nachdem der Ausschuss die Ombudsperson (…) unterrichtet hat, sendet die Ombudsperson dem Antragsteller, mit Vorabkopie an den Ausschuss, innerhalb von fünfzehn Tagen ein Schreiben, in dem sie
    a) ihm den Beschluss des Ausschusses über die Fortführung des Eintrags auf der Liste mitteilt;
    b) soweit möglich und unter Heranziehung des Umfassenden Berichts der Ombudsperson das Verfahren und die von der Ombudsperson gesammelten veröffentlichungsfähigen Sachinformationen beschreibt und
    c) alle der Ombudsperson nach Ziffer 12 vom Ausschuss zur Verfügung gestellten Informationen über den Beschluss weiterleitet.

14. Die Ombudsperson achtet in allen Kommunikationen mit dem Antragsteller die Vertraulichkeit der Beratungen des Ausschusses und der vertraulichen Kommunikationen zwischen der Ombudsperson und den Mitgliedsstaaten.

Einführung einer Terrorliste der Europäischen Gemeinschaft
Gemeinsamer Standpunkt des Rates vom 27. Dezember 2001 über die Anwendung besonderer Maßnahmen zur Bekämpfung des Terrorismus (2001/931/GASP)

Der Rat der Europäischen Union, gestützt auf den Vertrag über die Europäische Union, insbesondere auf die Artikel 15 und 34, in Erwägung nachstehender Gründe:

(1) Der Europäische Rat hat auf seiner außerordentlichen Tagung am 21. September 2001 erklärt, dass der Terrorismus eine wirkliche Herausforderung für die Welt und für Europa darstellt und dass die Bekämpfung des Terrorismus eines der vorrangigen Ziele der Europäischen Union sein wird.

(2) Der Sicherheitsrat der Vereinten Nationen hat am 28. September 2001 die Resolution 1373 (2001) verabschiedet, mit der umfassende Strategien zur Bekämpfung des Terrorismus und insbesondere für den Kampf gegen die Finanzierung des Terrorismus festgelegt werden. (…)

(4) Im Anschluss an die UNSC-Resolution 1333 (2000) hat der Rat am 26. Februar 2001 den Gemeinsamen Standpunkt 2001/154/GASP (1) angenommen, demzufolge unter anderem die Gelder von Usama Bin Laden und der mit ihm assoziierten Personen und Körperschaften eingefroren werden. Diese Personen, Vereinigungen und Körperschaften fallen daher nicht unter den vorliegenden Gemeinsamen Standpunkt. (…)

Artikel 1

(1) Dieser Gemeinsame Standpunkt gilt (…) für die im Anhang aufgeführten Personen, Vereinigungen und Körperschaften, die an terroristischen Handlungen beteiligt sind.

(2) Im Sinne dieses Gemeinsamen Standpunkts bezeichnet der Ausdruck „Personen, Vereinigungen und Körperschaften, die an terroristischen Handlungen beteiligt sind"
– Personen, die terroristische Handlungen begehen, zu begehen versuchen oder sich an deren Begehung beteiligen oder diese erleichtern;

– Vereinigungen oder Körperschaften, die unmittelbar oder mittelbar Eigentum dieser Personen sind oder unter deren Kontrolle stehen;
– ferner Personen, Vereinigungen und Körperschaften, die im Namen oder auf Weisung dieser Personen, Vereinigungen und Körperschaften handeln, einschließlich der Gelder, die aus Vermögen stammen oder hervorgehen, das unmittelbar oder mittelbar Eigentum dieser Personen und mit ihnen assoziierter Personen, Vereinigungen und Körperschaften ist oder unter deren Kontrolle steht.

(3) Im Sinne dieses Gemeinsamen Standpunkts bezeichnet der Ausdruck „terroristische Handlung" eine der nachstehend aufgeführten vorsätzlichen Handlungen, die durch ihre Art oder durch ihren Kontext ein Land oder eine internationale Organisation ernsthaft schädigen kann und im innerstaatlichen Recht als Straftat definiert ist, wenn sie mit dem Ziel begangen wird,
  i) die Bevölkerung auf schwerwiegende Weise einzuschüchtern oder
  ii) eine Regierung oder eine internationale Organisation unberechtigterweise zu einem Tun oder Unterlassen zu zwingen oder
  iii) die politischen, verfassungsrechtlichen, wirtschaftlichen oder sozialen Grundstrukturen eines Landes oder einer internationalen Organisation ernsthaft zu destabilisieren oder zu zerstören:
   a) Anschläge auf das Leben einer Person, die zum Tode führen können;
   b) Anschläge auf die körperliche Unversehrtheit einer Person;
   c) Entführung oder Geiselnahme;
   d) weit reichende Zerstörungen an einer Regierungseinrichtung oder einer öffentlichen Einrichtung, einem Verkehrssystem, einer Infrastruktur, einschließlich eines Informatiksystems, (...)
   e) Kapern von Luft- und Wasserfahrzeugen oder von anderen öffentlichen Verkehrsmitteln oder Güterverkehrsmitteln;
   f) Herstellung, Besitz, Erwerb, Beförderung oder Bereitstellung oder Verwendung von Schusswaffen, Sprengstoffen, Kernwaffen, biologischen und chemischen Waffen sowie die Forschung und Entwicklung in Bezug auf biologische und chemische Waffen;
   g) Freisetzung gefährlicher Stoffe oder Herbeiführen eines Brandes, einer Explosion oder einer Überschwemmung, wenn dadurch das Leben von Menschen in Gefahr gebracht wird;
   h) Manipulation oder Störung der Versorgung mit Wasser, Strom

oder anderen lebenswichtigen natürlichen Ressourcen, wenn dadurch das Leben von Menschen in Gefahr gebracht wird;
i) Drohung mit der Begehung einer der unter den Buchstaben a) bis h) genannten Straftaten;
j) Anführen einer terroristischen Vereinigung;
k) Beteiligung an den Aktivitäten einer terroristischen Vereinigung einschließlich durch Bereitstellung von Informationen oder materiellen Mitteln oder durch jegliche Art der Finanzierung ihrer Aktivitäten in dem Wissen, dass diese Beteiligung zu den kriminellen Aktivitäten der Gruppe beiträgt. Im Sinne dieses Absatzes bezeichnet der Ausdruck „terroristische Vereinigung" einen auf längere Dauer angelegten organisierten Zusammenschluss von mehr als zwei Personen, die in Verabredung handeln, um terroristische Handlungen zu begehen. Der Ausdruck „organisierter Zusammenschluss" bezeichnet einen Zusammenschluss, der nicht zufällig zur unmittelbaren Begehung einer terroristischen Handlung gebildet wird und der nicht notwendigerweise förmlich festgelegte Rollen für seine Mitglieder, eine kontinuierliche Mitgliedschaft oder eine ausgeprägte Struktur hat.

(4) Die Liste im Anhang wird auf der Grundlage genauer Informationen bzw. der einschlägigen Akten erstellt, aus denen sich ergibt, dass eine zuständige Behörde – gestützt auf ernsthafte und schlüssige Beweise oder Indizien – gegenüber den betreffenden Personen, Vereinigungen oder Körperschaften einen Beschluss gefasst hat, bei dem es sich um die Aufnahme von Ermittlungen oder um Strafverfolgung wegen einer terroristischen Handlung oder des Versuchs, eine terroristische Handlung zu begehen, daran teilzunehmen oder sie zu erleichtern oder um eine Verurteilung für derartige Handlungen handelt. Personen, Vereinigungen und Körperschaften, die vom Sicherheitsrat der Vereinten Nationen als mit dem Terrorismus in Verbindung stehend bezeichnet worden sind oder gegen die er Sanktionen angeordnet hat, können in die Liste aufgenommen werden. (...)

(6) Die Namen von Personen oder Körperschaften, die in der Liste im Anhang aufgeführt sind, werden *mindestens einmal pro Halbjahr einer regelmäßigen Überprüfung unterzogen*, um sicherzustellen, dass ihr Verbleib auf der Liste nach wie vor gerechtfertigt ist.

Artikel 2

Die Europäische Gemeinschaft ordnet im Rahmen der ihr durch den Vertrag zur Gründung der Europäischen Gemeinschaft übertragenen Zuständigkeiten das Einfrieren der Gelder und sonstigen Vermögenswerte oder wirtschaftlichen Ressourcen der im Anhang aufgeführten Personen, Gruppen und Körperschaften an.

Artikel 6

Dieser Gemeinsame Standpunkt wird fortlaufend überprüft.

Verordnung (EG) Nr. 2580/2001 des Rates vom 27. Dezember 2001 über spezifische, gegen bestimmte Personen und Organisationen gerichtete restriktive Maßnahmen zur Bekämpfung des Terrorismus

Der Rat der Europäischen Union (...)

(1) Die Europäische Gemeinschaft hat bereits die UN-Resolutionen 1267 (1999) und 1333 (2000) umgesetzt, indem sie die Verordnung (EG) Nr. 467/2001 (3) über das Einfrieren von Vermögenswerten bestimmter Personen und Vereinigungen erlassen hat; diese Personen und Vereinigungen fallen daher nicht unter die vorliegende Verordnung (...)

(3) Der Rat erstellt, überprüft und ändert einstimmig und im Einklang mit Artikel 1 Absätze 4, 5 und 6 des Gemeinsamen Standpunkts 2001/931/ GASP die Liste der dieser Verordnung unterfallenden Personen, Vereinigungen oder Körperschaften.

In dieser Liste sind aufgeführt:
i) natürliche Personen, die eine terroristische Handlung begehen oder zu begehen versuchen oder sich an deren Begehung beteiligen oder diese erleichtern;
ii) juristische Personen, Vereinigungen oder Körperschaften, die eine terroristische Handlung begehen oder zu begehen versuchen oder sich an deren Begehung beteiligen oder diese erleichtern;
iii) juristische Personen, Vereinigungen oder Körperschaften, die im Eigentum oder unter der Kontrolle einer oder mehrerer der unter Ziffer

i) oder ii) genannten natürlichen oder juristischen Personen, Vereinigungen oder Körperschaften stehen, oder

iv) natürliche oder juristische Personen, Vereinigungen oder Körperschaften, die im Namen oder auf Anweisung einer oder mehrerer der unter Ziffer i) oder ii) genannten natürlichen oder juristischen Personen, Vereinigungen oder Körperschaften handeln. (...)

(Die Liste der terroristischen Personen und Einrichtungen wird jeweils als separater Anhang veröffentlicht)

Quellen, Literatur und Links

Eine umfassende Bibliographie und einschlägige Links bietet das Watson Institute for International Studies der Brown University, Providence.
www.watsoninstitute.org/pub/Targeted_Sanctions_Bibliography

Addressing Challenges to Targeted Sanctions: An Update of the Watson Report (Oktober 2009); Thomas Biersteker, Graduate Institute, Genf; Sue Eckert, Watson Institute, Providence. *www.watsoninstitute.org/pub/2009_10_targeted_ sanctions*

Bericht des Sonderberichterstatters für den Schutz der Menschenrechte bei der Terrorismusbekämpfung, Martin Scheinin, an die Uno-Generalversammlung, August 2010. *http://daccess-dds-ny.un.org/doc/UNDOC/GEN/N10/478/27*

Blacklisted: Targeted sanctions, preemptive security and fundamental rights; ECCHR-Studie, Dezember 2010; Von Gavin Sullivan und Ben Hayes European Center for Constitutional an Human Rights. *www.ecchr.de/publikationen/articles/ blacklisted-targeted-sanctions-preemptive-security-and-fundamental-rights*

Briefing paper: Current challenges for respect of human rights in the fight against terrorism. April 2010; International Commission of Jurists. *www.icj. org/dwn/database/DROI-Apr2010-Pillay*

LIFT, Legal issues in the fight against terrorism. Blog des Forschungsassistenten von Martin Scheinin. *http://legalift.wordpress.com/category/listings*

National Commission on Terrorist Attacks upon the United States. Report 2004 and Monographs. *http://9-11commission.gov/*

Report of the eminent jurists panel on terrorism, counter-terrorism and human rights. Assessing Damage, urging Action. International Commission of Jurists, 2009. *www.icj.org/dwn/database/EJP-Report*

Security and Civil Society; The impact of counter-terrorism measures on civil society organisations; Nolan Quigley & Belinda Pratten; 11 January 2007; National Council for Voluntary Organisations, UK. *www.docstoc.com/ docs/28053615/Security-and-Civil-Society*

Terrorlisten und Auslandseinsätze. Verantwortung und Rechtsschutz zwischen UN, Europarat, EU und nationaler Ebene. Diskussion mit Jürgen Bast, Heike Krieger, Christian Tomuschat und Jochen von Bernstorff. Autorin: Ruth Weinzierl. Deutsches Institut für Menschenrechte, 2010

The UN Security Council and the Rule of Law. Final Report and Recommendations from the Austrian Initiative, 2004-2008. Simon Chesterman, Institute for International Law and Justice, New York University Scholl of Law. Editor: Federal Ministry for European and International affairs, 2008

The West Bank Zakat Committees in the Local Context (1997-2009), Role and Governance of Islamic Charitable Institutions. Emanuel Schäublin. The Graduate Institute, Geneva. *www.charityandsecurity.org/system/files/CCDP_ Working_Paper*

Vertraulicher Bericht des IKRK vom 14. Februar 2007 über die Behandlung von „High value detainees" in CIA-Gefangenschaft. *www.nybooks.com/media/doc/2010/04/22/icrc-report*

Webseite des 1267er Komitees des Uno-Sicherheitsrates (Security Council Committee established pursuant to resolution 1267 (1999) concerning Al-Qaida and the Taliban and Associated Individuals and Entities). *www.un.org/sc/committees/1267*

Webseite zur EU-Bekämpfung des Terrorismus, mit Dokumenten und Berichten. *www.consilium.europa.eu*

Antiterror-Strategie der Uno-Generalversammlung, April 2006 (Uniting against terrorism: recommendations for a global counter-terrorism strategy) *www.un.org/unitingagainstterrorism/sg-terrorism-2may06*

Webseite von Ständerat Dick Marty. *www.dickmarty.ch*

Webseite von Yussef Nada. *www.youssefnada.ch*

Ausgewählte Terrorlisten unterschiedlicher Länder

Die Aufstellung enthält eine Auslese von Listen der Finanzsanktionen in Umsetzung der Uno-Resolutionen. Die Zahl anderer Aufstellungen wie Fahndungslisten, No-fly-lists, Einreisesperren usw. ist nahezu unendlich.

Vereinigte Staaten von Amerika

Auch Fachleute haben Mühe damit, eine umfassende Aufstellung aller amerikanischen Terrorlisten zusammenzubringen. Hier folgt deshalb nur eine Auswahl der wichtigsten Listen:

Das Office of Foreign Assets Control (Ofac) im US Treasury Department führt eine Specially Designated Nationals List. Ihre Guthaben sind festgesetzt und Transaktionen mit ihnen sind verboten (www.treasury.gov/resource-center/sanctions/SDN-List). Unter dem Titel „All Sanctions Programs" führt das Schatzamt 19 verschiedene Ofac-Sanktionsregime an, die vom Balkan und Burma über Kuba und Iran bis zu Terrorismus, Drogenhandel, Diamanten und Nonproliferation gehen; viele betreffen auch Individuen und Einrichtungen.

Das Außenministerium hat sein „Office of the Coordinator for Counterterrorism". Dieses führt eine Aufstellung von „Specially Designated Global Terrorists under Executive Order 13224" (www.state.gov/s/ct/rls/other). Diese enthält in der Version vom 7. Dezember 2010 82 Namen; es sind diejenigen Personen und Einrichtungen, die das State Department auf die umfassende Liste der Proskribierten nach Exekutivbefehl 13224 gesetzt hat. Das Außenministerium unterhält überdies eine Liste von ausländischen Terrorgruppen (Foreign Terrorist Organizations), 47 in der letzten Version, (www.state.gov/s/ct/rls/other). Jede Unterstützung für sie oder Transaktion mit ihnen ist verboten. Auf der Liste der „State Sponsors of Terrorism" standen 2010 die Länder Kuba, Iran Sudan und Syrien (www.state.gov/s/ct/rls/crt/2009). Das Ministerium führt die „Terrorist Exclusion List" von mehreren Dutzend Einrichtungen, deren Mitglieder oder Personal nicht nach Amerika einreisen dürfen (www.state.gov/s/ct/rls/other). Es erstellt jährliche Länderberichte über die Terrorbedrohung.

Das FBI unterhält seine eigene Liste der 29 Most Wanted Terrorists. Mit einer einzigen Ausnahme sind alle Muslime (www.fbi.gov/wanted/wanted_terrorists).

Das Ministerium for Homeland Security führt nicht-öffentliche Listen von Verdächtigen, Personen, die kein Flugzeug besteigen dürfen usw.

Das Bureau of Industry and Security im US Department of Commerce hat unter der Rubrik „Compliance and Enforcement" eine Aufstellung von sechs Listen (Lists to check) für Personen und Einrichtungen, mit denen Transaktionen wegen Sanktionen verboten sind. (www.bis.doc.gov/complianceandenforcement)

Großbritannien

Das britische Innenministerium (Home Office) führt eine Liste von 46 internationalen Terrororganisationen und 14 in Nordirland (www.homeoffice.gov.uk/publications/counter-terrorism/proscribed-terror-groups/).

Das Schatzamt (Treasury Department) führt eine konsolidierte Liste von designierten Individuen und Einrichtungen nach Maßgabe der Uno-Resolutionen, Beschlüssen der EU und anderer Erwägungen (www.hm-treasury.gov.uk). Darauf finden sich Einträge von Burma (540 Personen und 62 Einrichtungen) über Iran (71 Personen und 180 Einrichtungen) und den Irak (89 Personen und 224 Einrichtungen) bis Simbabwe (198 Personen und 31 Einrichtungen).

Frankreich

Das französische Finanzministerium (Ministère de l'économie, des finances et de l'industrie) hat eine Aufstellung der Finanzsanktionen (www.economie.gouv.fr/directions_services/dgtpe/sanctions), die die Auflagen der Uno, der EU und auch eigene Beschlüsse betreffen. Die französische Liste festgesetzter Guthaben umfasst in der Version vom 17. Dezember 2010 zwei Personen und vier Einrichtungen. Es fällt auf, dass bei jeder Liste ein gesonderter Hinweis für das Verfahren zur Streichung beigefügt ist.

Deutschland

In Deutschland führt die Bundesbank in ihrem Servicezentrum für Finanzsanktionen Listen über alle gültigen Massnahmen (www.bundesbank.de/finanzsanktionen/finanzsanktionen_taliban). Deutschland beschränkt sich auf die Maßnahmen, die die Vereinten Nationen und die Europäische Union beschlossen haben.

Österreich

In Österreich versieht das Wirtschaftsministerium die Umsetzung der Sanktionen. Es verweist auf die entsprechende Verordnung der Europäischen Union (www.bmwfj.gv.at/Aussenwirtschaft/Elektronische%20Aussenwirtschaftsadministration/embargo). Eigene Präventivmaßnahmen sind keine verhängt.

Schweiz

Das Schweizerische Staatssekretariat für Wirtschaft publiziert die einschlägigen Sanktionsbeschlüsse der Vereinten Nationen, denen das Land sich unterziehen muss (www.seco.admin.ch/themen/00513/00620/00622). Darunter sind die Taliban- und Kaida-Liste nach Resolution 1267. Die Schweiz hat keine eigenen Präventivmaßnahmen verhängt. Es heißt dazu: „Der Bund kann Zwangsmassnahmen erlassen, um Sanktionen durchzusetzen, die von der Organisation der Vereinten Nationen, der Organisation für Sicherheit und Zusammenarbeit in Europa oder von den wichtigsten Handelspartnern der Schweiz beschlossen worden sind und die der Einhaltung des Völkerrechts, namentlich der Respektierung der Menschenrechte, dienen." Damit verknüpft ist eine Zusammenstellung von Literatur und Dokumenten zur Debatte über die Rechtmäßigkeit von Smart Sanctions.

Kanada

Das Aufsichtsbüro für Finanzinstitutionen in Kanada (Bureau du surintendant des institutions financières Canada) hat eine Liste für Personen und Einrichtungen, die gemäß dem eigenen Strafrecht und nach den Beschlüssen der Uno mit der Kapitalsperre belegt sind (www.osfi-bsif.gc.ca/osfi).

Australien

In Australien unterhält das Department of Foreign Affairs and Trade eine konsolidierte Liste (www.dfat.gov.au/icat/regulation8_consolidated.xls), die sich aus den 1267er Sanktionen des Uno-Sicherheitsrates und der autonomen Umsetzung durch die Regierung gemäß Uno-Resolution 1373 ergibt. Sie hat 1232 Einträge und umfasst Personen und Einrichtungen. Von den autonomen Maßnahmen sind Burma, Fidschi, Nordkorea, Ex-Jugoslawien, Iran und Simbabwe betroffen.

Saudi-Arabien

In Saudi-Arabien gibt das Reglement der Zentralbank (Saudi Monetary Agency) gegen Geldwäsche und Terrorfinanzierung von Finanzgesellschaften vom Dezember 2008 vor, dass jedes Institut nach dem Prinzip „Know your Customer" die Konsolidierte Liste des 1267er Komitees der Uno beachten muss (www.sama.gov.sa/sites/samaen/RulesRegulation/Rules, Anti-Money Laundering and Counter-Terrorism Financing Instructions For Financing Companies). Die Zentralbank hat auch ihren eigenen Nachrichtendienst (Intelligence Unit), der für die Pflege solcher Listen zuständig ist. Die etwas weiter gefassten allgemeinen Regeln für den Kampf gegen Geldwäsche und Terrorfinanzierung vom Dezember 2008 präzisieren, dass Uno-Resolution 1267 und alle Folgeresolutionen des Uno-Sicherheitsrates für Banken und Finanzgesellschaften im Königreich Gesetz sind. (www.sama.gov.sa/sites/samaen/RulesRegulation/Rules, Rules Governing Anti-Money Laundering & Combating Terrorist Financing)

Pakistan

Die pakistanische Zentralbank (State Bank of Pakistan) informiert die Finanzinstitute im Land über die Sanktionsbeschlüsse des Uno-Sicherheitsrates und wacht über die Umsetzung. Pakistan hat mindestens 43 Bankkonten von designierten Terroristen nach Uno-Resolutionen 1267 und 1373 eingefroren.

Ägypten

Die Zentralbank (Central Bank of Egypt) verteilt die Uno-Listen nach Resolution 1267 und Folgeentschließungen sowie die amerikanischen Terrorlisten gemäß Exekutivorder 13224 an alle Banken und Finanzgesellschaften des Landes. Reglements für Banken, Wechselstuben und Geld-Transferfirmen legen genaue Regeln für die Know your Customer-Politik fest. Eine gesonderte Abteilung der Zentralbank zur Bekämpfung der Geldwäsche (Money Laundering Combat Unit) unterhält Dateien über alle verdächtigen Individuen und Einrichtungen.

Dank

Dieses Buch wäre ohne die beherzte Ermutigung und Unterstützung von mehreren Seiten niemals zustande gekommen.

Da sind zunächst einige vorzügliche Kolleginnen und Kollegen vom Pressekorps im Genfer Uno-Sitz, die meine Moral trotz der Höhe des Berges an kleingedrucktem Quellenmaterial hochhielten.

Dann griffen mir Freunde und anonyme Beamte im diplomatischen Dienst der Schweiz und befreundeter Länder unter die Arme. Sie haben mir die schwierige Materie der Sanktionspolitik erst verständlich gemacht. Und sie schilderten die Feinheiten des diplomatischen Intrigenspiels so genau, dass sie dann lieber nicht mit Namen genannt sein wollten.

Ständerat Dick Marty zeigte mir, dass gesunder Menschenverstand besonders dann am Platz ist, wenn die Materie sehr kompliziert wird. Völkerrechtsexperten weihten mich in Nuancen internationaler Konventionen und deren nationaler Lesarten ein.

Namenlose Aktivisten von unermüdlichen NGOs wie die International Commission of Jurists, das European Center for Constitutional and Human Rights oder State Watch haben in ihren Berichten die Problematik greifbar gemacht und die Masse der einschlägigen Gerichtsakten geordnet.

Und Yussef Nada schilderte noch einem Journalisten seinen Spießrutenlauf.

In Brüssel widmete mir der EU-Terrorkoordinator Gilles de Kerchove etwas von seiner kargen Zeit.

In New York hat mich der österreichische Botschafter Thomas Mayr-Harting, der damalige Vorsitzende des Sanktionsausschusses, freundlich aufgenommen. Er stellte mir auch die Dienste seiner hervorragenden Belegschaft zur Verfügung, die mir die Türen zahlreicher Schlüsselpersonen in dem Sanktionsmechanismus geöffnet hat.

Kimberly Prost, die Ombudsfrau, und Richard Barrett, der Koordinator des Monitoring Teams, haben geduldig dem beharrlichen Laien Fragen beantwortet.

Und mehrere Diplomaten aus Missionen bei der Uno machten mir klar, dass die zynischen Interessen der Machtpolitik mitunter die Menschenrechte umfassen können.

Die NZZ-Redaktion hat die ausufernden Recherchen in einem Randgebiet meiner Zuständigkeit großzügig toleriert.

Professor Manfred Nowak verfasste ein Vorwort für dieses Buch.

Dank gebührt auch dem Verlagslektor Hannes Hofbauer, der mich durch den Hindernislauf der Recherche und des Niederschreibens begleitet hat.

Und schließlich danke ich meiner Familie, die den etwas zu stark absorbierten Autor über all die Monate ertragen musste.

Genf, im Februar 2011

Ingo Niebel
Das Baskenland
Geschichte und Gegenwart
eines politischen Konflikts

ISBN 978-3-85371-294-8, br., 256 Seiten,
17,90 €, 32 sFr.

Germinal Civikov
Srebrenica. Der Kronzeuge
ISBN 978-3-85371-292-4, br., 184 Seiten,
15,90 €, 29 sFr.

Hannes Hofbauer
Experiment Kosovo
Die Rückkehr des Kolonialismus

ISBN 978-3-85371-285-6, br., 264 Seiten,
17,90 €, 32 sFr.

Gesamtkatalog: Wickenburgg. 5/12, A-1080 Wien
Fax: +43 1 405 71 59-22,
www.mediashop.at, promedia@mediashop.at

Europas Krisenregionen
im
Promedia
Verlag

Bücher zur Weltordnung im Promedia Verlag

Moshe Zuckermann
„Antisemit!"
Ein Vorwurf als Herrschaftsinstrument

ISBN 978-3-85371-318-1, br., 208 Seiten,
15,90 €, 29 sFr.

Edlinger/Ruprechtsberger (Hg.)
Libyen
Geschichte - Landschaft -
Gesellschaft - Politik

ISBN 978-3-85371-307-5, br., 264 Seiten,
17,90 €, 32 sFr.

Immanuel Wallerstein
Utopistik
Historische Alternativen des 21. Jahrhunderts

ISBN 978-3-85371-184-2, br., 120 Seiten,
9,90 €, 18,30 sFr.

PROMEDIA

Gesamtkatalog: Wickenburgg. 5/12, A-1080 Wien
Fax: +43 1 405 71 59-22,
www.mediashop.at, promedia@mediashop.at